사랑은 왜 낮은 곳에 있는가

사랑은
왜 낮은 곳에
있는가

초판 1쇄 발행 2015년 5월 1일

지은이	이우근
발행인	권선복
편집주간	김정웅
편 집	김성호
디자인	김소영
전자책	신미경
마케팅	정희철
발행처	도서출판 행복에너지
출판등록	제315-2011-000035호
주 소	(157-010) 서울특별시 강서구 화곡로 232
전 화	0505-613-6133
팩 스	0303-0799-1560
홈페이지	www.happybook.or.kr
이메일	ksbdata@daum.net

값 15,000원

ISBN 979-11-5602-093-6 (13300)

Copyright ⓒ 이우근, 2015

* 이 책은 저작권법에 따라 보호받는 저작물이므로 무단전재와 무단복제를 금지하며, 이 책의 내용을 전부 또는 일부를 이용하시려면 반드시 저작권자와 〈도서출판 행복에너지〉의 서면 동의를 받아야 합니다.
* 잘못된 책은 구입하신 곳에서 바꾸어 드립니다.

도서출판 행복에너지는 독자 여러분의 아이디어와 원고 투고를 기다립니다. 책으로 만들기를 원하는 콘텐츠가 있으신 분은 이메일이나 홈페이지를 통해 간단한 기획서와 기획의도, 연락처 등을 보내주십시오. 행복에너지의 문은 언제나 활짝 열려 있습니다.

사랑은
왜 낮은 곳에
있는가

이우근 지음

도서
출판 행복에너지

머리말

낮은 곳의 사랑,
높은 밤하늘의 별빛

    루카치는 탄식했다. "우리가 가야 할 길의 지도를 하늘의 별빛이 비춰주던 시대는 얼마나 행복했던가!" 가야 할 길, 지향해야 할 목표가 뚜렷했던 옛 시대는 복된 시절이었다. 과정의 난관은 분명한 목표 앞에서 맥을 추지 못했다. 이 시대를 비추는 하늘의 별빛, 우리가 나아갈 방향을 가리키는 지도는 어디에 있는가.

    루카치에게 문학과 철학의 인문정신은 인류가 나아갈 방향을 지시하는 하늘의 별빛이었고, 그 별빛은 본질적으로 영혼 속에 타오르는 불꽃, 선명한 마음속 지도였다.

    우리 사회는 인문의 향기 그윽한 별빛의 지도를 품고 있는가. 우리네 마음속 불꽃은 활활 타오르고 있는가.

'사람됨'의 가치를 추구하는 인문학마저도 시장의 상품처럼 팔고 사는 부박한 세태다. 노장사상이 주식투자의 기법으로 둔갑하고, 부처와 예수의 가르침도 기업 경영이나 이윤 추구의 힌트를 낚아채는 물신物神의 주술처럼 써먹는다. 탐욕으로 오염된 대기가 하늘의 별빛을 가리고, 성취에 눈먼 대립과 경쟁으로 마음속 불꽃이 사위어간다.

자랑처럼 내세워온 산업화, 민주화가 도리어 모듬살이의 터전을 허물고 인간다움의 길을 일그러뜨렸다. 우리 사회는 지금 목적지를 알지 못한 채 길 아닌 길에서 각종 이해 다툼으로 대립, 갈등하며 불안과 방황의 깊은 내상內傷을 앓는 중이다.

"나를 키운 건 팔 할이 바람"이라고 읊은 시인은 그나마 여유로웠다. 우리를 키운 건 팔 할이 탐욕, 구 할이 싸움 아니던가. 산업화는 유례없는 양극화의 그늘을 드리웠고, 민주화는 자유의 일탈과 개인주의의 타락을 불러왔다.

지난해의 세월호 참사, 그에 뒤이은 갈등과 분열상은 이 사회의 모순과 부조리를 그대로 드러낸 우리의 자화상이다. 십수 년 독점기업과 감독관청의 음습한 어울림, 책임윤리를 내팽개치고 맨 먼저 배를 떠난 선장과 선원들의 욕된 발걸음, 여리고 풋풋한 생명들이 바닷속에 잠겨드는 처절한 모습을 눈 멀뚱 뜬 채 바라보아야 했던 무능한 국가권력, 칠순 노인의 시체를 상대로 구속영장을 청구한 수사기관, 미증유의 불행을 정파싸움의 소재로 삼아 국정을 장기간 표류시킨 정치꾼들, 분향소 양쪽으로 갈라서서 서로를 향해 삿대질하는 시민단체들….

세월호 이전과 이후는 달라져야 한다는 온 국민의 다짐을 비웃듯 대형 안전사고가 줄줄이 터져 나온다. 지하철 화재, 열차 충돌, 요양원 참화, 훈련장 수류탄 폭발, 헬기 추락…, 나라와 사회의 모든 부문이 마치 나사 빠진 헌 기계처럼 삐걱거린다.

하늘의 별빛을 찾아나서야 한다. 마음속 불꽃을 일으켜 절망을 태우고 상실감의 재灰를 털어내야 한다. 절망의 반대는 희망이 아니다. 절망의 반대는 사랑이다. 누군가를 죽도록 사랑하는 사람에게는 죽음마저도 절망이 되지 못한다. 선장이 버린 배에 끝까지 남아 어린 학생들에게 구명조끼를 입혀주다 희생된 임시직 여승무원의 생명 사랑이, 깊은 바닷속 가장 낮은 자리까지 흘러내린 새내기 여교사의 제자 사랑이, 하늘의 별빛처럼 마음속 불꽃처럼 우리의 앞길을 비추고 있다. 어둠이 깊을수록 별빛은 더욱 선명하다. 인성人性이 짓밟힌 영혼의 어둠 속에서도 미래를 포기할 수 없는 이유다.

중앙일보에 5년 가까이 써온 칼럼을 한데 모았다. 별빛을 찾는 심정이었지만, 마음속 불꽃을 피우기에는 턱없이 모자라 못내 아쉽고 부끄럽다. 사랑은 왜 낮은 곳에 있는가…, 출판사가 제의한 책 제목에 흔쾌히 동의했다. 유명 시인의 낯익은 시구詩句에서 따온 이 제목의 칼럼을 쓰면서 자성自省의 외길을 수없이 오르내려야 했다. 이 제목이 그대로 내 마음속의 작은 불꽃이다. 읽는 이들에게도 저 낮은 곳의 사랑이 높은 밤하늘의 별빛처럼 반짝이기를 바란다.

2015년 이른 봄,
이우근

추천사

김 진 국(중앙일보 대기자/관악언론인회 회장)

이우근 선생을 만난 것은 나에게 행운이다. 논설주간이나 실장으로서 신문의 오피니언 면 책임을 맡았을 때 가장 큰 임무는 좋은 필자를 모셔오는 일이다. 내가 중앙일보 논설실장을 맡기 직전인 2010년, 이 선생을 만나 논설주간을 끝낸 2014년까지 선생은 무려 5년 동안 중앙일보를 위해 좋은 글을 써 주셨다. 처음엔 〈중앙시평〉 필자로서, 후반엔 〈이우근 칼럼〉이라는 기명 칼럼니스트로서 활동했다. 선생의 글에 대해 독자들의 반응은 무척 뜨거웠다. 그런 분을 모실 수 있었던 것은 참으로 고마운 일이다.

선생의 글은 여느 칼럼니스트들의 글과는 성격이 달랐다. 신문기자들의 글처럼 시사적인 문제에 매달려 즉흥적이지 않았고, 전문가들의 글에서처럼 특정 분야에 매몰되지도 않았다. 시사 문제를 다루면서도 문학, 철학, 역사, 종교, 음악 등 인문학과 예술을 넘나들었다. 분명한 의견으로 힘이 있으면서도 영혼을 울리는 깊이와 지혜가 담겨 있었다. 선생의 칼럼 〈사랑은 왜 낮은 곳에 있는지〉가 중학교 국어교과서에 실린 것만 봐도 그의 문장에 대해서는 이견이 있을 수 없을 것이다.

선생을 처음 소개해 준 이는 윤성근 서울남부지방법원장이다. 좋은 필자를 이리 저리 탐문하고 있을 때에 윤 법원장은 "서울중앙지방법원장을 지내신 분인데 문장력이 대단하시다."라고 소개했다. 선생의 어릴 적 꿈은 신학교 진학이었다. 그러나 부모님의 의견에 따라 서울법대에 진학해 법관이 됐다. 그렇지만 법관 생활을 하며 밤에 공부해 서울장로회신학대를 졸업했다. 또한 선생은 서울내셔널심포니오케스트라 등의 명예지휘자로서 몇 년째 직접 공연을 하고 있다. 한국고전번역원 이사로서 고전문학 번역에도 관여하는 등 그의 인문학적 탐험은 끝이 없다. 그와 이야기를 나누다 보면 이분이야말로 '르네상스형 지식인'이란 생각을 하게 된다. 그의 글을 읽으면 이런 경험과 활동들이 배어 있음을 느끼게 된다.

이런 선생의 훌륭한 글들 앞에 오히려 둔한 글을 올리는 영광을 주셔 감사드린다. 선생의 글이 책으로 만들어져 좀 더 많은 사람들에게 마음의 위안과 평안, 사회문제에 대한 명철한 지혜를 나눠 가질 수 있기를 기대한다.

추천사

현 병 철(국가인권위원회 위원장)

  몇 년 전에 중앙일보에서 우연히 이우근 변호사의 글을 읽게 되었습니다.
  그 이후 그분의 글을 빠짐없이 읽기 시작했습니다. 그 신문을 보면 먼저 이 변호사의 칼럼을 찾게 되었습니다. 읽을 때마다 저에게 잔잔한 감동을 주었습니다. 글의 주제가 언제나 저의 관심사와 맞닿아 있었고 그 내용 또한 많은 공감을 갖게 되었습니다.
  우선 그분의 글은 읽는 것 자체가 즐겁습니다. 유려한 문장력, 해박한 지식, 막힘없이 전개해 가는 사고의 편력은 인간적인 멋이 있고, 읽는 사람으로 하여금 가치 있는 사고를 할 수 있는 근거를 마련해 줍니다. 이는 필자만의 생각이 아니라 2012년 말에 서울언론인클럽에서 수여하는 언론상(신문칼럼상)을 수상함으로써 이미 공인된 평가를 받고 있습니다.
  글을 통해 알고 있었던 그분을 몇 년 전 우연히 만나게 되었습니다. 그래서 그분이 지휘한 오케스트라의 DVD도 선물로 받고 세 권의 칼럼집도 함께 받았습니다. 저에게는 매우 값진 선물이었습니다. 받은 책을 아직 전부 다 읽지는 못했습니다만 흥미 있는 주제에 대해서는 여러 편의 글을 읽었습니다. 역시 기대에 어긋나지 않는 좋은 글이었습니다. 그 후 몇 번 이분을 만났습니다. 그때마다 느끼는 것은 이분이야말로 좌금우서左琴右書하는 이조 선비의 모습을 갖춘 분이 아닌가 하는 것입니다.

감성과 지성을 겸수兼修하면서 화和를 추구하는 선비의 모습. 그것이 이 변호사의 삶의 모습으로 보였기 때문입니다. 사람들을 바라보는 따뜻한 시선, 더 살기 좋은 사회로 나가기 위한 여러 생각들을 그분의 언행에서도 느낄 수 있었습니다. 글의 논리는 분명하고 뚜렷한데 강함이 느껴지지 않고, 많은 이야기를 하는데 넘치지가 않습니다.

'문文은 인人'이라는 말이 생각이 납니다. 이분이 바로 그런 분입니다. 이우근 변호사, 그분의 말과 글은 우리 주변을 다시 살펴보게 하고 우리의 생각을 다시 돌아보고 되새김질하게 합니다.

머리말 · 4
추천사 · 8

I 총화를 꿈꾸다

1. 정말 순 진짜 100% 원조 국밥집 · 16   2. 우리 시대의 역설 · 20   3. 잘못된 사랑 · 24   4. 국민의 이름 · 28   5. 촛불 수난시대 · 32   6. 여성시대의 넋두리 · 36   7. 초신성 · 40   8. 분노 키운 건 8할이 꼼수 · 44   9. 돌아온 외팔이 · 48   10. 가짜 이름을 버려라 · 52   11. 지도자의 자질 · 56   12. 매력과 마력, 한 획의 차이 · 60   13. 총화를 위하여 · 64

II 갈등의 시대를 진단하다

1. 승무원은 마지막이야! · 70   2. 법관의 양심 · 74   3. 분열의 유전자, 증오의 DNA · 78   4. 대한민국 헌법의 팔자 · 82   5. 상생과 상쟁, 한 획의 차이 · 86   6. 패거리 공화국 · 90   7. 나눔과 나뉨, 한 획의 차이 · 94   8. 우울한 축제? · 98   9. 자연에 대한 두 개의 도그마 · 102   10. 땀 흘리지 않고 거두는 열매는 없다 · 106   11. 성숙한 지혜의 세밑 · 110   12. 숭례문의 어제와 오늘 · 114

III 참된 미래를 그리다

1. 사랑은 왜 낮은 곳에 있는가 · 120   2. 성난 얼굴로 돌아보지 말라 · 124   3. 5월의 사랑 · 128   4. 호랑이를 청하지 말고 먼저 숲을 만들라 · 132   5. 기미년 이른 봄날의 전설 · 136   6. 천상시인의 행복론 · 140   7. 인내와 불굴 · 144   8. 묵은 둥치에서 튼실한 새싹이 움튼다 · 148   9. 임진년, 검은 용을 맞는 기원 · 152   10. 잎새에 이는 바람에도 · 156   11. 혼자만 잘 살면 무슨 재민겨 · 160   12. 사랑과 정의의 방정식 · 164   13. 가정, 처음이자 마지막 배움터 · 168

Contents

IV 영혼의 사색에 잠기다

1. 오늘의 95개조·174 2. 하나님의 뜻·178 3. 빈 외투의 성탄절·182
4. 거꾸로 전하는 성탄 메시지·186 5. 성전에서 광야로·190 6. 무릎 꿇리기·194 7. 쓰나미와 우상숭배·198 8. 슬픈 크리스마스·202 9. 아름다운 퇴장·206 10. 소금을 지니고 화목하라·210 11. 추석의 기도·214
12. 텅 빈 충만·218

V 역사를 돌아보며 문화를 생각하다

1. 연아와 아사다의 동반점프·224 2. 죽음의 혼, 귀태의 환생·228 3. 어느 이방인의 슬픈 초상·232 4. 이 시대의 시일야방성대곡·236 5. 어제도 오늘도 수난의 노래·240 6. 민초들의 3·1절·244 7. 1월의 행진·248 8. 기다림, 그 소망의 분투·252 9. 말, 인격, 국격·256 10. "나의 살던 고향은"·260 11. 돈벌이 인문학·264 12. 메밀꽃 필 무렵·268 13. 그리움을 위하여·272

VI 통일의 하모니를 울리다

1. 통일의지, 권력의지·278 2. 통일의 말은 발굽을 멈출 수 없다·282 3. 아우슈비츠의 그림자·286 4. 첫 구절, 끝 구절·290 5. 끔찍한 피붙이 사랑·294 6. 알 수 없는 일들(此吾之未解也)·298 7. 진실의 한마디가 전 세계보다 무겁다·302 8. 한반도 대위법·306 9. 차마고도, 그 오래된 미래를 걸으며·310 10. 바이칼의 얼굴·314

출간후기·318

I

총화를 꿈꾸다

1. 정말 순 진짜 100% 원조 국밥집
2. 우리 시대의 역설
3. 잘못된 사랑
4. 국민의 이름
5. 촛불 수난시대
6. 여성시대의 넋두리
7. 초신성
8. 분노 키운 건 8할이 꼼수
9. 돌아온 외팔이
10. 가짜 이름을 버려라
11. 지도자의 자질
12. 매력과 마력, 한 획의 차이
13. 총화를 위하여

1 정말 순
진짜 100%
원조 국밥집

진실은 만들어지지 않는다. 스스로 존재할 뿐이다. 요란스럽게 꾸미고 치장하는 것은 대부분 거짓이거나 가짜다. 겉만 살짝 금을 입힌 도금鍍金 반지가 진짜 황금반지보다 더 번쩍거리듯, 거짓말일수록 화려하고 번지르르하다. 크든 작든, 거짓은 항상 진실의 요소를 훔쳐 쓰기 마련이다. 그래야 남을 속일 수 있기 때문이다. 오래전, 길거리에서 '정말 순 진짜 100% 원조 국밥집'이라는 광고지를 건네받은 적이 있다. 재미있기는커녕 참담하다는 느낌이었다. 국밥집이라는 말 한마디를 꾸미기 위해 동원된 정말·순·진짜·100%·원조 따위의 수상쩍은 단어들이 그대로 불신사회의 모습을 보여주는 듯했다. 순純 자가 붙은 것일수록 순수하지 못한 것이 오늘의 시대상이다. 세속적인 것만이 아니다. 문화적, 정신적, 종교적인 영역도 그 슬픈 현실에서 멀지 않다.

내 변변찮은 법조 경험에 의하면, 짙은 혐의를 부인하는 피고인일수록 긴 사설邪說을 늘어놓기 일쑤다. 한참 듣고 있노라면 앞뒤가 마구 뒤틀리고 교활한 조작의 냄새가 물씬거린다. 거짓말이 통하지 않으면 느닷없이 성경책을 끼고 나와 "하나님 앞에 맹세한다."거나 "양심에 한 점 부끄러움이 없다."는 등의 '확인할 방법이 없는 담보'를 불쑥 내민다. 하늘과 양심은 그네들이 즐겨 쓰는 소도구小道具다. 제 말의 진실성을 자신의 삶과 인격으로 뒷받침하지 못하는 사람들이 양심·도덕·선·인정 같은 고상한 가치를 앞세우곤 한다. 법망法網을 피해 은밀히 건넨 억대의 돈이 '선의善意의 긴급부조'였다는 어느 교육자의 주장을 놓고 논란이 뜨거웠다. 선의에 왜 '상호 차용증'이 필요했을까? 선의는 제 입으로 떠벌리는 것이 아니다. 진정한 선의는 스스로를 감춘다. 『도덕경』에 선행무철적善行無轍迹이라 했다. 선한 행위는 자취를 남기지 않는다는 뜻이다. 인정을 베풀 곳이 넘치도록 많은 터에, 하필이면 뒷전에서 남몰래 주고받지 않으면 안 될 대상이었을까?

남의 허물에는 성급히 단죄의 칼을 뽑아드는 도덕군자들이 자신의 흠이 드러나면 아랫사람이 한 일이라고 발뺌하거나 공소시효니 무죄추정의 원칙이니 하며 실정법의 보호막을 둘러치다가, 법리法理에 군색해지면 초법적超法的 윤리관을 펼치며 법과 상식을 뛰어넘으려 들고, 윤리·도덕도 겸연쩍으면 정당한 사법절차를 아예 정치공작으로 몰아붙인다. 실정법 논쟁이 도덕성 싸움으로 번지다가 정치투쟁으로 옮겨가는 모습이 3류 정치판을 빼닮았다.

유·무죄 판단은 사법부의 몫이니 누구도 함부로 예단할 수 없다. 다만 자타自他에 대한 이중적 기준이나 비상식적 변명으로는 선의를 인정받기 어렵다. 변명이 필요한 선의라면 너절하기 짝이 없다. 선에 대한 모독일 뿐이다. "선한 일에도 신중해야 한다必慎爲善." 중국 전국시대의 사상가 양주楊朱의 충고다.

법률학에서 선의는 어떤 사정을 인식하지 못한 상태, 악의는 그것을 인식한 상태를 뜻한다. 윤리적 선악善惡과는 의미가 다르다. 더욱이 범죄성립 여부는 선의·악의가 아니라 고의·과실에 따라 결정된다. 내심內心의 동기는 정상참작 사유일 뿐, 범죄의 고의를 면제하지 못한다. 법률적 고의와 윤리적 선의를 한데 뒤섞어 일반인의 이해에 혼란을 주는 것은 법학자의 자세가 아닐 뿐더러 교육자의 도리는 더욱 아니다. 거짓에 휘둘리는 교육 현장만큼 절망적인 것은 없다.

제 잘못은 모두 선의로 덮어버리고 남의 일은 몽땅 악의의 행동으로 내모는 것이 패거리 싸움터의 천박한 습성이다. 야당일 때는 정권의 비리를 모질게 추궁하다가 여당이 되면 권력의 부패를 변호하기에 급급하다. 남의 약점을 샅샅이 파헤치던 사람들이 자신과 관련된 의혹은 어물쩍 넘기려 든다. 똑같은 문제를 제기해도, 내가 하면 정당한 검증이고 남이 하면 네거티브다. 상대방에게는 고도의 투명성을 요구하면서, 제 얼굴을 가린 불투명한 너울은 좀처럼 벗지 않는다. 한·미FTA나 제주 해군기지의 예에서 보듯, 내가 추진할 때는 옳았던 일도 남이 계속할 때는 그릇된 일로 둔갑한다. 북한은 가공할 핵무기를 만들어도 '일리 있는 일'이라고 두둔하면서, 우리 군은 훈련만 해도 북을 자극하는 전쟁 책동이라고 헐뜯는다.

"아무리 교묘한 거짓말도 어설픈 진실에 미치지 못한다巧詐不如拙誠." 한비자韓非子의 말이다. 거짓이 나라와 사회를 휘젓고 선이 모독을 당하는 때일수록 우리는 한비자의 저 어설픈 진실을 애써 지켜내지 않으면 안 된다. '정말 순 진짜 100% 원조 국밥집'이 아니라 그냥 '맛있는 국밥집'을 찾기 위해서라도.

(2011. 10. 17.)

2 우리 시대의 역설

 1999년 미국 콜로라도의 한 고등학교에서 평소 따돌림을 당해 온 두 학생이 교사와 급우 등 13명을 살해하고 자살한 총기사건이 발생했다. 4월 20일, 하필이면 살인마 히틀러의 생일이었을까. 이 끔찍한 사건 직후 한 인터넷 사이트에 제프 딕슨이라는 청년이 '우리 시대의 역설'이라는 칼럼을 올렸다. "건물은 높아졌지만 인격은 낮아졌다. 고속도로는 넓어졌지만 시야는 좁아졌다. 공기정화기가 있지만 영혼은 더 오염됐고, 원자는 쪼갤 수 있어도 편견은 부수지 못했다. 달에 갔다 왔지만 길 건너 이웃을 만나기는 힘들어졌다."

 이 칼럼은 딕슨의 글이 아니라 미국 시애틀의 한 대형 교회 목사인 밥 무어헤드의 설교로 알려졌는데, 실은 달라이 라마의 가르침이라는 지적도 있다. 이 글에 여러 사람이 한두 줄씩 보태고 있다는데, 나도 어쭙잖게 몇 줄 덧붙여볼까 한다. "수명은 길어졌지만 삶을 성찰하는 시간은 도리어 짧아졌다. 인터넷은 하루에도 수십 번씩 검색하지만 제 마음속은 한 번도 살피지 않는다. 정치문화·대중문화·오락문화에 음주문화·시위문화까지… 문화라는 말은 흔해졌지만 진정한 문화인을 만나기는 여간 어렵지 않다."

우리 시대의 역설은 끝이 없다. '정의 사회 구현'과 '보통 사람의 시대'를 외치던 권력자들이 보통 사람은 꿈도 꾸지 못할 천문학적 액수의 뇌물을 받은 범죄로 귀양을 가고 옥살이까지 했다. 욕된 재물을 끌어안고 추징금 납부를 줄곧 미뤄오는 그 불굴의 탐욕 앞에 보통 사람들의 가슴은 구멍이라도 뚫린 듯 허탈하기만 하다.

본인이나 아들의 병역문제가 투명하지 못한 고위 공직자들이 힘없는 서민의 아들딸에게 휴전선을 떠맡기고 짐짓 국가안보를 걱정한다. 거리에서 터지던 최루가스는 국회 안에 뿌려지고, 국회의원들의 집회는 국회의사당이 아닌 거리의 천막에서 열린다. 희망버스가 달려가는 곳곳마다 지역 주민과 영세 상인들은 실망의 한숨을 쏟아낸다. 이 우울한 역설들이 국민을 서글프게 한다.

예술·스포츠·기업 등 민간의 여러 부문들이 세계를 향해 도약하며 국민에게 감동과 희망을 안겨주고 있는데, 입으로는 희망의 정치를 말하면서 허구한 날 정쟁만 일삼는 이 나라 정치권은 언제까지 '희망 없는 집단'으로 남아있을 것인가. 시급한 민생 법안도 희망 없이 수북이 쌓여만 간다.

입만 열면 국민통합을 부르짖는 정치인들이 건국 대통령의 묘역은 눈길도 주지 않고 지나치는 터에, 6·25 전범戰犯의 시신에 참배한 밀입북 피고인은 '동방예의지국의 법정'에서 당당히 무죄 판결을 받는다. 현충원에 누운 6·25 희생자들에 대한 예의는 어디서 찾아야 할까.

대한민국 헌법을 가르치는 대학 교수가 대한민국 헌법체제를 찾아 탈북한 동포들을 사형에 처해야 한다고 주장했다. 친일 민족배신자보다 더 밉다는 이유에서다. 탈북자들이 배신(?)한 것은 억압과 빈곤의 수령 독재인데, 그것이 그렇게도 미운 일인가. 그 헌법 교수의 머릿속에는 어떤 헌법정신이 들어있는지 궁금하다.

"NLL(북방한계선)에서 한·미 훈련하면… 북한이 쏴야죠." 연평도 포격 3주년에 정의구현사제단의 원로신부가 내뱉은 말이다. 아무리 사상이 다르다 해도 우리 민·군 20여 명이 살상된 비극에 '쏴야죠.'라니, 하느님의 사랑을 전한다는 사제가 강론이라고 내놓을 언사인가. 예수는 불의한 대제사장의 종에게 응징의 칼을 휘두른 수제자 베드로를 꾸짖으며 그 종이 입은 상처를 어루만져 낫게 해주었다. 이것이 생명과 사랑의 복음이다. '쏴야죠.'는 생명에 대한 모독이자 복음의 역설일 뿐이다. 북의 세습독재와 인권 참상에는 아예 입을 닫아버린 사람들이니, 그 역설의 정체가 무엇인지는 굳이 물을 필요도 없다. 저들이 구현하겠다는 정의의 실체도.

중국의 무력 증강과 해양 패권覇權 추구, 일본의 재무장과 미·일의 군사적 결속, 북한의 핵 위협과 러시아의 영향력 확대 등으로 동북아에 격랑의 물결이 일고 있는데, 나라의 안위安危를 고민해야 할 국회는 아직도 1년여 전의 대통령 선거를 놓고 지루한 싸움만 계속하고 있다. 국회 해산론까지 등장할 만큼 암담하기만 한 우리 내부의 분열상이야말로 역설적으로 가장 큰 안보의 위협이 아닐까.

남을 탓할 겨를이 없다. 우리 안에 유전자처럼 단단히 틀어박힌 모순부터 깨뜨리지 않으면 안 된다. 무어헤드 목사는 성추문에 시달리다가 교회를 떠나야 했다. 영혼의 오염을 개탄하며 '우리 시대의 역설'을 설교했다는 성직자가 말이다. 그야말로 기막힌 역설 아닌가. 그러나 어찌 그 사람뿐이겠는가. 우리 스스로가 역설투성이요, 모순덩어리인 것을….

(2013. 12. 02.)

3 잘못된 사랑

 주관이 모자라면 군중의 노예가 되고, 주관이 지나치면 망상妄想의 종이 된다. 무식하면 고집이 세다지만, 유식하다는 지식인들의 억지도 그에 못지않다. '미국의 꼭두각시들, 한반도에서 중대한 전쟁 도발' 한국전쟁 발발 다음날인 1950년 6월 26일 프랑스 공산당 기관지 '뤼마니테'에 실린 기사 제목이다. 그 이튿날에는 사회학자 레몽 아롱이 '르피가로'에 정반대의 글을 기고했다. "북한군이 남한을 침략한 것은 제2차 세계대전 이후의 가장 중대한 사건이다." 늘 그렇듯이 좌파에 휘둘리는 프랑스 지식사회는 '뤼마니테'를 지지하고 나섰다. 아롱과 나치 시절의 레지스탕스 동지였던 사르트르마저도 아롱의 남침설을 잠꼬대 취급했다. 언제나 양심적이었던 『이방인』의 작가 알베르 카뮈만이 아롱을 외롭게 지지했을 뿐이다.

사르트르의 오랜 사상적 동지였던 철학자 메를로 퐁티는 1956년 소련 군대가 약소국 헝가리를 침략하는 것을 보고 질겁한 나머지 스탈린에 대한 비판자로 돌아섰다. 그러나 사르트르는 "새로운 미래를 위한 진보적 폭력"이라고 강변하면서 퐁티를 격렬히 비난했다. 침략의 '사실'보다 그것의 '해석'이 더 중요하다는 논리였다. 그 후 북한의 남침이 역사적 사실로 드러나자 사르트르는 다시 남침유도설이라는 것을 내놓았는데, 북한이 남침하도록 미국이 함정을 팠다는 것이다. 북한의 남침은 '진보적 폭력'이 된 셈이다. 사르트르의 억지에 질린 퐁티는 끝내 그와 결별하고 말았다. "우리는 서로 잘못 사랑했다!" 훗날 사르트르가 토해낸 고백이다.

그러나 그가 오랜 동지 아롱과 싸우고 퐁티와도 등을 돌리게 된 것은 그들과의 잘못된 사랑 때문이 아니었다. 이념의 우상, 독선獨善의 도그마dogma를 향한 잘못된 사랑 때문이었다. 그는 '실존의 자유'를 사랑했으나 끌어안은 것은 소련의 교조주의敎條主義였고 입 맞춘 것은 북한의 주체사상이었다. 소설『자유의 길』을 쓴 탁월한 지성이 이데올로기의 굴레에서 한 치도 자유롭지 못했던 것은 기막힌 아이러니다. 남의 이야기가 아니다. 남쪽의 군사독재에 이를 갈며 저항했던 지식인들이 북쪽의 선군先軍독재에는 턱없이 너그럽기만 하다. '북침'이라고 비난하던 6·25가 남침으로 밝혀진 후 '통일전쟁'이라며 미화한다. '사실'을 '해석'으로 바꾼 것이다. 사르트르의 억지 그대로다.

6·25 남침 60주년인 오늘의 상황도 크게 다르지 않다. 다국적 전문가들이 참여한 민·군 합동조사단은 '합리적 의심reasonable doubt을 배제할 만한' 과학적이고 객관적인 증거들을 제시함으로써 천안함 격침이 북한의 테러임을 명백하게 입증했다. 그러자 이제껏 북한 관련 의혹을 '소설'이라고 깎아 내리면서 좌초·충돌·내부폭발 등의 '판타지'를 쏟아내던 사람들이 도리어 정부와 국군을 사납게 비난하면서 안보 무능에 대한 사과·해임·군사재판을 요구하고 나섰다. 누구보다도 진지하고 냉철해야 할 지식인들이 어제 한 말을 오늘 뒤집으면서도 도무지 부끄러운 줄 모른다.

　정부와 국군의 책임은 태산처럼 크다. 사과·해임·군사재판도 미흡할지 모르겠다. 그러나 그 책임이 아무리 크다 한들 가해자의 책임보다 더 클 수는 없을 터인데도 정작 북한에 대해서는 아무런 비판이 없다. '10년 햇볕'을 쬐는 동안에도 북은 핵실험을 강행했지만, 응징은커녕 오히려 '일리가 있다.'고 두둔했다. 무슨 금기禁忌이거나 무오류無誤謬의 계율인 듯, 북한 앞에서는 언제나 입을 닫는다. 그 일그러진 지식을 '진보'의 아름다운 이름으로 부를 수 없다. 이 위중危重한 안보 상황에서도 어떻게든 북을 감싸려고만 드는 것이 남침유도설과 매우 닮았다.

　이유는 분명하다. '잘못된 사랑' 때문이다. 사르트르가 눈멀었던, 그 지독한 도그마의 사랑 말이다. 객관성·보편성과 소통하지 못하는 주관은 억지요 고집일 뿐이다. 이름난 지식인들, 내로라하는 이론가들이 도그마의 허상虛像에 눈멀어 얼토당토않은 억지를 부리는 모습은 늘 우리를 놀라게 한다. 퐁티가 사르트르의 억지에 놀랐던 것처럼. "아무리 어리석어도 남을 꾸짖는 데는 밝고, 아무리 총명해도 자기 잘못을 깨닫는 데는 어둡다人雖至愚責人則明 雖有聰明恕己則昏." 중국 북송의 재상 범충선공范忠宣公이 남긴 통찰이다. 특히 지식인들에게는 새벽의 죽비竹扉 소리 같은 채찍일 것이다. 천년의 세월을 건너온 지혜가 천둥 같은 울림으로 가슴을 때리지 않는가?

(2010. 05. 24.)

4 국민의 이름

우리는 시時를 하나·둘·셋…의 순수한 우리말로, 분分을 일·이·삼…의 한자어로 나타낸다. '열시 십분'이지 '열시 열분'이나 '십시 십분'이 아니다. 외국인들이 쉽게 납득하지 못하는 우리의 언어습관이다. 우리말은 어휘 자원이 풍부하다. 어휘가 많을수록 표현이 정확하고 섬세하다. 그래서 대상과 상황에 따라 가장 적절한 말을 골라 써야 한다. '새빨간 거짓말'은 바른 표현이지만 '시뻘건 거짓말'은 생뚱맞다.

링컨은 '국민의, 국민에 의한, 국민을 위한 정부'라는 웅변으로 민주주의의 본질을 명쾌하게 짚어냈다. 그러나 국민people의 뜻은 정치이념에 따라 다르다. 대한민국에서는 나라의 주권자지만, 세습독재의 북한에서는 신민臣民이나 다름없는 인민이다. 봉건왕국에서는 힘없는 백성이고, 식민지에서는 저항의 민족이며, 공산체제에서는 무산대중無産大衆인 민중이다. people이라는 단어 하나를 우리말은 국민·인민·백성·민족·민중 등 다양한 의미로 분석해 낸다.

바야흐로 국민 전성시대다. 국민배우·국민가수·국민오락에 국민여동생까지 생겨났다. 지난 정권에서는 '국민이 대통령'이라는 구호도 나왔다. 정치적으로는 몰라도 헌법적으로는 성립할 수 없는 립 서비스였다. 국민은 위임인인 주권자요 대통령은 수임인인 공복公僕이기 때문이다. 헌법 제정 권력의 주체인 국민의 지위는 헌법수호기관인 대통령보다 우월하다. 그것이 헌법정신이다. '국민이 대통령'이라는 구호는 국민을 높이는 것 같지만 사실은 국민의 지위를 강등시키는 것이나 다름없다. '시민이 시장'이라는 짝퉁 구호도 마찬가지다. 시민은 시장을 부리는 주인이지 일꾼이 아니다.

여야의 대선 후보들마다 국민이라는 말을 입에 달고 다니지만, 여당이 믿는 국민과 야당이 기대는 국민이 따로 있다. 한쪽에서는 국민의 이름으로 찬성하고, 다른 쪽에서는 국민의 이름으로 결사반대한다. 국민의 이름을 팔아 정파의 이익을 꾀하는 것은 민주주의가 아니다. 홍위병들은 중국 인민의 이름으로 문화혁명이라는 반문화적 광란극을 벌였다. "민주주의가 타락하면 우민愚民정치가 된다." 아리스토텔레스의 경고다.

개인이라면 "왜 내 이름을 팔고 다니느냐."며 항의할 수도 있으련만, 국민의 이름을 팔고 다니는 것에는 어찌 항의해 볼 도리가 없다. 국민이라는 말이 나올 때마다 매번 국민투표를 해볼 수도 없는 일이고 보면, 정작 이름의 주인인 국민은 눈 멀뚱멀뚱 뜬 채 이름을 도둑맞아야 하는 서러운 신세가 아닌가.

국민을 보는 시각은 천차만별이다. 나라의 주권자로 섬기는 민주정치인, 옛적의 백성쯤으로 얕잡아 보는 독선가獨善家, 선동과 정치공작의 대상으로밖에 여기지 않는 포퓰리스트, 계급투쟁의 돌격대로 내모는 마르크시스트…, 이들이 한데 뒤섞여 국민이라는 말을 분별없이 쏟아내고 있다. 우리말의 뛰어난 분석력도 정치판에서는 도통 힘을 쓰지 못한다.

'국민경선'을 내건 정당들이 당내 선거에서 대리투표·공개투표·집단투표 등 온갖 불법을 저지른 혐의가 드러나 충격을 주고 있다. 국민의 이름으로 자행된 부정선거라니, 국민을 우습게 아는 정도가 아니라 아예 깔보고 업신여기는 반민주적 작태다. 하기야 국회 개원식에서 국가를 제창하는 국회의원의 모습이 신기한 뉴스거리가 되고, 정권 말기만 되면 어김없이 대통령의 친인척과 측근들이 검찰청 포토라인에 등장하는가 하면, 특권을 내려놓겠다고 공약한 국회의원들이 동료 의원의 체포동의안을 냉큼 부결시켜버리는, 하늘 아래 둘도 없을 엽기獵奇의 정치판임에랴.

국민의 편을 갈라 갈등과 대립을 부추기던 정파들이 대통령 선거가 가까워오자 국민통합을 말하기 시작했다. 시장경제를 금과 옥조로 여기던 성장론자들이 언제부턴가 경제민주화를 부르짖고, 무상복지를 신줏단지처럼 모시던 분배론자들이 슬그머니 성장담론을 입에 올린다. 성장과 분배의 균형을 내팽개친 입발림의 표심票心 낚기가 아니기를 바란다.

"나는 노예가 되고 싶지 않은 것처럼 주인도 되고 싶지 않다. 이것이 민주주의에 대한 나의 생각이다." 국민을 주인으로 섬기는 민주헌정의 윤리를 선명하게 밝힌 링컨의 이 명언에는 국민이라는 말이 한마디도 들어있지 않다. 헌법정신에 투철한 정치인의 신념이라면 모름지기 이 정도의 품위와 절제는 갖춰야 하지 않겠는가. 풍부한 어휘, 우수한 표현력을 지닌 나라말을 가지고도 그저 사나운 막말과 욕설, 비방과 선동밖에 뱉어낼 것이 없는 정치꾼들에게 기대할 바는 아니겠지만… 제헌절이 어언 64주년이건만, 국민의 이름은 마냥 서럽기만 하다.

(2012. 07. 23.)

5 촛불 수난시대

연인에게 전구電球를 선물로 주는 사람은 없다. 사랑하는 이의 가슴에 빛을 심으려는 손길은 예쁘게 포장한 양초를 건네는 법이다. 고대 이집트의 궁궐에서는 밀랍이나 동물의 기름에 갈대를 섞어 만든 양초로 불을 밝혔다고 한다. 신라와 고려의 왕궁에서도 금동수정 촛대, 청동 쌍사자 촛대 등이 사용됐다. 촛불은 오랜 궁정의 역사를 지니고 있는 셈이다.

전기가 널리 보급된 오늘날에는 양초의 쓰임새가 크게 줄었지만 종교용·축제용·장식용의 촛불은 여전히 밝게 빛난다. 부활절 새벽의 촛불예배는 지금껏 이어져 오는 오랜 전통이다. 종교개혁자 마르틴 루터는 크리스마스트리에 맨 처음 촛불 장식을 매달았다. 촛불은 결혼식이나 제사에서도 좀처럼 빠지는 일이 없다. 생일 케이크마다 어김없이 꽂히는 촛불에도 사랑과 소망의 빛이 소곳이 담긴다.

 기껏해야 밀랍이나 파라핀에 실 심지를 꼬아 박은 원시적 조명 기구, 그 구닥다리 같은 촛불이 이토록 오랜 생명력을 지니고 있는 것은 무슨 이유일까. 소박한 옛것에 대한 그리움, 실바람에도 가녀리게 흔들리는 순수의 이미지, 제 몸을 녹여 어둠을 밝히는 희생과 헌신의 상징성 때문이 아닐까.

 예부터 촛불은 고독한 명상과 구도求道의 동반자였다. 시인들은 흐릿한 촛불 곁에서 홀로 시상詩想에 잠겼고, 깊은 산속 선방禪房의 행자들은 사위어가는 촛불과 함께 스스로를 비워냈다. 국제사면위원회Amnesty Int'l의 로고는 '철조망에 갇힌 한 자루의 촛불'이다. 양심과 인권을 나타내는 데 굳이 수천, 수만의 촛불이 필요할 까닭이 없다. 양심은 숫자놀음이 아니다.

 촛불을 켤 때가 있는가 하면, 촛불을 끌 때도 있기 마련이다. 깊은 밤, 덕산德山에게 촛불을 건네주던 용담龍潭은 돌연 촛불을 훅 불어 꺼버렸다. 순간, 칠흑 같은 어둠 속에서 덕산은 활연히 깨쳤다. 빛과 어둠, 그 분별의 사슬을 끊어버리는 태풍 같은 화두다.

 나룻배에서 촛불을 켜고 책을 읽던 시인 타고르는 촛불과 달빛의 신비한 대조를 경험했다. "촛불을 끄자 신성한 아름다움이 나를 온통 둘러쌌다. 촛불이 꺼지는 순간, 달빛이 춤추며 흘러 들어와 나룻배 안을 가득 채웠다. … 촛불 때문에 달빛이 내 안으로 들어올 수 없었던 것이다." 신석정 시인은 "어머니, 아직 촛불을 켜지 말으셔요 … 나의 작은 명상의 새 새끼들이 지금도 저 푸른 하늘에서 날고 있지 않습니까."라고 읊었다. 이글거리는 불꽃은 명상의 마음결을 흩뜨리기 일쑤다. 하물며 광장을 뒤덮은 촛불 군단일까.

흥미로운 것은 서양의 대성당과 앰네스티의 촛불이 환히 켜져 있는 반면 우리 시인과 용담과 타고르의 촛불은 아직 켜지지 않았거나 아예 꺼진 불꽃이라는 점이다. 동양적 성찰의 깊이가 새롭게 인식되고 있는 이즈음, 이 땅의 촛불은 웬일인지 서양의 것들보다 더 밝게, 더 많은 불꽃으로 활활 타오르는 중이다.

성소聖所의 제단을 경건히 비추며 축제의 밤을 우아하게 밝히던 촛불이 오늘의 한국에서는 광장의 시위 도구로 변신했다. 사학법 날치기 통과 규탄 집회, 광우병 쇠고기 수입 반대 시위, 국정원 개혁을 외치는 정당의 장외투쟁에 이어 내란음모 사건 수사에 대한 항의 데모에까지 촛불이 무리를 이루곤 한다. 시위대의 손에 화염병 대신 촛불을 쥐어준 것은 아마도 평화의 정신일 테지만 광장을 점령한 촛불 군단의 불꽃은 화염병보다 더 섬뜩한 열기를 내뿜고 있다. '촛불 문화제'의 정감 어린 이름으로도 그 정치적 노림수를 감추지 못한다.

촛불 광장을 바라보며 누군가는 "아테네 이래 처음으로 한국에서 다시 직접민주주의를 경험했다."는 감격적인 논평을 냈다지만 고대 그리스의 아고라는 소규모 도시국가의 민회民會가 열리던 광장이었다. 인구 5,000만 명의 의회민주주의 국가에서 광장은 더 이상 민회의 아고라가 아니다. 대의민주정치의 아고라는 국회다. 국회의원들이 의사당을 나와 광장에서 촛불을 드는 것은 의회민주주의와 거리가 멀다.

그뿐인가. '북은 모든 것이 애국, 남은 모든 것이 반역'이라는 종북의 무리까지 촛불 들고 광장을 누비며 대한민국을 한껏 능욕하고 있다. 주사파의 손에 들린 촛불…, 순결의 상징인 촛불에 이런 모독이 없다. 양초 시장은 성수기인지 몰라도 촛불에는 치욕의 수난시대다. 연인들에게는 절절한 그리움의 숨결이요 시인과 구도자에게는 내밀한 성찰의 길잡이였던 촛불이 어쩌다가 시대착오적 세습독재를 추종하는 수구守舊 광신도들의 선동 노리개가 되고 말았는지…. 골방의 외로운 촛불 하나, 질박한 한 자루 촛불이 그리운 시절이다.

(2013. 09. 09.)

6 여성시대의 넋두리

'머리끄덩이녀'를 기억하는가. 자칭 진보정당의 공식 집회에서 독기 서린 표정으로 당 대표의 머리채를 잡아당기던 그 맹렬 여성을…. 여성들의 모습이 예사롭지 않다. 정치권이나 시민운동 단체에서 활약하는 어지간히 당찬 여성들 말이다. 내란 음모 사건 피고인인 같은 당 소속 국회의원을 겹겹이 둘러싸고 경찰과 격렬한 몸싸움을 벌인 일행의 태반이 젊고 앳된 여성들이었다. 종북 혐의로 해산이 청구된 그 정당의 대표도 대통령 후보 토론에서 "(모 후보를) 떨어뜨리려고 나왔다."는 독설로 시청자를 섬뜩하게 만든 바로 그 여성이다.

지난달 미국 연방정부의 셧다운 사태를 끝장낸 것은 민주·공화 양당의 강경파를 협상 테이블로 이끈 두 정당의 여성 상원의원들이었다. 우리의 여성 국회의원들도 소속 당의 강경파를 설득해 생산적인 토론과 합의를 이끌어낼 수는 없을까. 위기에 내몰린 서민 경제, 날로 심화되는 양극화의 갈등, 풀리지 않는 북핵 문제, 중국·일본의 무력 증강 등 긴박한 국내외 현안들을 제쳐둔 채 오로지 상대편 흠집 내기에만 골몰하는 졸렬하고 비생산적인 막장 정치를 언제까지 이어 가려는가.

 정당마다 경쟁하듯 여성 대변인을 내세우는 뜻은 부드럽고 품위 있는 논평으로 국민에게 따뜻한 감동을 안겨주려는 것일 텐데, 여야 가릴 것 없이 여성 대변인들의 언사言辭가 과연 그처럼 감동적이었던가. 떼쓰고 억지 부리고 생트집 잡는 짓거리야 숱한 남성 정치꾼에게서 지겹도록 보아온 터인데, 여성마저 그 못난 남자들을 닮아가서는 안 될 일이다.

 정의의 신 디케는 여신女神이다. 정의가 여성처럼 여리고 연약하다는 뜻이라면 우울하지만, 여성이 남성보다 공정하다는 뜻이라면 희망적이다. 정의의 법은 물의 흐름(氵+去)처럼 평형 상태를 지향한다. 낮은 곳, 빈자리를 찾아가 고르게 채워주는 물길은 그늘진 소외계층을 향한 연민, 곧 사랑을 뜻한다. 법과 정의의 신이 왜 꼭 여신이어야 하는지 알 만하다.

 남성은 문명의 시장을, 여성은 문화의 삶터를 동경한다. 남자들이 전쟁의 무기를 만들어 핏빛 어린 싸움터를 내달리는 동안 여성들은 어린아이에게 젖을 물리고 꽃과 열매를 가꾸며 생명을 보듬어 안았다. 남자들이 온갖 장長 자리를 놓고 추잡한 경쟁을 벌일 때 여자들은 가정과 가족을 돌보며 소망의 내일을 경작했다.

미래학자 존 나이스비트는 21세기를 감성Feeling · 가상Fiction · 여성Female이라는 3F의 여성시대로 진단했다. 최초의 여성 대통령이 등장하고 여성 최고경영자, 여성 전문가의 자리가 점점 늘어나는 우리 사회도 이미 포근한 여성시대를 맞이하고 있는지 모른다. 그러나 여성시대의 의미를 다만 감성의 차원에서만 찾을 일은 아니다. 여성은 직관直觀에 뛰어나다. 고양된 여성성女性性은 감성의 오솔길을 지나 생명력 넘치는 직관의 대지로 나아간다. 배려와 헌신, 돌봄과 보살핌, 그 숭고한 모성母性의 품으로.

여성학자 로즈마리 통R. Tong은 여성성의 본질을 포용성 · 개방성 · 관계성 · 윤리성으로 파악했다. 지역 분열과 계층 갈등을 해소하겠다는 국민대통합의 공약이 아직도 귀에 쟁쟁한데, 특정 지역에 편중된 공직 인사가 거듭되는 현실은 포용성 · 개방성이라는 여성시대의 가치를 흐리게 할 뿐 아니라, 평균재산이 50억 원을 넘는다는 청와대 신임 비서진의 유복한 환경도 나날이 삶에 쪼들리는 서민들과 소통해야 할 관계성 · 윤리성의 방향에 걸림돌이 되지 않을까 걱정스럽다.

구약성서의 천지창조는 무생물에서 생물로, 식물에서 동물로, 동물에서 인간으로, 그리고 남자에서 여자로 이어지는 단계적 과

정을 나타낸다. 맨 나중에 창조된 이브가 아담보다 우월한 존재라는 암시가 아닐까. 아담에게 생기를 불어넣은 신은 아마도 이브에게는 비밀스러운 사랑의 숨결을 따로 불어넣으신 모양이다. 그래서인가, 괴테는 '영원한 여성성'이 인간의 영혼을 구원한다고 믿었다.

아들딸 낳아 기르며 묵묵히 삶의 터전을 가꿔온 우리네 할머니·어머니의 자리야말로 개인과 가정의 삶뿐 아니라 모든 사회적 관계의 바탕을 이루는 생명과 사랑의 원천임에 틀림없다. 분노와 증오로 얼룩진 권력의 세계를 끊임없이 꾸짖고 타이르며 화합의 자리로 이끄는 소통의 길잡이는 남성보다 여성이 제격이다.

정치권과 시민·사회단체를 쥐락펴락하는 맹렬 여성들에게 모질고 야멸찬 결기 대신 따뜻한 소통의 손길을 기대하는 것은 정녕 허망한 바람일까. 남자들이 지니지 못한 그 부드러운 평화의 목소리를…. 여성시대의 한 귀퉁이에서 웅얼거리는 꿈같은 넋두리라고 비웃는다면 더 할 말은 없다.

(2013. 11. 11.)

7 초신성

　지난 추석 무렵의 밤하늘에는 2,000만 광년을 달려온 초신성超新星의 우주 쇼가 펼쳐져 천문학도들의 가슴을 설레게 했다. 초신성이란 격렬하게 폭발하는 별이 막대한 에너지와 함께 태양보다 몇 배나 더 밝은 빛을 쏟아내는 현상을 말하는데, '지극히 새로운 별'이라는 뜻에서 슈퍼노바Super Nova라고 부른다.

　최근 이 나라 정치계는 뜻하지 않은 슈퍼노바의 등장으로 충격적 공황恐慌 상태에 빠져 있다. 연예계의 슈퍼스타도 누리지 못할 꿈결 같은 인기는 주인공이 '정치 9단들도 해내지 못한 신선한 양보'로 관중을 경악에 빠뜨리며 멋지게 퇴장한 뒤에도 좀처럼 식을 줄 모른다. 정치적 영역에서 무엇 하나 제대로 검증된 것이 없는 새로운 인물에게 국민들이 그토록 열광한 것은 그가 정보기술 분야에서 이룩한 업적, 미래세대에게 꿈을 심어주는 진취적 이미지, 그리고 무엇보다도 공익을 앞세워온 헌신적 행보 등에 감동을 받았기 때문일 것이다.

그러나 다른 한편으로는 보혁保革의 진저리나는 이념 갈등, 앞에서는 '공정사회'를 외치면서 뒤에선 탈세·뇌물수수·병역특혜·부동산 투기·위장전입 따위를 예삿일처럼 저지르는 권력층의 부패와 타락, 끊임없이 이어지는 끼리끼리의 패거리 인사·낙하산 인사, 비전도 경륜도 없이 허구한 날 정쟁政爭만 일삼는 구태정치 등등에 대한 극도의 불신이 더 큰 요인임을 부인하기 어렵다. 혹자는 이번 초신성의 충격을 정당 개혁의 계기로 삼아야 한다고 주장하지만, 충격의 본질은 정당제도의 문제라기보다 정치권의 자질과 능력, 인격과 품성에 관한 문제일 것이다.

'안보는 보수, 경제는 진보'라는 그의 투박한 소신을 말 그대로 이해하자면, 북핵北核에 굴복하지 않겠다는 결의와 양극화의 해소를 위해 노력하겠다는 다짐으로 들린다. 콘텐츠의 실체는 어떤지 몰라도, 나타난 이미지만으로는 좌우에 치우치지 않는 탈이념의 가능성이 엿보인다. 건강한 시민정신이 매력을 느낄 만하다.

완고한 이념의 외눈박이들에게 건강한 시민정신은 안타까이 묻는다. 북핵에 굴하지 않는 '안보의 보수'가 어째서 가진 자들의 이기심이 넘실거리는 천민賤民 자본주의와 악수를 나눠야 하는가? 소외계층을 따뜻이 배려하는 박애博愛 자본주의의 길을 열어갈 수는 없는가? 민중의 복지를 외치는 '경제의 진보'는 어째서 북한동포의 처절한 인권상황을 외면한 채 3대 세습독재를 그토록 싸고돌아야만 하는가? 경애하는 지도자 밑에서라면 인권도 복지도 모두 필요 없다는 것인가?

나라를 지키기 위해서라도, 아니 자기의 것을 지키기 위해서라도, 가진 자들은 제 것을 즐겨 내려놓을 줄 알아야 한다. 워런 버핏이 스스로 세금을 더 많이 내겠다고 나선 것은 결코 위선이 아니다. '나눔'이야말로 공동체를 튼실하게 지키는 버팀목임을 알기 때문이다. 대통령 후보 부시의 상속세 폐지 공약을 뒤엎은 것은 빈자貧者들이 아니었다. 공약의 혜택을 가장 많이 보게 될 부자들이 그것을 앞장서서 반대했다. 이것이 '안보의 보수'가 본받아야 할 건강한 시민정신이다.

조지 워싱턴은 적대적이던 영국과의 제이Jay 조약 체결로 매국노라는 거센 비난을 받았고, 링컨은 남북전쟁을 이유로 인신보호영장제도를 정지시키는 비민주적 오점을 남겼다. 부시는 있지도 않은 대량살상무기를 핑계로 이라크를 침공했다. 미국의 역사는 숱한 흠과 허물로 얼룩져 있다. 그러나 미국 국민은 흠집투성이인 제 나라의 역사를 반성할지언정 조롱하거나 자학自虐하지 않는다. 미국인들은 '나눔'의 기부를 가장 많이 하는 국민이다. 어려운 이웃을 품어 안는 넉넉한 마음으로 그들은 허물 많은 조국의 역사도 넉넉히 품어 안는다. 이것이 '경제의 진보'가 배워야 할 건강한 국민정신일 것이다.

초신성에도 문제는 없지 않다. 변화와 새로움에 목마른 민심은 슈퍼노바에 열광하기 마련이지만, 초신성은 기실 새로운 별이 아니다. 늙은 항성恒星이 마지막 열정을 불태우며 소멸해가는 '별의 죽음'이다. 영원한 슈퍼노바는 없다. 인기는 덧없는 것이다. 시대의 역사적 맥락을 짚어내는 통찰력 없이, 갈등을 녹이는 소통과 상생相生의 숨결 없이 그저 이미지와 트렌드에 기대어 국민의 신뢰를 얻으려 한다면, 결국은 폭발 뒤의 초신성처럼 화려했던 기억만을 안은 채 역사의 무대에서 사라져갈 수밖에 없다. 등장도 퇴장도 모두 섬뜩한 초신성의 교훈이다.

(2011. 09. 26.)

8 분노 키운 건 8할이 꼼수

'나는 꼼수다'가 장안의 화제다. '나꼼수'는 정치에 대한 풍자나 개그의 차원을 넘어 정치권력에 대한 섬뜩한 비판권력으로 자리 잡았다. 뉴욕 타임스 아시아판에 헤드라인 기사로 등장할 정도다. 지난달의 재·보선에서 트위터와 '나꼼수'가 보여준 위력은 기존 정당과 언론의 기능을 단숨에 우스갯거리로 만들었다.

젊은이들은 후련하고 재미있다면서 갈채를 보내지만, 장·노년층은 저질 짝퉁 방송이라고 짜증을 낸다. 그러다가 서울시장 선거에서 참패했다. '나꼼수'에 대한 보수층의 짜증보다 현 집권세력에 대한 청년층의 짜증이 훨씬 더 크다는 것을 그들은 알지 못했다. 젊은 세대에 감동과 신뢰를 주지 못하는 기성세대는 조롱과 경멸의 대상으로 전락한다. 기성세대가 그동안 피땀 흘려 이뤄낸 모든 성취들마저 도매금으로 비난받는다. 비판은 이성적이지만, 비난은 감성적이다. 예절을 기대할 형편이 못 된다.

오늘날 정치와 권력이 위기를 맞은 것은 그 무능력 때문만이 아니다. 무엇보다도 신뢰의 상실에 더 큰 원인이 있다. 공약公約 뒤집기는 예삿일이고, 입장이 달라지면 국가정책도 하루아침에 뒤바뀐다. 국민 앞에 공표했던 정책도 "그때는 잘 몰랐다."고 뒤집으면 그만이다. 결코 모를 수 없고 또 몰라서도 안 되는 중책重責의 자리에서 나온 정책인데도 말이다.

말 뒤집기에는 여야가 따로 없다. 대학 등록금의 반값 인하를 선거공약으로 내걸었던 여당은 반값은커녕 반의 반값도 인하하지 못했고, "국립대 등록금을 사립대 수준으로 인상할 필요가 있다."고 정책 방향을 제시했던 교육부총리는 야당 의원이 되자 "반값 등록금은 시대정신"이라고 소신을 뒤집었다. 그는 무상급식에 대해서도 "초등학교만 해도 작은 부담이 아니다. 저소득층에 대한 지원 폭을 늘려나가는 것이 현실적 대안"이라고 밝혔었다. 물론 지금은 전면적 무상급식을 주장한다.

한·미 자유무역협정FTA의 투자자·국가 소송제도ISD에 대해 "한국의 사법체계를 부정하는 협상"이라고 비판했던 사람이 지금의 여당 대표다. "ISD가 국내 제도의 선진화에 기여할 것"이라는 평가를 주도했던 인사가 현재의 야당 원내대표이고, "한·미 FTA는 노무현 대통령이 제일 잘한 일"이라고 칭송한 정치인은 야당 대표가 되어 그 반대투쟁을 이끌고 있다. "향후 50년간 한·미 관계를 지탱해줄 기둥"이라고 한·미 FTA를 극찬했던 사람이 지금은 '신新을사늑약'이라고 거칠게 비난한다. 미국을 일제日帝와 같은 침략국으로 규정한 셈인데, 그는 대선·총선에서 낙선하자 그 침략국으로 건너가 체류했다. 광우병의 주범이라는 미국산 쇠고기가 널려 있는 그 못된 나라에.

반미反美를 외치는 정치인들 중에 미국에 가족을 보내거나 은밀히 재산을 묻어둔 사람이 적지 않다는 것은 이미 공지의 사실이다. 입으로는 반미, 몸으로는 친미親美인 아리송한 처신이다. 그렇지만 크게 걱정할 것은 없다. 반미를 부르짖고 한·미 FTA를 극력 반대하는 사람들도 정권을 잡으면 또다시 말을 바꿀 가능성이 커 보이기 때문이다.

"반미 좀 하면 어떠냐."는 발언으로 젊은 표심票心을 움직였던 전직 대통령 한 분도 미국 방문길에서는 "6·25 때 미국이 도와주지 않았다면 나 같은 사람은 지금쯤 북한 정치범수용소에 갇혀 있을 것"이라며 미국에 고마워했다. 그리고 지지자들의 반대에도 아랑곳없이 한·미 FTA를 강력히 추진했다. 그랬음에도 그는 지금 한·미 FTA를 반대하는 사람들의 정치적 우상이 되어 있다. 이들이 만약 다음 선거에서 이긴다면 그의 정책을 다시 이어가려 할지 모른다. 그때가 되면 아마도 "사실은 잘 모르고 반대했다."면서 말을 거듭 바꾸는 꼼수의 정객들이 나타날 테고, 관대한 국민들은 그러려니 하며 또 한 번 속아주기 십상이다. 그러나 정치권에 대한 불신과 분노는 더욱 깊어만 갈 것이다.

미당未堂 서정주는 시 '자화상'에서 이렇게 읊었다. "나를 키운 건 팔할八割이 바람이다… 어떤 이는 내 눈에서 죄인罪人을 읽고 가고, 어떤 이는 내 입에서 천치天痴를 읽고 가나, 나는 아무것도 뉘우치지 않을란다…."

걸출한 예혼藝魂을 키워낸 건 8할이 바람이었다. 그러나 국민의 분노를 키운 8할은 여야 정치인들의 꼼수다. 시인을 키운 바람에는 뉘우침이 없었지만, 국민의 분노를 키운 정치권의 꼼수에는 뼈아픈 뉘우침이 따라야 한다. 그리고 '나꼼수'는 저들이 지닌 죄의 눈길, 그 천치의 입술을 정파나 이념에 치우침이 없이 공평하게 꾸짖고 비틀어야 한다. 그러지 않으면 '나꼼수' 자신이 조롱의 대상으로 추락할 수 있다.

(2011. 11. 07.)

9 돌아온 외팔이

"피아노 단기완성! / 대입 미술 2개월 책임지도! / 돈만 내면 즉석에서 흔쾌히 모든 걸 전수해주는 / 오늘날의 화끈한 싸부님 싸부님들 / 발랄한 제자들은 아무 때나 발랄하게 하산하여 / 아무 때나 아무 때나 칼을 뽑아 든다 / 복싱을 배우고 나면 흉기 같은 주먹으로 기껏 아내나 패고 / 소리를 전수 받으면 뽕짝이나 부르고 / 무술을 배우면 약장수 아니면 정치깡패나 되는 / 얄밉도록 발랄한 현실의 제자 여러분들…"

〈쌍화점〉, 〈비열한 거리〉 등의 영화감독으로 유명한 시인 유하의 「돌아온 외팔이」 중 일부다.

"하산해도 좋으니라 / 깊은 산중 사부님의 쩌렁쩌렁한 말 한마디 속에서 / 문득 심오한 철학적 의미를 발견한다… / 아아 어떻게 배운 팔만사천 검법인가 / 물 긷고 밥 짓기 삼년 / 나무하고 장작패기 삼년 / 빨래하고 아흔아홉의 계단 쓸기 삼년…"

　장장 십오 년에 걸쳐 남해신검의 비법을 터득하고 하산한 뒤 "가는 곳마다 똘마니들이 찌럭찌럭 건들지만 / 끝끝내 검을 뽑지 않는 외팔이"와 얄밉도록 발랄한 현실의 제자들을 대비시키면서, 시인은 오늘날의 키치kitsch 현상을 날카롭게 비튼다. 키치란 격조 높은 예술세계와 달리 통속적인 싸구려 상업문화를 가리키는데, 윤리적으로는 야비한 거짓말쟁이를 뜻하기도 한다.

　곳곳에서 정치적 키치들의 성마른 고함소리가 들려오는 것을 보면 선거철이 막바지에 접어든 모양이다. 정략에 따라 편리한 대로 말을 바꾸고 뒤집는 무의무신無義無信의 정치꾼들, 사악한 흑색선전과 속임수의 헛공약으로 민심을 후리는 선동꾼들, 차마 입에 담지 못할 '닥치고 막말'을 상스러운 날것 그대로 뱉어내는, 얄밉도록 발랄한 변태 중독자들이 제철 만난 듯 선거판을 휘젓는다. 나라의 미래, 젊은이들의 절박한 꿈과 아픔 따위에는 관심조차 없다. 그뿐인가? 민간인 불법사찰의 악습惡習을 둘러싸고 전·현 정권이 벌이는 책임 떠넘기기 싸움은 권력의 추악한 속살을 적나라하게 드러내주고 있다.

　정치판의 위선과 기만欺瞞이 이렇듯 가증스러울 수가 없다. 논문표절·학위조작 의혹에 휩싸인 후보들을 내세우면서 변화와 쇄신을 외치고, 국민경선의 전화 여론조사에서 뒷장난질을 치면서 진보와 도덕을 부르짖는다. 반핵反核과 인권의 깃발을 내흔드는 사람들이 북핵이나 북한의 인권상황에는 눈을 질끈 감고 있다. 태극기를 들지 않고, 애국가를 부르기 싫어하고, 북녘 수령의 초상화 앞에서 묵념을 올리는 아리송한 이념꾼들이 대한민국 국회의원 배지를 노린다는 섬뜩한 지적은 그저 경악스러울 따름이다.

"…땅바닥에 흘린 / 초이스 비스켓 하나 / 구물구물 어디서 몰려왔는지 / 불개미떼로 새카맣다 / 그 커다란 달콤한 쾌락 덩어리를 / 어떻게 떠메고 갈 줄 몰라 / 땀 뻘뻘 흘리는 것 같은 불개미들… / 생의 달콤한 쪽으로 눈에 불을 쓰고 / 우르르 달려가는 모습… 그 비스켓을 / 쓰레기통에 던져버리니, 워메 / 극락 속에 지옥이 있었어!"(유하「불(佛)개미 2」중)

국회의원 자리를 한낱 '비스켓'쯤으로 아는지, 눈에 불을 쓰고 달려드는 모습이 한 치 앞을 못 보는 불개미들처럼 처절하다. '불개미'는 이렇게 이어진다.

"대체 나라는 놈은, 현생이라는 비스켓 / 어디메쯤 달라붙어 / 한참 단꿈을 꾸고 있는가 / 불개미나 나나 / 한 치 앞을 선택할 수 없는 눈먼 장님이니."

공정사회 단기완성! 무상복지 5년간 책임지도! 즉석에서 흔쾌히 모든 걸 해결해주는 화끈한 정치 '싸부님'들의 큰소리에 우리는 또다시 귀를 쫑긋하고 있지 않은가? 너절한 정치판을 탓할 겨를이 없다. 국민을 우중愚衆으로 여기는 포퓰리스트들에게 나랏일을 맡겨온 우리 스스로를 탓할 일이다. 반성은 저들보다 유권자들이 먼저 짊어져야 할 몫이다.

평론가 김현은 시인 유하를 "키치 중독자이며 키치 반성자"라고 불렀다. 키치의 진정한 의미는 '배설의 욕망'에 있지 않고 '반성의 성찰'에 있을 것이다. 쾌락 덩어리를 찾아 헤매는 불개미가 아니라 '성찰의 불佛개미'들이 필요하다. 아무리 의거義擧라고 떠받든다 해도 의사당 안에서 최루탄을 터뜨리거나 공중부양을 하는, 얄밉도록 발랄한 키치 활극은 더 이상 보고 싶지 않다.

피폐한 서민경제, 폭발할 듯 긴장된 양극화의 갈등, 한반도를 둘러싼 엄중한 국제정세…, 숱한 난제들 속에서 우리는 이틀 후 소중한 주권을 행사한다. 언감생심 '심오한 철학적 의미'를 터득한 현인賢人이야 어찌 기대하랴마는, 그나마 국민을 속이지 않고 함부로 말을 뒤집지 않는 옹골찬 인물을 가려 뽑지 않으면 안 된다. 성찰과 사려 깊은, 저 듬직한 외팔이 말이다.

(2012. 04. 09.)

10 가짜 이름을 버려라

 "이름이 바르지 않으면 말이 순조롭지 않고, 말이 순조롭지 않으면 일을 이루지 못하며… 백성이 손발을 움직일 수 없게 된다." 공자의 정명론正名論이다(『논어』 자로(子路)편). 이름은 단지 사물을 지시하는 데 그치지 않는다. 사물의 실체를 드러내는 수행적 performative 기능을 지닌다. 서양철학이 20세기에야 비로소 눈을 뜬 '언어의 수행적 기능'을 공자는 이미 2,500년 전에 정명론으로 설파한 것이다.

 민족은 원래 우파의 가치다. 민족주의가 극단으로 흐르면 나치즘이나 일본의 극우파처럼 배타적 국수國粹주의로 치닫는다. 그에 반해 좌파는 민족의 울타리를 넘어 세계와 인류를 향해 나아간다. 그리고 소외계층과 사회적 약자를 위한 분배 정의의 실현, 평등과 평화, 생태환경의 보호를 위해 헌신한다. 이것이 보편적 가치를 지향하는 진보의 아름다운 길이다.

　진보의 이름으로 이 길을 거꾸로 가는 무리가 있다. '이름이 바르지 않은 것'이다. 자유, 민주, 인권, 반핵反核 등 진보의 핵심가치를 내던지고, 민족의 이념 아래 오직 북한의 주체사상을 맹종하는 광신도들이다. 우리의 해군기지를 해적기지라고 모독하면서 북한의 핵무기는 자위용自衛用이라고 감싼다. 65년에 이르는 3대세습의 선군先軍독재도 "죄악시하면 안 된다."고 두둔한다. 유신정권과 신군부의 15년 군사독재를 만악萬惡의 뿌리처럼 비난하는 그들이…. '말이 순조롭지 않은 것'이다. 진보는커녕, 지독한 수구守舊요 시대착오적인 퇴보다.

　그러나 저들의 진짜 이념은 민족이 아니다. 북한동포의 처절한 삶, 암울한 인권을 외면한 채 민족주의를 외칠 수는 없다. 북쪽의 현재진행형 독재에는 그처럼 관대하면서 남쪽의 과거 독재에는 아직껏 이를 가는 까닭이 무엇인가. 논란의 중심에 있는 당사자가 스스로 답을 내놓았다. "종북從北보다 종미從美가 더 문제다."

　그렇다. 종북의 속살은 민족이 아니라 반미反美다. 6·25 남침을 막은 '철천지 원쑤' 미국이 미운 것이고, 그 미국을 동맹국으로 둔 대한민국이 싫은 것이다. 반면에 항미원조抗美援朝로 북한의 종주국이 된 중국에는 턱없이 너그럽다. 한·미FTA는 극력 반대하면서 한·중FTA에는 무덤덤하다. 넘쳐나는 중국산 불량식품에는 관심조차 없지만, 미국산 쇠고기에는 기를 쓰고 촛불을 치켜든다. 종북 이야기만 나오면 색깔론, 마녀사냥, 매카시즘을 들먹이며 펄쩍 뛰곤 하지만, 사상에 거리낌이 없다면 그처럼 과민반응 할 이유가 없다.

입만 열면 도덕성을 부르짖던 사람들이 대리투표·무더기투표·공개투표 등 온갖 불법을 저지른 혐의가 드러나자 도리어 폭력을 휘두르면서 진보정당을 최악의 위기로 몰아넣었다. 이따위 막가파식 진보는 세상에 없다. 저들은 애국가를 부르지 않는다. 태극기 앞에서의 국민의례도 거부한다. 한마디로, 대한민국이 거부당한 것이다. 그렇다면 대한민국 국회에 들어가야 할 이유도 없지 않은가. 공자의 우려처럼 '국민의 손발을 묶으려는 것'이 아니라면.

역사의 섭리는 오묘하다. 뜻밖에도, 저들에게 '종북'이라는 이름을 붙인 것은 저들과 진보의 이름을 공유해온 동지들이다. 의사당에 최루탄을 터뜨린 손길을 공중부양의 발길이 심판하는 모양새다.

그네들만의 일이 아니다. 평양에 건너가 '어버이 수령'과 포옹했던 제1야당의 초선의원은 자유를 찾아 탈북한 동포에게 변절자 운운하면서 북한인권운동을 '이상한 짓'이라고 빈정거렸다. 같은 당 대표로 선출된 사람은 얼마 전 "북한 인권문제의 제기는 내정간섭"이라고 호령했다. 국경, 체제, 이념을 초월하는 자유와 인권의 보편적 가치도 북한이라는 성역(?) 앞에서는 일체 금기禁忌가 되고 만다.

우파는 극우파가 망치고, 좌파는 극좌파 때문에 망한다. 극우는 가짜 보수, 극좌는 짝퉁 진보인 셈이다. 주체사상을 동경한 나머지 북한에 들어가 그 '정명 없는 실체'를 몸소 확인한 강철서신의 김영환 씨는 북한 민주화를 위해 활동하다가 중국에 감금돼 있다. 국회의원 배지에 목을 맨 짝퉁 진보들에 비하면 그의 '이상한 짓'이야말로 얼마나 치열하고 숙연한 진보의 삶인가.

"모난 데가 없는데 어찌 '모난 술잔'이라 할 수 있는가." 거짓 이름을 꾸짖는 정명론의 질책이다(『논어』 옹야(雍也)편). 진보의 가치가 없으면 진보정당이 아니다. 동족의 인권을 무시하는 민주정당은 없다. 짝퉁 민주, 가짜 진보는 그 거짓 이름을 버리든가, 미망迷妄에서 돌이켜 바른 이름을 찾든가, 정직한 결단을 내려야 한다. 언제까지 가짜 이름으로 역사와 국민을 속이려는가.

(2012. 06. 11.)

11 지도자의 자질

 이 시대를 가리켜 '스승이 없는 시대'라고 말한다. 교육자들은 많지만 본받을 만한 스승은 좀처럼 만나기 어렵다는 뜻일 게다. 정중히 찾아가 무릎 꿇고 가르침을 청할 스승이 어찌 아주 없으랴만, 세속의 탁류濁流가 너무도 드센 탓인지 그분들은 어딘가에 꼭꼭 숨어 여간해서는 모습을 드러내지 않는다.

 선생은 많아도 스승은 드물고, 정치인은 많아도 믿음직한 정치지도자는 찾기 어렵다. 마키아벨리는 통치자의 조건으로 역량virtu · 운명fortuna · 기회occasione · 시대적 필연성necessita · 상황 적응력qualita dei tempi 등을 제시했지만 무엇보다 중요한 덕목은 탁월한 통찰력일 것이다. 시대의 역사적 맥락을 짚어내고 국가공동체가 나아갈 방향을 명확하게 제시하는 능력은 지도자의 필수 조건이다. 리더십을 비판받는 지도자가 있다면 분통을 터뜨리기 전에 자신의 식견과 통찰력부터 점검해볼 일이다.

통찰력에 버금가는 것이 솔선수범하는 몸가짐이다. 평소의 주장과 실제의 생활이 딴판이라면 지도자로서는 자격미달이다. 부정부패 척결을 아무리 소리 높이 외쳐댄들 스스로가 비리에 깊숙이 연루돼 있다면 부정부패 척결 이전에 자신이 먼저 척결되고 말 것이다.

그러나 가장 절실한 지도자의 자질을 하나만 들라고 한다면 나는 서슴없이 '신뢰의 인격'을 꼽겠다. 통찰력이나 솔선수범도 인격의 바탕 없이는 아무 가치를 지니지 못한다. 인격 없는 지식은 도리어 공동체에 해악이 될 수 있고, 인격 없는 선행은 남의 눈을 속이는 위선에 지나지 않을 것이다.

남아프리카공화국의 넬슨 만델라 전 대통령은 그 나라 국민만이 아니라 전 세계인의 존경을 받는 인물이다. 만델라를 이 시대의 위인으로 만든 것은 뛰어난 지식이 아니다. 목숨 걸고 백인정권에 저항한 투쟁도 아니다. 그 몹쓸 백인들을 향한 경이로운 포용력, 정의와 평화의 간극間隙을 뛰어넘은 '진실과 화해 위원회'의 고뇌 어린 관용, 보복과 응징의 칼을 용서와 평화의 쟁기로 바꾼 통합의 리더십, 권력의지Wille zur Macht보다 더 강력한 사랑의 의지Wille zur Liebe…, 어둠 속 한 줄기 햇살 같은 이 고매한 인격이 만델라를 세계적 위인의 반열에 올려놓은 것이다. 노벨 평화상이 만델라를 영예롭게 한 것이 아니다. 만델라로 인해 노벨상의 권위가 더 두터워졌을 따름이다.

지금 우리 국민은 만델라처럼 신뢰할 만한 정치지도자를 바라고 있지만 신뢰는커녕 실망과 의혹투성이의 정치꾼들이 포장된 이미지의 환상으로 국민의 눈을 흐리고 있다. 듬직한 '인격'이 아니라 얄팍한 '인기'로, 투명한 삶의 역정歷程이 아니라 알쏭달쏭한 '구름 위의 산책'으로, 묵직한 정책이 아니라 참을 수 없이 가벼운 정략적 이벤트로 표심 낚기에만 급급하다. 대통령 후보들이 쏟아내는 달콤한 선거공약도 과연 자신의 가슴으로 삭히고 익힌 신념의 정책인지는 알 길이 없다. 김일성 주체사상이란 것을 정작 김일성 자신은 뚜렷하게 알고 있지 못하더라는 것이 북한 민주화 운동가 김영환씨의 대면對面 증언이 아니던가?

이번 대통령 선거에서는 조국 근대화 정신의 계승자, 민주화 운동의 후계자, 정보화 시대의 선구자가 맞붙었다. 그 어느 쪽도 절대선이나 절대악이 아니다. 역사 발전에 꼭 필요한 과정들이다. 그 영욕榮辱의 자취들을 화해와 통합으로 승화시켜 새로운 도약의 원동력을 창출해내는 능력이야말로 이 시대가 요구하는 대통령의 자질일 것이다. 국가관과 역사의식, 정책의 방향, 언행의 품격, 과거의 행적 등 여러 관점에서 후보들의 자질을 가늠해야 겠지만 나는 다음의 물음에 보다 주목하고자 한다.

자기의 소신과 정책으로 말하는가, 남을 반대하는 것으로 정책을 삼는가? 국민통합을 위해 헌신하는가, 분열과 편 가르기에 몰두하는가? 내일의 희망을 바라보는가, 어제의 상처만을 들쑤시는가? 다음 세대를 위한 성장기반을 염려하는가, 당장 나눠 먹고 쓰는 일에 열중하는가? 유연하고 열린 사고의 소유자인가, 도그마에 얽매인 이념의 노예인가? 문화와 인문을 아끼는 휴머니스트인가, 유행과 대중성에 민감한 포퓰리스트인가?

그리고 또 하나, 영토분쟁과 민족대결의 위기로 치닫는 동북아의 긴장 속에서 무엇보다 절박한 것은 남북관계에 대한 비전일 것이다. 평화통일을 향한 열정과 경륜을 품고 있는가, 불안한 소강小康의 남북공존에 집착하고 있는가? 북한의 처참한 민생과 인권을 개선하려는 의지가 있는가, 이른바 내재적 접근법의 명분 아래 세습독재를 감싸기만 할 셈인가?

(2012. 11. 12.)

12 매력과 마력, 한 획의 차이

성모의 이름 마리아는 히브리어로 미리암인데, 므림(존귀하다)이나 마라(괴롭다) 혹은 이집트어 미르(사랑스럽다)에서 온 말로 알려져 있다. 성스러운 이름이 묘하게도 악마를 뜻하는 산스크리트어 마라魔羅와 비슷하다.

그래서인지 악마는 추한 모습을 띠지 않는다. 놀랍게도, 악마는 광명한 천사의 얼굴을 지니고 있다(고린도후서 11). 샛별처럼 아름답고 매력적이었던 루시퍼(이사야 14), 그 타락천사가 바로 악마다. 매력魅力이라는 말을 풀어 쓰면 '덜된未 귀신鬼의 힘力'쯤 되지 않을까? 귀신의 힘이란 곧 마력魔力이다. 매력과 마력은 글자 한 획의 차이밖에 없지만, 그 품은 뜻은 천사와 악마만큼이나 멀다.

명지휘자 한스 폰 뷜로가 바흐·베토벤과 함께 '독일의 3B'라고 부른 낭만파의 거장 브람스는 반反유대주의자인 바그너와 소위 보혁保革 갈등을 빚었는데, 게르만 신화를 바탕으로 이채로운 악극樂劇의 세계를 펼친 바그너는 고전적 대위법에 충실한 브람스를 구닥다리로 폄하했고, 브람스는 바그너의 반半음계적 무한선율을 저속한 것으로 여겼다.

그러나 번뇌, 욕망, 탄식의 불협화不協和로 꿈틀대는 바그너의 '트리스탄 화음'에 한번 빠져들면 좀처럼 헤어나기 어려운 몽환夢幻의 늪을 방황하게 된다. 그 늪에 깊이 빠졌던 젊은 날의 니체는 첫 번째 저서인 『비극의 탄생』에서 바그너를 '디오니소스Dionysos적 종합예술의 창시자'로 극찬했다가 만년의 저서 『니체 대 바그너』에서는 '퇴폐적 최면술사'라고 혹평했다.

매력이 마력으로 뒤바뀐 셈인데, 그 마력이야말로 바그너리안들에게는 숨 막힐 듯 정신이 아득해지는 매력의 정수精髓다. 예술적 감성의 풍요로움 앞에서, 매력과 마력의 경계는 모호하기 짝이 없다. 음악의 보혁 갈등은 부질없는 싸움일는지도 모른다. 내 낡은 음반꽂이에는 브람스와 바그너의 곡들이 나란히 꽂혀 있다.

그러나 정치의 세계로 넘어가면 사정이 달라진다. 제1차 세계대전의 패전과 경제난으로 좌절하던 독일 국민 앞에 '게르만 민족주의'의 우상으로 떠오른 히틀러는 광적인 바그너 숭배자였다. 그 희대의 선동가는 '니벨룽의 반지' 중 '발퀴레의 기행騎行'을 나치군대의 행진곡으로 썼고, 유대인들을 가스실로 몰아넣을 때는 '탄호이저'에 나오는 '순례자의 합창'을 확성기로 틀어댔다. 바그너가 이스라엘인들에게 고통의 기억으로 남아 있는 이유다. 신비의 카리스마, 참신한 이미지로 민심을 사로잡은 히틀러의 매력은 결국 사악한 선동과 야만적 범죄의 마력으로 끝나고 말았다.

매력 없는 팜 파탈femme fatale이 있던가? 로렐라이 언덕의 어여쁜 요정은 애잔한 노랫가락으로 뱃사공들을 홀린 뒤 몽땅 강물 속에 밀어 넣었다. 청순한 매력의 팜 프라길femme fragile이 실은 요사스러운 마력의 팜 파탈이었다. 요정이 정치인, 뱃사공이 국민이라면 끔찍하다. 노랫가락은 선동, 강물은 파국일 테니.

무상복지는 매력적이다. 그러나 그 매력은 최근의 그리스와 이탈리아에서 보듯, 재정파탄을 부르는 마력으로 돌아오기 십상이다. 복지천국이라는 스웨덴의 경우, 세금과 사회보장기여금을 합한 국민 부담률이 50%에 가까워 우리의 국민 부담률 26%보다 곱절이나 높다. 공짜 복지의 유토피아는 없다는 뜻이다.

복지는 시급히 확대돼야 하지만, 그보다 먼저 공공부문에서 '국민 부담의 증대'가, 민간부문에서 '나눔의 확산'이 전제되지 않으면 안 된다. 부담 없이 복지만 외치는 교조적敎條的 슬로건은 속임수에 불과하고, 나눔 없이 시장경제만 부르짖는 옹고집은 양극화 해소와 사회통합에 걸림돌이 될 뿐이다.

"천국은 그것을 이룩하고자 하는 사람들이 그것을 완벽하게 만들어 갈수록 그것을 살아야 하는 사람들에게는 오히려 숨 막히는 지옥이 되어 버릴 수도 있습니다."(이청준, 『당신들의 천국』)

천국의 매력에서 지옥의 마력을 보는 섬뜩한 통찰이다.

'순례자의 합창'이 내뿜는 바그너의 매력도 아우슈비츠의 유대인들에게는 장송곡의 마력에 지나지 않았다. 수많은 FTA 중에서 유독 한·미 FTA만을 극력 반대하는 거리의 촛불이나 국회의사당 안의 최루가스도 어떤 사람들에게는 독립투사의 열정 같은 매력으로 여겨지는 모양이지만, 국익國益을 염려하는 많은 사람들에게는 일그러진 폐쇄적 이념의 마력으로 어른거릴 따름이다.

매력과 마력…, 글자 한 획이 천사와 악마를, 유토피아와 디스토피아를, 그리고 천국과 지옥을 가른다. 그 한 획의 차이를 간파하는 것이 이 혼돈의 시대를 살아가는 지혜가 아닐까?

(2011. 11. 28.)

13 총화를 위하여

뮤지컬 '사운드 오브 뮤직'의 감미로운 노랫말을 쓴 오스카 해머슈타인은 이렇게 읊었다. "종은 / 누군가 울리기 전에는 / 아직 종이 아니다." 아무리 멋진 종이라도 훌륭한 타종수打鐘手가 없이는 감동의 소리를 울리지 못한다. 차기 정부는 분열과 대결의 시대를 마감하는 총화總和의 타종수가 되어주기 바란다. 그러나 국무총리와 헌법재판소장 인사의 파행을 겪으면서 출발 전부터 삐끗거리는 것이 여간 걱정스럽지 않다. 하필이면 대통령의 사돈과 측근에 대한 특별사면까지 터져 나와 국민의 불신감을 증폭시키고 있다. 모두 권력의 밀실密室이 빚은 불행이다. 총화의 첫걸음은 어두운 밀실에서 소통의 광장으로 나오는 것이다. 존경받던 인물들이 서슬 퍼런 인사 검색대 앞에서 양파껍질처럼 벗겨지며 공개 망신을 당하는 일이 되풀이되고 있다. 공직을 맡겠다고 나선 이들의 자업자득일 터이니, 남을 탓하기 전에 국민의 기대에 어긋났던 자신의 행적부터 뉘우칠 일이다.

그러나 도덕적 엄숙주의의 날카로운 칼로 한 인격과 그 가족들의 삶을 마구 찔러대는 것은 또 다른 윤리적 파탄의 가학加虐일는지도 모른다. 율법적으로 완벽했던 바리새인들을 예수는 '회칠한 무덤'이라고 불렀다. 저들이 자랑하던 선악 2분법의 잣대는 '도덕적 경건의 폭력'에 다름없었다. 절도범 장발장을 새로운 인격으로 거듭나게 하고 시장市長의 공직까지 맡을 수 있도록 이끈 것은 자베르 경감의 정의가 아니라 미리엘 신부의 용서였다. 인사 검증이 '인격 심판'은 아닐 터인즉, 비록 부적격자라 할지라도 세상에 얼굴을 들 수 없을 만큼 깊은 상처를 안기는 일은 삼가야 하지 않을까. 관용과 배려 없는 도덕은 도덕적이지 않다.

인사권자도 여론의 충고와 조언을 무겁게 받아들여야 한다. 지금까지 선거의 승자勝者가 전리품처럼 챙겨오던 구시대적 인습因習의 특권들을 과감히 내려놓고, 적재적소의 공정한 인사로 국민 총화의 기틀을 다지지 않으면 안 된다. 능력과 자질보다 대중의 인기를 따르는 이미지 인사, 이벤트 인사로는 사회통합의 길을 열지 못한다. 중국 전한前漢의 명재상 병길丙吉은 패싸움으로 죽은 사람의 시체를 보고는 무덤덤하게 지나쳤지만 거칠게 숨을 몰아쉬는 소를 보자 걸음을 멈추고 소의 상태를 유심히 살폈다. "어찌 사람보다 소를 더 소중히 여기는가?"라는 비난에 병길은 이렇게 대답했다. "사람이 싸우다가 죽고 다치는 것은 지방행정관이

다룰 일이지만, 소가 숨을 헐떡거리는 것은 날씨의 이상 때문이요, 한 해 농사에 관계된 것이니 응당 정승이 살펴야 할 일이다." 병길은 포퓰리즘의 인기에 연연하지 않고 일의 선후先後를 냉철하게 분별할 만큼 현명했다. 그러나 일개 옥리獄吏에 불과했던 병길의 능력과 자질을 알아보고 그를 재상의 자리에 앉힌 선제宣帝의 용인술은 더욱 지혜롭다.

총화의 리더십은 정치공학에서 나오지 않는다. 총화의 열정은 역사의식의 공감대에서 싹튼다. 전쟁의 폐허 위에서 산업화와 민주화를 성취한 대한민국 65년의 역사야말로 국민통합의 구심점이다. 그러나 지난 정부들은 이념적으로 편향되거나 아예 무관심한 탓으로 조국의 역사 인식에 대한 국민적 합의를 이끌어내지 못했고, 역사교육의 실패로 미래 세대와의 단절을 초래했다. 이것을 바로잡아야 할 막중한 책무가 차기 정부에 주어졌다. 살벌한 신학논쟁이 벌어졌던 17세기에 독일 신학자 루퍼투스 멜데니우스는 시대와 영역을 뛰어넘는 탁월한 총화의 처방을 제시했다. "본질적인 것에는 일치를, 비본질적인 것에는 자유를, 그리고 모든 것에서 사랑을!"

우리는 멜데니우스의 '일치·자유·사랑'을 이렇게 고쳐 읽을 수 있을 것이다. "나라의 정체성을 지키는 바탕자리에서는 온 국민의 일치단결을, 그 밖의 다양한 삶의 자리에서는 각자의 개성과 자유를, 그리고 모든 공동체적 관계에서 사랑과 나눔의 손길을!"

사랑amor이라는 단어에는 죽음mort에 대한 부정a의 뜻이 숨어 있다. '사랑하면 살고 미워하면 죽는다.'는 무서운 말이다. 화합은 생명, 분열은 죽음이다.

"종소리를 더 멀리 보내기 위하여 / 종은 더 아파야 한다."(이문재 「농담」 중) 총화의 종소리를 더 크게 울리기 위하여 새 정부는 낮은 자리에서 비판과 질책의 아픔을 기꺼이 감수해야 한다. 그 아픔이 클수록 국민통합의 길은 더 풍요로울 것이기에. 양극화의 깊은 골을 메우는 총화의 종소리가 온 국민의 가슴속에 '일치·자유·사랑'의 울림으로 널리 퍼져나가기를 기대해 마지않는다. 그리고 분단의 휴전선 너머 저 북녘 땅에도.

(2013. 02. 04.)

II

갈등의 시대를 진단하다

1. 승무원은 마지막이야!
2. 법관의 양심
3. 분열의 유전자, 증오의 DNA
4. 대한민국 헌법의 팔자
5. 상생과 상쟁, 한 획의 차이
6. 패거리 공화국
7. 나눔과 나뉨, 한 획의 차이
8. 우울한 축제?
9. 자연에 대한 두 개의 도그마
10. 땀 흘리지 않고 거두는 열매는 없다
11. 성숙한 지혜의 세밑
12. 숭례문의 어제와 오늘

1 승무원은 마지막이야!

꽃이 바람에 진다. 채 피기도 전에 여린 꽃잎들이 허공에 흩날린다. 봄꽃처럼 싱그러운 열일곱 살 안팎의 고등학생 등 백수십 명이 봄바람에 꽃잎 지듯 바닷속으로 떨어졌다. 엘리엇의 '황무지'가 아니더라도 4월은 우리에게 잔인한 달이다. 독재에 항거하다 희생된 4·19의 영령들 때문만이 아니다.

1970년 4월 8일 와우아파트가 무너져 34명이 목숨을 잃었다. 1995년 4월 28일 대구 지하철 공사장에서 도시가스의 폭발로 101명이 희생됐다. 토목건축이나 위험물 관리에 관한 입법적·행정적 체계가 완비되지 않은 상황에서 조급하게 땅부터 파헤친 안전의식 결여가 원인이었다.

그리고 2014년 4월 16일 아침의 진도 앞바다, 수학여행에 나선 고등학생 등 470여 명을 태우고 제주로 향하던 세월호가 물살 거센 맹골수도에서 좌초할 무렵, 25세의 신참 3등 항해사에게 조타실을 맡긴 대리 선장은 침실 안에 있었다. '움직이지 말라'는 안내방송으로 승객들의 발이 객실에 묶여 있는 동안 선장과 기관사 등 선박직 선원들은 승객 몰래 전용 통로로 배를 빠져나와 맨 먼저 구조선에 올랐다.

그렇게 살아나온 선장이 한가롭게 젖은 돈이나 말리고 앉아 있을 때, 스물두 살의 임시직 승무원 박지영씨는 학생들에게 구명조끼를 입혀주고 대피시키느라 동분서주하다가 목숨을 잃었다. "언니는 왜 구명조끼 안 입어요?" 학생의 물음에 그녀는 이렇게 대답했다. "승무원은 마지막이야." 선장도, 항해사도 헌신짝처럼 내던진 책임윤리·직업윤리·생명윤리가 아르바이트 여대생의 입에서 울려 퍼졌다.

그 절체절명의 재난 현장에 세계 10위권의 경제대국 대한민국은 존재하지 않았다. 때마다 애국가를 부르고 태극기 앞에 머리를 조아리던 어린 학생들은 가라앉는 배 안에서 조국의 손길을 애타게 기다리다가 분노와 절망의 마지막 숨을 품고 바닷속으로 잠겼을 것이다. 대한민국의 생명윤리도, 우리 사회의 책임윤리·직업윤리도 함께 바다에 잠겼다. 행정안전부의 간판을 굳이 안전행정부로 바꿔 달면서 국민의 안전이 최우선이라고 외치던 이 정부 아닌가.

간판을 바꾼다고 내실이 채워지는 것은 아니다. 안전의 내실이란 정신적으로는 책임의식의 확립, 실제적으로는 치밀한 안전관리 시스템과 체질화된 훈련이다. 그 치열한 노력이 있었던가. "다시는 불행한 사고가 재발하지 않도록 만전을 기하겠다." 얼마나 많이 들어온 공염불인가. 몇 명 감옥 가고, 몇 명 물러나고, 결의대회 몇 번 하면 그만이었다. 책임지고 물러난다? 거짓말이다. 물러나는 것이 무슨 책임인가. 책임을 다하지 않았기 때문에, 그 무책임 때문에 물러나야 하는 것이다.

여동생에게 구명조끼를 입혀주고 실종된 여섯 살배기 오빠, 친구에게 구명조끼를 양보하고 숨진 고등학생, 첫 제자들을 살려내고 배와 함께 물에 잠긴 새내기 여교사, 기우는 배의 난간에 매달려 제자들에게 구명조끼를 던져주던 담임교사, 한 치 앞이 보이지 않는 바다에 뛰어들어 구조에 힘을 쏟던 이름 없는 잠수대원, 이들의 희생과 헌신은 어둠 속 한줄기 섬광처럼 빛났다. 그런가 하면 비탄의 울음바다에서 무슨 사진이나 찍으려다 쫓겨난 정·관계 사람들의 처신은 얼마나 누추한가. 구조 현장의 지리멸렬한 지휘체계, 필수 인력과 장비의 늑장 투입, 재난 전문가가 배제된 재난대책본부의 관료주의…, 온 국민의 마음이 까맣게 타들어갔다.

누가 '선진국의 문턱'을 운운하는가. 배 한 척 침몰해도 이렇듯 공황상태에 빠지는 터에 동시다발 테러가 발생하면 어찌할 것인가. 안전관리가 엉망인 곳이 여객선 하나뿐일까. 우리 사회 각 부문의 책임의식이 혁명적으로 쇄신되지 않는 한 선진화의 길은 아득히 멀다. 재난 관련 법안들을 무더기로 방치한 채 오로지 정파 싸움에만 몰두해 온 정치권, 몸 사리기에 급급한 관료들에게 쇄신을 기대하기에는 너무 지쳤다. 공직사회보다 역량이 뛰어난 민간에 기대할 수밖에 없다. 기업·공장·학교·병원·공연시설과 사회·종교단체들이 미흡한 여건에서나마 최적의 재난 대응 시스템을 스스로 갖춰나가면 무책임한 관료와 정치권도 마지못해 뒤따라오지 않겠는가.

4월은 잔인한 달이지만 부활절의 계절이기도 하다. 다 피지 못하고 서럽게 진 우리의 꽃다운 넋들이 안식의 영혼으로 부활하기를 기원한다. 생명이 다하기까지 제자리를 지킨 박지영 씨의 빈소에는 '대한민국 국민'의 이름으로 바친 조화가 놓여 있었다. 유언 같은 그녀의 마지막 한마디가 총체적으로 무너진 대한민국의 생명윤리를, 우리 사회의 책임윤리와 직업윤리를 일깨우고 있다. "승무원은 마지막이야!"

(2014. 04. 28.)

2 법관의 양심

종교와 윤리의 중심 테마인 양심은 인격의 내면에 존재하면서 개인의 주체적 가치관, 사회의 보편적 도덕의식, 종교적 영성靈性의 신앙윤리를 두루 아우른다. 양심이 지니는 주체성, 사회성, 영성을 어떻게 이해하는가에 따라 윤리철학의 구조가 달라질 터이지만, 개인의 양심도 사회나 타인으로부터 고립된 것은 아니다.

양심conscience은 공동체성을 나타내는 con(함께)과 이성을 뜻하는 scientia(앎)의 합성어다. 양심은 '사회공동체의 이성적 윤리의식'이다. 그래서 양심은 실정법의 세계로 들어온다. 헌법은 모든 국민의 '양심의 자유'를 보호하면서(제19조), 법관에게는 '법률과 양심에 따라' 독립하여 심판할 것을 요구한다(제103조). 두 조문의 양심은 의미가 같지 않다. 앞의 것은 개인의 기본권으로 주관적·인격적인 것이고 뒤의 것은 법관이 따라야 할 재판의 준거

準據로서 객관적·규범적인 것이다.

　최근 이념적으로 민감한 사안에서 젊은 단독판사들의 무죄판결이 잇따르자 각계의 비판이 거세다. 민주사회에서는 판결도 비판의 대상이 될 수 있다. 그러나 그 비판 역시 적정한 한계를 지녀야 한다. 사법의 독립을 훼손할 정도의 거친 항의나 지나친 여론몰이는 온당한 비판이라고 볼 수 없다. 비판에도 절제가 필요하다.

　다만, 차제에 법관들에게도 한마디 하지 않을 수 없다. 헌법이 재판의 준거로 제시하는 양심은 '공동선共同善을 지향하는 보편적 윤리규범'으로 주어진 것이지 법관 개인의 자유나 권리로서 주어진 것이 아니다. 법정法廷은 법관의 주관적 신념을 펼치는 자리가 아니기 때문이다. 법관은 시민사회의 소박한 법 감정 앞에서 자기의 소신을 꺾을 수 있어야 한다. 영미법이 배심제도를 채택하고 있는 이유다. 겸손은 법관의 필수 덕목이다.

　법조의 경험과 연륜이 짧을수록 겸손의 덕목은 더욱 절실하다. '젊은 양심'은 비록 순수해도 가벼움을 벗기 어렵다. '성숙한 양심'이라면 삶의 애환哀歡, 연륜의 무게, 그리고 무엇보다도 인문人文의 깊이가 그윽이 담겨 있게 마련이다. 나도 젊은 나이에 단독재판을 담당했지만, 돌이켜보면 두렵도록 아찔한 기억이 적지 않다.

재판심리를 영어로 hearing이라고 한다. 재판은 '말하는 것'이기 전에 '듣는 것'이다. 자기의 양심에 도덕적 절대성의 면류관을 씌워놓고 제 생각과 다른 목소리에는 귀를 닫아버리는 오만한 태도를 양심적이라 할 수 없다. '오만한 양심'은 그 자체로 비양심적이다. 객관성·보편성과 소통하지 못하는 양심은 결국 배타적 독선으로 흘러 상생相生을 가로막고 상쟁相爭을 불러오기 일쑤다.

논란을 불러온 법관들도 무엇이 정의인지를 나름대로 고민했을 것이다. 그러나 정의의 영토는 무한하지 않다. 정의는 보편적 이성의 합의를 경계로 하여 그 안쪽에 존재한다. 그래서 로마의 법언法諺은 '극단의 정의는 극단의 불의Summum jus, summa injuria'라고 꾸짖는다.

법관은 국민의 선거로 선출되거나 심판받는 직분이 아니기에 자기성찰에 누구보다도 엄격하지 않으면 안 된다. 법정에서 아버지뻘의 어른을 '버릇없다'고 꾸짖은 젊은 판사는 정작 자신의 버릇없음은 알지 못했다. 자기성찰의 문제다.

법관의 양심은 법전에서 나오지 않는다. 양심은 인격이다. 사법시험 하나로 인격을 검증할 수는 없다. 사법연수원 재직 시절, 연수생들에게 법률실무에만 매달리지 말고 인문의 소양에도 관심을 기울여야 한다고 누차 강조했지만, 실무평가에 노심초사하는 그들에게는 마이동풍馬耳東風일 수밖에 없었던 기억이 선하다.

판결문은 어떤 결론으로도 쓸 수 있을 것이다. 동원할 수 있는 법리와 판례도 수두룩하다. 증거판단과 사실인정도 법관의 심증에 크게 좌우된다. 법실증적인 면에서는 어떤 판결도 가능하다는 뜻이다. 그러나 그것이 과연 올바른 재판이겠는가? 법학자 라드브루흐는 보편적 법의식을 외면하는 법실증주의에 대해 '법철학의 안락사'라고 개탄했다.

이념의 붓에 독선의 먹물을 찍어 써 내려간 판결문이라면, 아마 파스칼의 야유를 만날지도 모르겠다. '피레네 산맥 이쪽의 정의가 저쪽에서는 불의다.'

사법부 스스로 이번 사태를 엄중한 자기혁신의 계기로 삼지 못하면 거센 외풍에 시달리지 않을까 염려된다. 나는 대한민국의 법관들을 신뢰한다. 이 신뢰가 헛되지 않기를 바라면서, 언론과 정치권에도 이성적 비판의 금도襟度를 기대한다.

(2010. 02. 07.)

3 분열의 유전자, 증오의 DNA

"민중을 거스르면 민중의 손에 망하고, 민중을 따르면 민중과 함께 망한다." 그리스·로마의 영웅전을 쓴 플루타르크의 경고다. 대중을 무시하는 소통疏通결핍과 대중에게 영합하는 포퓰리즘을 한꺼번에 꾸짖는 촌철살인이다. 지난 정부에서는 포퓰리즘이 문제였고, 현 정부에서는 소통결핍이 논란거리다. 2,000년 전에 한 그리스인이 남긴 통찰이 오늘 우리 사회에 그대로 적용되는 것 같아 여간 씁쓸하지 않다.

소통은 입이 아니라 귀에서 시작된다. 귀를 열어야 마음이 열린다. 성스러울 성聖자는 귀耳를 먼저 쓰고 그 다음에 입口을 쓴다. 예부터 입보다 귀를 먼저 여는 임금을 성군聖君이라 했다. 오늘의 국민주권시대에는 더 말할 나위도 없다.

혀에는 뼈가 없다. 혀가 부드러운 이유다. 그러나 혀가 늘 부드러운 말만 하는 것은 아니다. 마치 뼈대 없는 집안에서 막 자란 아이처럼 거칠고 못된 말을 내뱉기도 한다. 강아지가 귀여운 것은 혀를 흔들지 않고 꼬리를 흔들기 때문이다. 꼬리 대신 혓바닥을 놀려 짖어대기만 하면 발길질을 당하기 십상이다. 국민의 소리를 거스르고 제 목소리만 내다가 발길질을 당한 정권이 하나 둘이 아니다.

듣기 좋은 소리만 골라 들으면 소통이 될 수 없다. 권력의 두 귀는 좌와 우 양쪽에 고루 열려 있어야 한다. "가진 자들의 부패, 기득권층의 비리가 서민들을 슬프게 한다. 실업자가 넘쳐나는데, 정부는 경제지표의 수치만 읊어댄다. 나라의 요직을 특정지역, 특정인맥이 장악하고 있다. 국가안보 라인에 병역미필자가 태반이다. 전방 철책선에서 고위공직자의 자제들을 볼 수 없다. 천안함·세종시·4대 강 등 국가 주요 현안을 다루는 정부의 역량이 미덥지 못하다. 여당은 선거에 지고도 파벌싸움으로 정신이 없다…." 이 분노와 조롱과 탄식의 소리가 들리는가? 들리지 않는다면, 국민과의 소통은 단절된 것이다. 플루타르크가 경고한 '민중의 손'이 기다릴 뿐이다.

그러나 소통결핍은 비단 집권층만의 문제가 아니다. 그동안 야권은 포퓰리즘이라는 편리한 정치 메커니즘에 기대어 누구 말마따나 재미를 좀 보았다. 그러나 포퓰리즘이라는 것이 국민의 진정한 갈망을 책임 있게 담아내기보다는, 당장의 이해利害를 내세워 본질을 덮는 미봉책이거나 일시적 감성感性을 자극하여 표만 낚아채려는 정치적 속임수에 불과한 것이고 보면, 야권 역시 국민과의 올바른 소통을 위해 진지하게 고민하지 않으면 안 된다. 주권자인 국민을 단지 '미봉책이나 바라고, 속임수에 넘어가기나 하는' 우중愚衆으로 여기지 않는다면 말이다.

스페인의 철학자 오르테가 이 가세트 Jose Ortega y Gasset는 표피적인 선동에 휘둘리는 대중시대의 포퓰리즘을 '문화와 이성에 대한 반역'이라고 질타했다. 대중에게 권력의 완장을 채워주고 냉철한 이성, 합리적 지성을 핍박하도록 충동질하는 사회는 반문화적 광기狂氣에로 흐를 수밖에 없다는 것이 역사의 증언이다. 나치에 열광한 독일의 극우 민족주의, 홍위병에게 박수를 쳐댄 중국의 극좌 문화혁명은 플루타르크의 '민중과 함께 망하는' 두 길을 생생하게 보여주었다. 이 극우·극좌의 두 길을 동시에 달려가는 것이 '우리 민족끼리'의 폐쇄적 주체사상이요, 선군先軍독재의 사회주의 혁명노선이다. 그 종착지가 어디일지를 굳이 물어야 하는가?

지금 우리 사회는 지역·이념·세대·계층·정파에 따라 서로 물고 뜯는 싸움이 가히 목불인견目不忍見이다. '표현의 자유'가 '거짓의 자유'일 리 없건만, 핵무기를 만들고 어뢰를 쏘아대는 북한을 평화통일의 주체로, 숱하게 퍼주고도 늘 얻어맞기만 하는 대한민국을 반통일 전쟁광으로 둔갑시킨다. 그렇게 광우병 촛불을 부추겼고, 그렇게 천안함 사태를 뒤엎으려 든다. 비전문가들이 다국적 전문가들의 조사 결과를 헐뜯는 편지까지 유엔에 써 보낼 정도다. 조선의 사색당쟁도 이토록 그악스럽지는 않았겠다. 몸속에 '분열의 유전자, 증오의 DNA, 거짓말 염색체'라도 지니지 않고서야 이렇게까지 독을 품을 수는 없는 일이다.

도덕경에 "올곧은 이는 말이 없고, 말 많은 자는 바르지 않다善者不辯 辯者不善."고 했다. 남의 흠은 혹독하게 몰아치면서도 제 잘못은 돌아보는 법이 결코 없는, 항상 옳고 늘 당당하기만 한 여야 정치인들과 시민운동가들이 두 귀를 틀어막은 채 자기 말만 쏟아내고 있는 터에, 무슨 수로 소통을 기대하겠는가?

(2010. 07. 05.)

4 대한민국 헌법의 팔자

인도의 시인 타고르가 '위대한 영혼(마하트마)'이라고 부른 간디는 '나라를 망하게 하는 일곱 가지 악'을 말한 적이 있다. 원칙 없는 정치, 도덕 없는 경제, 노동 없는 부富, 인격 없는 지식, 인간성 없는 과학, 양심 없는 쾌락, 희생 없는 신앙이 그것이다.

바른 정치, 윤리적인 경제, 근면하고 양심적인 사회 기풍, 인성人性 바른 교육과 학문, 이웃과 사회에 헌신하는 종교…. 이들 중 어느 하나라도 썩거나 타락하면 국가공동체는 존립하기 어렵다. 하나가 쓰러지면 도미노처럼 모두 무너지고 만다. 간디는 일곱 가지를 말했지만, 실은 그 모두가 진실과 근본을 가리키고 있다.

정치의 근본은 공정한 법치法治다. 법치가 제대로 선 나라에 독재나 부패가 있을 턱이 없다. 경제의 근본은 상생相生의 윤리다.

모든 경제 주체들이 '더불어 사는 삶'의 가치에 충실하다면 불로소득이나 양극화 따위의 부조리가 발붙일 자리는 없다. 교육의 진실은 올곧은 인격이다. 기능적 지식과 경쟁적 성취만을 가르치는 학교도, 편향된 사상이나 증오의 이념을 불어넣는 교실도 모두 양심과 덕성德性의 인격을 키워내지 못한다.

 북한 동포의 처절한 인권현실에는 입도 벙긋 않는 사람들이 초·중·고등학생들의 인권을 들먹이며 '광우병 촛불'의 황홀했던 기억을 되살리려고 애쓰는 중이다. 학부모들은 냉철하게 헤아려야 한다. 성장기의 자녀들을 '정치의 주체로 도약'시키겠다는 학생인권조례의 목적이 교육인지 정치인지를, 어린 학생들의 손에 책 대신 촛불을 쥐어 주고 싶은 이상한 어른들이 감성적인 10대 청소년들을 정치의 광장으로 끌어내려는 정략적 발상이 아닌지를…. 열다섯 살 소녀의 손에는 이글거리는 촛불이 아니라 가슴 저미는 시집이 들려 있어야 하지 않겠는가?

 과학의 진실은 자연과 생명에 대한 합리적이고 겸손한 이해라고 할 수 있다. 유전자 조작을 위해 무절제하게 생명을 훼손하는 생체실험실이 과학의 이름으로 정당화될 수 없다. 생명의 신비가 단백질이나 염색체 속에만 들어있는 것은 아니다. 생명외경生命畏敬을 모르는 싸늘한 과학은 악마의 도구로 떨어지기 십상이다. 아우슈비츠의 범죄자는 히틀러만이 아니다. 수많은 과학자들이 그의 공범이었다. 신앙의 진실은 초월자 앞에서의 자기부정自己否

定일 것이다. 신을 만나는 길은 종교마다 달라도, 자기부정의 희생을 핵심으로 여기는 점에서는 아무 다름이 없다. 희생 없이 현실의 복福만을 추구하는 오늘의 신앙은 신의 손길을 탐욕의 도구로 써먹는 우상의 종교일 따름이다. 거기에 영성靈性의 감화感化가 있을 리 없다.

다시 '법치'로 돌아온다. 법치의 근본은 헌법이다. 그러나 62년에 이르는 우리 헌정사憲政史의 속살은 숱한 상처와 흠집으로 만신창이다. 헌법 때문에 정치상황이 불편하다면, 헌법을 고치기보다 정치상황을 헌법에 맞도록 고쳐나가는 것이 일의 순서요 원칙일 터임에도, 헌법을 권력투쟁의 도구쯤으로 여기는 정치꾼들이 권력욕을 위해 헌법을 마구 뜯어고치는 반칙反則의 개헌을 서슴없이 자행해왔다.

무슨 시대정신을 내세우는 정치인들이 고질병 도지듯 또다시 개헌론을 들고 나왔다. 하필이면 제헌절에 말이다. 무릇 한때의 시대정신은 헌법정신과 '조화'를 이룰지언정 헌법정신을 '대체'할 수는 없다. 헌법은 무수한 시대, 격랑의 세월들을 거쳐 오며 피와 땀과 눈물의 현장에서 길어 올린 역사적 경험들의 정수精髓이자, 헌정사의 갈피마다 켜켜이 틀어박힌 국민적 결단의 결정체結晶體이기 때문이다.

헌법이 잘못되어 나라가 어지러운가? 아니다. 사람이 잘못되어 나라가 어지러운 것이다. 편할 편便자는 사람 인人에 고칠 경更을 쓴다. 사람을 고쳐야 나라가 편안해진다. 제도를 뜯어고치기 전에 정치인들의 마음부터 바르게 고칠 일이다. 권력구조 개편보다 극에 다다른 분열과 갈등의 치유가 먼저다.

"법치와 도덕을 바로 세워라. 근로정신과 인간성을 소중히 여겨라. 양심과 신앙을 바르게 지켜라. 그렇지 않으면 망한다." 진실과 근본에 투철했던 간디의 외침이다. 진실이 외면당하고 근본이 흔들리는 오늘의 우리에게 간디의 목소리는 이렇게 울려온다. "헌법을 바르게 지켜라. 그러지 않으면 망한다."라고. 제헌절에 개헌 소리를 듣는 것이 대한민국 헌법의 팔자다. 생일날에 애꿎은 꾸지람을 듣는 모양새다. 헌법에 대한 무례가 지나치지 않은가?

(2010. 07. 05.)

5 상생과 상쟁, 한 획의 차이

　오행설五行說은 삼라만상이 쇠·나무·물·불·흙金木水火土의 다섯 가지 원소로 긴밀히 얽혀 서로의 생명력을 북돋우며 상생相生의 세계를 펼쳐간다고 가르친다. 히브리의 옛 시인은 '시냇가에 심은 나무'라는 멋진 표현으로 수생목水生木의 풍성한 상생관계를 한 폭의 풍경화처럼 생생하게 그려냈다.(시편 1)

　반면에 서로 물고 뜯는 상쟁相爭의 갈등은 자연의 조화를 깨뜨리고 개인과 공동체의 삶을 망가뜨린다. 흙더미가 쌓여 물길을 가로막거나土剋水 쇠도끼로 숲의 나무들을 마구 찍어내면金剋木 엄청난 재해를 겪게 되듯, 인간관계에서도 서로가 상극相剋의 다툼으로 치달리면 공멸에 이를 수밖에 없다.

　자연에 가까울수록 상생의 아름다움이 그윽하고, 자연과 멀어

질수록 상쟁의 아귀다툼이 치열해진다. 상생은 식물에게서, 상쟁은 동물에게서 뚜렷이 나타난다. 아니, 사람이야말로 상쟁의 모습을 가장 추악하게 보여준다. 사나운 맹수들도 배가 고프지 않으면 먹잇감을 놓고 싸우지 않는다는데, 사람은 배가 불러도 서로 다투고 짧은 쾌락을 위해서도 쉽게 목숨을 빼앗는다. 재미나 취미로 살생을 하는 생명체는 사람밖에 없다. 인간의 삶은 반反자연적이다.

진리의 전당인 대학University의 라틴어 어원은 하나unus와 여럿versitas이다. 서로 다른 것들이 하나의 세계 속에서 평화롭게 공존하는 '다양성 안의 통일성'이 곧 진리라는 암시일 터인즉, 서로의 '차이'는 상쟁의 이유가 아니라 상생의 조건일 따름이다. 차이가 클수록 상생도 풍요로워진다.

서양에서는 상생을 윈윈win-win게임, 상쟁을 제로섬zero-sum게임이라고 부른다지만, 상생에는 겨루어game 이긴다win는 개념 자체가 없다. 서로의 차이를 그대로 인정하기 때문이다. 게임은 원래 사냥감이라는 뜻이다. 사냥꾼과 사냥감의 쫓고 쫓기는 게임은 죽음으로 끝난다. 개인들만이 아니다. 지역·계층·세대·이념으로 갈가리 찢어져 저마다 제 이익만을 추구하는 '게임의 사회'는 탐욕의 노예들이 으르렁거리는 아수라장이나 다름없다.

북한의 연평도 포격으로 군인은 물론 민간인들까지 무참히 희생되었다. 그동안 남쪽은 상생을 위해 숱하게 퍼주었건만, 북쪽은 오히려 상쟁의 외길로 치닫고 있다. 더욱 개탄스러운 것은, 이 가공할 만행 앞에서도 서로 나뉘어 그악스럽게 다투는 우리 사회의 고질적 분열상이다. 국회의 대북 규탄 결의 하나에도 뜻을 모으지 못했다. 심지어 북한의 핵실험에는 입을 굳게 다물면서 우리 군을 향해서는 훈련도 하지 말라고 다그치는 억지소리마저 들린다. 도발이 클수록 우리 안의 싸움도 커지곤 하는데 북이 어찌 도발의 유혹을 떨칠 수 있겠는가.

천안함 테러를 겪고서도 또다시 북의 기습 공격을 받아 치밀하게 대처하지 못한 정부와 군의 책임은 엄중하다. 그러나 저들의 군사도발을 우리 탓으로 돌리는 일부의 주장은 궤변에 불과하다. 지난 20여 년 동안 오직 핵무장에 매달려온 선군先軍의 호전성好戰性을 민족이나 평화의 이름 아래 감추진 못한다. "명예롭지 않은 평화는 평화가 아니다." 19세기의 영국 총리 존 러셀의 말이다. 핵무기 앞에 엎드려 소강小康의 안일이나 바라는 것이 명예로운 평화일 리 없다.

지금이 편을 갈라 싸울 때인가. 영토를 지키고 국민의 생명을 보호하는 일에 혼신의 힘을 기울일 때가 아닌가. "오늘에 옛날을 보는 것이 훗날에 오늘을 보는 것과 같을까 두렵다將恐今之視古 亦猶後之視今也." 『세설신어世說新語』에 나오는 한漢나라 경방京房의 탄식이다. 오늘의 당파 싸움이 옛적의 사색당쟁보다 나을 것이 없으니, 훗날의 질책이 벌써 두렵다.

상생과 상쟁은 비록 글자 한 획의 차이밖에 없지만, 그 품은 뜻은 별자리들 사이만큼이나 멀다. 글자 한 획만 다른 것이 아니다. 인격이 다르고, 삶의 차원이 다르며, 역사의 방향마저 달라진다. 상생과 상쟁 — 글자 한 획이 사랑과 미움을, 자연과 반反자연을, 그리고 생명과 죽음을 갈라놓는다. 오늘 우리의 삶은 어떠한가. 생명의 상생인가, 죽음의 상쟁인가.

약한 동물을 잡아먹는 호랑이의 해 경인년庚寅年도 이제 한 달이면 역사 속으로 사라진다. "해가 지도록 노여움을 품지 말라."(에베소서 4) 이 해가 다 지나기 전에 상쟁의 어둠을 말끔히 몰아내고 상생의 다짐으로 신묘년辛卯年 새해를 맞아야 하지 않겠는가. 풀을 뜯는 유순한 토끼의 해, 그 평화의 새날을….

(2010. 11. 30.)

6 패거리 공화국

　혈통의 순수성을 고집하는 동종교배同種交配에는 질적 저하低下 현상이 따른다고 한다. 순혈純血의 축복 속에 탄생한 순종은 나르시시즘의 자폐적 성향 때문에 외부환경에 대한 적응력이 미약하다. 그러나 이종교배異種交配로 거칠게 태어난 잡종은 수정受精 단계에서부터 이질적 요소들이 서로 부딪치며 갈등과 융합의 어려운 적응과정을 거치면서 상생相生의 지혜를 터득해간다.

　이질적인 것들을 배척하는 동종끼리의 결합은 타자他者와의 공존을 거부하고 '닫힌 사회'로 치닫기 일쑤지만, 수수께끼 같은 인간의 삶과 복잡다기한 사회현상들이 순혈주의의 단일한 체계로만 환원될 수는 없는 일이다.

　전국 18만 가구의 다문화가정에서 12만여 명의 혼혈 청소년이

자라나고 있다. 삶의 양식樣式과 가치관을 달리하는 다양한 핏줄이 서로 소통하고 배려하면서 갈등과 모순을 조절해가는 '잡종의 혼성문화混成文化·Hybrid Culture'에 익숙해지지 않으면 상생의 '열린 사회'로 나아가지 못한다. 한국의 아이돌 가수들이 우리말 노래와 서구식 춤으로 유럽의 젊은이들을 열광시키는 시대가 아닌가!

단일민족인 우리의 핏줄에도 실은 오래전부터 이방의 유전자가 섞여 내려왔다. 허許 씨의 시조로 알려져 있는 허황옥은 머나먼 인도 아유타국의 공주로 가락국에 건너와 김수로왕의 왕비가 되었고, 고려 공민왕의 왕비 노국공주는 원나라 제후의 딸이었다. 국제결혼과 다문화가정과 혼성문화의 선구자들인 셈이다.

남성의 혈통에 집착하는 폐쇄적 민족주의는 여성과 이방인을 사회의 중심에서 소외시키지만, 스스로는 세계와 역사로부터 소외돼 퇴보의 길을 걷는다. '나그네를 환대歡待하고 고아와 과부를 돌아보는'(신명기 10) 호혜互惠의 정신은 단순한 개인적 심정윤리가 아니다. 인종과 종교의 분쟁으로 곳곳에서 피바다를 이루는 오늘의 지구촌에 가장 절실히 요구되는 공동체적 책임윤리다.

약소민족에 속했던 간디와 만델라는 열린 민족주의의 관용으로 평화의 사도使徒가 되었고, 스스로 우수(?) 인종임을 자랑했던 히틀러와 밀로셰비치는 닫힌 민족주의의 오만으로 평화의 적이 되었다. 베트남의 꽃다운 여성들이 한국인 남편의 손에 칼침을 맞아 쓰러지고, 이 나라 젊은이들이 기피하는 고된 일로 비지땀을 흘리는 외국인 노동자들이 이방인의 서러운 눈물을 쏟아내는 한, 이 땅은 신新인종주의의 그늘을 벗어날 길이 없을 것이다.

다양한 사회 주체들이 관용과 화합으로 공동선共同善을 추구해 가는 상생의 지혜는 '보편성'의 들판(칸트·헤겔)을 지나고 '주체성'의 봉우리(하이데거·사르트르)를 넘어 마침내 동양사상의 핵심인 '관계성'의 바다에 다다른 깨달음일 수 있다. 화이트헤드가 과정 process에, 데리다가 환대hospitality에 주목한 이유일 것이다.

공직자의 선임에서 출생지는 물론이고 출신학교까지 따지는 '공정사회'가 또 어디 있을까? 학연·지연·혈연 따위의 연줄 없이 제 능력대로 취업할 수 있는 직장이 얼마나 될까? 어떤 공기업에서는 특정 학교 출신 위주로 신입사원을 뽑은 뒤 서로 형님, 동생 하며 동창회처럼 화기애애한 직장생활을 즐긴다고 한다. 국민의 혈세인 나랏돈으로 말이다.

'지역 안배'가 인사의 제1원칙이 된 나라, 잘못된 공천으로 선거마다 참패하면서도 여전히 자기 사람 챙기기에 골몰하는 계파정치, 집권여당 시절에는 국가재정상 전면적 무상급식·반값등록금의 시행이 어렵다고 버티다가 정권을 내놓자 당장 시행하라며 촛불을 켜드는 후안무치厚顔無恥의 포퓰리즘, 천안함과 연평도의 비극을 겪고도 군 개혁에 발목을 잡는 육·해·공군의 주도권 다툼, '과학'도 '비즈니스'도 '벨트'도 모두 사라져버린 과학비즈니스벨트 유치 전쟁, 도지사나 국회의원이나 시민단체나 가릴 것 없이 온통 머리 깎고 주먹 휘두르며 단식투쟁에 나서게 만드는 지역 이권利權, 사랑과 희생의 거룩한 본분을 극단의 교파敎派주의로 더럽히고 있는 종교계…. 공화共和를 짓밟는 '패거리 공화국'의 모습이다.

민족을 떠나 모두 혼혈족混血族이 되자는 궤변이 아니다. 고향도 등지고 지역발전도 내팽개치자는 억지가 아니다. 동종교배의 순혈주의, 끼리끼리의 편 가르기에 깊이 중독된 우리의 갈등 사회가 반드시 배우지 않으면 안 될 '관계성'의 지혜, 그 상생의 윤리를 말하는 것이다.

(2011. 06. 27.)

7 나눔과 나뉨, 한 획의 차이

"울며 씨를 뿌리는 자, 기쁨으로 거둘 것이다."(시편 126)

수확의 부푼 꿈을 안고 희망의 씨앗을 파종하는데 왜 울어야 할까? 일이 힘들어서가 아니다. 주린 배를 움켜잡고 고달프게 보릿고개를 넘길지언정 종자 볍씨마저 몽땅 털어 밥을 지어 먹는 농부는 없다. 굶주려 우는 어린 것들을 뒤로한 채, 눈물을 흘리며 볍씨를 논바닥에 흩뿌릴 수밖에 없다. 비록 오늘 굶더라도, 내일을 위해.

전면적 무상급식, 반값 등록금으로 온 나라가 시끄럽다. "부잣집 아이든, 가난한 집 아이든 똑같이 먹이고 똑같이 학비를 대줘야 한다."는 보편적 복지와 "대학 문턱에도 가지 못하는 불우 청소년들의 고등학교 학비도 도와주지 못하는 터에, 부잣집 자제의 밥값과 대학 등록금까지 국민의 혈세血稅로 충당할 수 없다."는 선별적 복지의 싸움이다. 아이들 밥 한 끼, 젊은이들 학비를 놓고 다투는 모습이 민망하다.

1:1.618의 황금분할은 서로의 차이를 인정하면서 전체의 조화를 추구하는 균형미의 표본이다. 그렇지만 각자의 몫을 달리하는 황금비례보다는 모두의 몫이 똑같은 1:1의 정비례가, 배분적 정의보다는 평균적 정의가 '평등'에 더 가까운 것처럼 느껴진다. 평등은 더 이상 '빈자貧者의 정의'가 아닌 모양이다.

그러나 극심한 소득 불평등과 그로 인한 사회갈등을 해소하기 위해서는 배분적·선별적 복지가 무엇보다 시급하고 절실한 과제다. 특히 교육의 혜택을 제대로 받지 못하고 열악한 환경 속에서 자라나는 청소년들의 좌절감은 그 영혼에 평생토록 지워지지 않는 깊은 상처를 남긴다. 내일을 위해, 그리고 후손들을 위해 법씨처럼 아껴야 할 나라의 종자돈까지 까먹지 않는 한, 국가 재정에 의한 공공복지만으로는 양극화兩極化의 아픔을 다 치유하지 못한다. 민간복지가 확대돼야 하는 이유다.

국가state보다 지역사회society가 먼저 성립한 미국은 민간복지의 선진국이다. 전체 민간복지 비용의 80%가 개인들의 자발적 기부금에서 나올 뿐만 아니라 수많은 자원봉사자와 비영리기구들이 국가의 손길이 미치지 못하는 복지의 사각지대死角地帶를 찾아 나눔을 실천한다. 부잣집 자녀를 돌보는 것은 사회복지의 몫이 아니다.

'나눔'과 '나뉨'은 비록 글자 한 획의 차이밖에 없지만 그 품은 뜻은 대양大洋의 양끝만큼이나 멀다. 각자의 것을 서로 나누면 어느덧 상생相生의 하나가 되어간다. 그러나 제 것을 움켜쥐고 나누지 않으면 종내는 서로 나뉘어 상쟁相爭과 공멸共滅로 치달을 뿐이다.

한국의 사회복지 체계는 대체로 공공부담 75%, 법정 민간부담 5%, 자발적 민간부담 20%로 구성돼 있는데, 자발적 민간부담의 80% 이상이 기업에서 나오고 개인들의 부담은 극히 미미하다. 미국의 경우와 정반대다. 워런 버핏이 멀쩡한 자기 재단을 제쳐 두고 빌 게이츠 재단에 기부한 15억 달러는 회사 돈이 아니라 순수한 개인 주식이었다.

나는 여기에 종교계의 사명이 있다고 믿는다. 신도들에게 십일조를 강조하는 것 이상으로 교회들 스스로가 먼저 나눔의 모범이 되지 않으면 안 된다. 이익 추구를 삶의 보람으로 여기는 자산가들에게 나눔의 이타애利他愛를 기대하는 것은 연목구어緣木求魚일지 모르겠으나 종교야말로 '나눔과 섬김'의 바탕자리가 아니던가?

예수는 "네 소유를 팔아 성전에 바치라."고 가르치지 않았다. "네 소유를 팔아 가난한 사람들에게 나눠주라."는 것이 그분의 명령이다. 이 명령은 교회당 건축보다 훨씬 앞서는 실천적 신앙 윤리다. 수천억 원을 들여 호화 예배당을 지어 올리는 것은 "다듬지 않은 돌로 제단을 쌓으라."는 성서의 가르침에 어긋난다.(신명기 27)

제 지갑은 꼭꼭 닫아둔 채 나랏돈만 쏟아붓는 무상급식·무상의료·무상교육을 시리즈로 외쳐대는 것은 위선적이다. 우선 종교재단의 사학私學들부터 재단 적립금을 풀어 어려운 학생들의 등록금 지원에 나서주기 바란다. 그리고 부유한 대형 교회들이 막대한 헌금 곳간을 허물어 민간복지의 길을 앞장서서 열어가야 할 것이다.

그늘진 소외계층을 찾아 눈물을 흘리며 희망의 씨를 뿌리는 나눔의 손길은 사회통합이라는 소중한 수확을 기쁨으로 거두는 일일 뿐만 아니라 '정의·인도正義·人道와 동포애로 민족의 단결을 공고히' 하는 헌법정신의 구현이기도 하다.(헌법 전문) 마침 어제가 제헌절이었다.

(2011. 07. 18.)

8 우울한 축제?

조선의 외교정책은 사대교린事大交隣이었다. 중국에는 조공朝貢을 바쳤고 일본과 여진에는 회유책懷柔策을 폈다. 비굴한 사대주의인가. 아니다. 때로는 허리를 굽혔지만, 때로는 죽을 각오로 싸우기도 했다. 당시의 국력과 국제정세에 비추어 가장 유효적절한 생존전략을 추구해 왔을 따름이다. 중앙아시아와 중국대륙을 군마軍馬로 휩쓸던 흉노·선비·거란의 나라들은 오늘날 모두 어디에 있는가.

비분강개해 목을 꼿꼿이 세운 채 자진自盡하는 것은 차라리 쉬울지 모른다. 죽는 것보다 사는 것이 더 괴로운 나날들을 견뎌내는 삶이야말로 지혜와 용기 없이는 꿈도 꾸지 못할 일이다. 대륙과 해양의 강대국들 틈에 낀 비좁은 반도에서 창의적 문화, 고유한 언어, 독창적 문자를 지니고 겨레의 터전을 꿋꿋이 지켜온 우리 민족의 삶은 인류역사를 통틀어 유례가 없는, 기적 같은 생명력의 분출이었다.

　국제정치학을 배운 적이 없는 우리의 선인先人들은 국가의 존립이 '이념의 논리'가 아니라 '힘의 생리'에 의해 좌우되는 냉혹한 현실을 통찰할 줄 알았다. '동북아균형자'의 거창한 꿈은 없었어도, 민족의 역사를 자손만대에 이어가는 지혜를 품고 있었다. '자주'와 '주체'를 입에 달고 사는 오늘의 누군가가 모르는 그 통찰, 그 지혜를.

　사회주의 깃발 아래 신新국가자본주의를 추구하면서 짝퉁 시장의 물량경제物量經濟로 G2 강국에 오른 중국은 몽골·티베트·위구르 등 이민족異民族의 땅을 강점하고 그들의 독립운동을 잔혹하게 탄압할 뿐 아니라, 오만불손한 언동으로 옛 식민제국의 패도覇道를 그대로 밟아가는 중이다. 일본의 교활한 독도 야욕만으로도 울화가 치미는 터인데, 이제는 중국이 우리의 이어도를 넘보려 한다. 제주 해녀들의 '이어도타령' 속에 절절한 한恨을 품고 있는 숙명의 섬, 이청준의 소설 『이어도』에서 시퍼런 영겁永劫의 혼을 뿜어내고 있는 한반도 남쪽 끝 섬, 그 이어도를.

　신생 대한민국을 무력으로 짓밟았던 중국이 지금은 북한을 사실상의 속국으로 삼고 종주국 행세를 하면서 소위 '동북공정'이라는 이름으로 우리 역사를 중국 변방사邊方史에 흡수하려고 안달이다. '굴복을 모르는 고구려의 후손'임을 내세우는 '주체'의 북한

이 정작 고구려 역사를 통째로 집어삼키려는 중국에는 입도 벙긋 못하고 있으니, 도무지 고구려의 후손답지 않다.

북쪽만이 아니다. 전 세계를 누비고 다니는 티베트의 현자賢者 달라이 라마는 중국의 거센 반발에도 불구하고 대만까지 방문했지만, 아직 한국 땅은 밟지 못했다. 중국의 눈치를 살피는 역대 한국 정부의 용렬庸劣한 태도 때문이다. 백령도에서 불과 30분 거리인 북한의 공기부양정 기지에는 입을 꾹 다문 사람들이, 해양주권과 무역항로의 요충인 제주해군기지 건설에는 '중국을 자극할지 모른다.'는 이유로 극력 반대한다.

미국산 쇠고기에는 실체도 없는 광우병 혐의를 덮어씌우면서, 무더기로 쏟아져 들어오는 중국산 불량식품에는 그 흔한 촛불 한 번 켜 든 적이 없다. 탈북자들을 붙잡아 북한의 집단공개총살 형장刑場으로 묶어 보내는 중국의 반인륜적 행태에도 그저 무덤덤하기만 한 옛 인권투사들의 모습에서 홍위병들의 '반문화적' 문화혁명에 박수를 치던 반달리즘vandalism의 기억이 떠오르는 것은 서글픈 아이러니다.

"미래를 믿지 말라. 죽은 과거는 묻어버려라. 살아 있는 현재에 행동하라." 시인 롱펠로의 충고다. 미래의 비전도, 역사의 교훈도 모두 외면하라는 뜻일 리가 없다. 낡고 병든 이념의 환상에 눈멀어 '지금 여기'의 삶을 부정해서는 안 된다는 의미로 읽힌다.

또한 억압과 빈곤밖에 남지 않은 '껍데기 사회주의'를 동경憧憬하면서 제 나라의 정체성正體性과 건국 역사를 헐뜯는 자기부정自己否定에 대한 질책이기도 할 것이다.

  이 땅의 옛 어른들은 중국의 성당盛唐시대에도 슬기로운 용중用中의 길을 모색하며 고뇌했을지언정, 얼빠진 종중從中의 그늘로 움츠러들지 않았다. 일제 암흑기에도 처절한 항일抗日의 투쟁 너머로 찬란한 극일克日의 꿈을 품고 있었다.

  선인들의 숨결을 이어온 광복과 건국의 달이다. 나라의 가장 큰 명절인 8·15가 언제부터인지 기념식을 따로따로 치르는 우울한 국경일, 갈등의 건국기념일로 변질되곤 했다. 8·15를 또다시 우울한 축제로 맞을 것인가?

(2011. 08. 08.)

9 자연에 대한 두 개의 도그마

종교는 생명의 가치체계다. 그래서인지 어떤 종교인들은 생태계에 조금이라도 손을 대는 행위를 몽땅 죄악으로 간주한다. 도롱뇽의 생존권을 위해 초인적 단식투쟁을 벌인 스님도 있었고, 국책사업 현장마다 촛불 들고 찾아다니며 반대시위를 하는 신부님·목사님도 있다. 나는 평신도석에 앉은 한 사람의 작은 신자에 불과하지만, 신앙은 성직자나 신학자만의 것이 아니라 신자들 각 사람의 것이라 믿기에, 감히 전문가들의 질책을 무릅쓰고 '종교와 자연환경'에 대해 주제넘은 고민을 해보려 한다.

지난날 이 땅의 생태계는 경제개발의 구호 아래 치를 떨었고, 강과 시내의 맑은 물은 온갖 오염물질로 더럽혀졌다. 겨울이 되면, 도시의 나무들은 전기고문기 같은 장식전구를 잔뜩 매단 채 밤낮의 구별 없는 고단한 삶을 이어가고 있다. 생태계의 아픔과

탄식은 창조질서를 거스르는 인간의 죄성罪性 때문이라고 보는 것이 신앙의 눈이다. (로마서 8)

자연을 환경環境이라는 말로 부르는 것은 온당치 않다. 환경은 중심을 둘러싼 주변적 상황을 가리킨다. '인간이 중심, 자연은 주변'이라는 인식 자체에 반생명적 오만이 숨어 있다. 인간은 자연의 일원으로서 생태계에 참여할 따름이다.

고통 속에 신음하는 뭇 생명들을 외면한 채 '이 세상에서는 물론 저 세상에서도 잘 살아야겠다.'는 욕심 많은 사람들이 단지 헌금을 내고 신앙고백을 읊조린다는 이유만으로 슬쩍 얻어내는 '구원'이라는 것을 나는 차마 상상조차 하지 못한다. 광야에 시내가 흐르고 황무지에 꽃이 피는(이사야 35) '새 하늘과 새 땅'이 성서의 종말론적 계시라면, 구원은 자연 속의 모든 숨결을 아우르는, 가없는 생명외경生命畏敬의 사랑이 아니겠는가.

과거에 서구 기독교 열강들은 "땅을 정복하라, 모든 생물을 다스리라."는 창세기 1장의 명령을 핑계로 식민지의 자연을 마구 유린했다. 그러나 이 명령은 무분별한 생태파괴의 면허가 아니다. 고대인들의 삶을 옥죄던 자연의 두려운 힘과 온갖 정령精靈들, 그 주술적呪術的 마력으로부터 인간 영혼을 해방시키는 자유의 선언이었다. 그 장엄한 생명의 외침을 개발지상주의의 슬로건으로 삼지 못한다.

그렇다고 자연숭배를 주장하는 것은 아니다. 창세기 2장에 "에덴동산을 경작하고 지키라."는 구절이 있는데, 히브리어사전은 '경작하다(아바드)·지키다(샤마르)'의 의미를 '섬김과 보호, 돌봄과 보살핌'으로 풀이한다. 아바드·샤마르는 자연과 인간의 친화親和를 뜻하는 사랑의 언어일지언정, 인간을 자연 앞에 무릎 꿇리는 우상의 계명이 아니다. 창세기는 자연파괴와 자연숭배, 이 두 극단의 도그마를 동시에 깨뜨리는 양날의 칼이다.

자연을 짓밟는 난개발이 정당화될 수 없다. 개발의 규모·방식·절차는 엄격히 통제돼야 한다. 이 점에서, 지나치게 서두른 감이 있는 4대강 사업은 졸속의 우려가 없지 않다. 상당한 보완이 필요할지도 모른다. 그러나 물길을 추스르고 강바닥의 쓰레기 더미를 걷어내는 일은 정책적 판단의 문제이지 종교적 선악善惡의 문제는 아니다. '국토와 자원의 보호 및 균형 있는 개발과 이용'은 헌법(제120조)상의 국정지표이기도 하다.

치산치수治山治水나 국가안보를 위한 일체의 국책사업을 신앙의 금기禁忌처럼 죄악시하는 환경근본주의는 왜곡된 자연숭배에 불과하다. 해군기지를 해적기지라고 조롱하는 성직자, 조국의 영해 주권보다 바윗덩어리를 더 아끼는 종교인들이 과연 신앙의 자리를 바르게 지키고 있는지 의문이다. 그럴 리야 없겠지만, 만약 신앙을 앞세운 정치투쟁이라면 그처럼 교활한 불신앙도 없을 것이다.

땅에는 자동차가 달리고, 하늘엔 비행기가 날고, 강과 바다에는 배가 떠다니게 마련이다. 화석연료의 사용은 마땅히 절제해야 하지만, 그 때문에 찻길을 없애거나 공항과 항·포구를 폐쇄하지는 않는다. 고속열차가 끝도 없이 내달리는 천성산 골짜기마다 도롱뇽이 지천으로 꿈틀대고 있지 않은가.

천안함의 비명, 탈북 동포들의 울부짖음에는 귀를 틀어막은 채 도롱뇽이나 구럼비 바위 앞에서만 치켜드는 편광偏光의 촛불은 제 온몸을 녹여 어두움을 두루 밝히는 촛불의 신성한 의미를 저버린 것이다. 종교인의 손에 들린 촛불은 모름지기 순수해야 한다.

화해와 관용은 종교의 본분이다. 원효는 '둘로 나뉘지 않고 하나에 집착하지도 않는無二而不守一' 심오한 화쟁和諍의 깨달음을 남겼다. 어제는 자연 파괴의 개발신앙으로, 오늘은 자연숭배의 도그마로 긴 아픔을 겪어오는 우리의 산하山河에 종교계로부터 화쟁의 물길이 활짝 열리기를 기대한다.

(2012. 03. 19.)

10 땀 흘리지 않고 거두는 열매는 없다

"진리를 찾겠다는 사람은 믿을지언정 진리를 찾았다는 사람은 믿지 말라."『좁은 문』의 작가 앙드레 지드가 귀 엷은 이들에게 주는 충고다. 누군가 진리를 찾았다고 펄펄 뛰며 좋아하고 있는데 굳이 나서서 핀잔을 주거나 어깃장을 놓을 이유는 없겠다. 지드의 충고는 무언가를 찾았다는 사람들이 자기의 신념을 마치 절대적 진리처럼 우상화하는 오만을 경계하는 뜻일 게다.

불립문자不立文字라 했던가. 비록 무슨 깨침을 얻고 어떤 신념에 이르렀다 한들 그것을 늘 입술에 매달고 다니면서 언제나 어디서나 분별없이 외쳐댄다면, 그 깨침은 얼마나 초라하고 그 신념은 얼마나 얄팍한 것인가.

이성이 늘 이성적인 것은 아니다. 공동체와 소통하지 못하는

'닫힌 이성'은 그 자체로 비이성적이다. 폐쇄된 성 안에서 저 홀로 고고하게 빛나는 신념은 독선의 도그마에 지나지 않는다. 신념은 겸손해야 하고, 이성은 늘 열려 있어야 한다. '열린 이성'이란 획일주의에 얽매이지 않는 소통과 다양성의 지혜일 것이다.

획일주의에 휘둘리는 사회는 필연적으로 파시즘의 불행을 겪게 된다. 파시즘은 처음부터 거칠게 등장하지 않는다. 모든 전체주의는 부드러운 이념으로 시작되며, 뜻밖에도 가치 지향적이다. 그 가치가 이성을 짓누를 때 도그마의 그늘이 덮쳐온다. 국민투표로 권력을 잡은 히틀러는 '아리안 민족의 영광'을 이념으로 내걸고 끔찍한 나치 독재를 펼쳤다. 선거와 투표만으로 밝은 미래가 보장되는 것은 아니다. 어떤 지도자의 어떤 신념이 새로운 시대정신으로 자리 잡는가가 국민의 삶을 좌우한다. 자칫 아리안 민족주의처럼 '정신 나간 시대정신'을 선택하는 날에는 끝장을 맞게 된다. 옛적의 일만이 아니다. 이성과 과학의 첨단시대인 21세기에도 여전히 보고 듣고 겪는 일이다.

전기 끊긴 방의 촛불화재로 가난한 할머니와 어린 손자가 목숨을 잃는 현실에서도 부잣집 아이들의 공짜 점심, 공짜 기저귀까지 '평등'하게 챙겨주겠다는 무상급식·무상보육, 요람에서 무덤까지 몽땅 국가가 책임지겠다면서 그 재원조달 방안은 우물쩍 넘겨버리는 보편적 복지, 입만 열면 인권을 외치면서 북한 인권운동의 열정을 '이상한 짓'이라고 빈정대는 그야말로 이상한 인권의식, 30여 년 전 유신독재에는 지금껏 이를 갈면서 현재진행의 세습독재에는 턱없이 너그러운 청맹과니의 민족주의, 북핵을 제어할 아무런 경륜 없이 입술로만 불러대는 평화의 노래…, '평등과 복지', '민족과 평화'의 따뜻한 이념들이 온 사회를 싸늘한 대결구도로 몰아가는 모순의 시대다.

제18대 대통령 선거전이 권력이라는 종착역을 향해 고속열차처럼 질주하고 있다. 『미국 민중사』를 쓴 하워드 진은 "달리는 열차 위에 중립은 없다."고 말했지만, 열차는 앞으로 달려도 우리의 눈은 좌우 옆과 뒤편까지 두루 살피는 반성과 배려, 소통과 균형의 성찰을 게을리해서는 안 된다. 떠나온 곳에 남겨둔 애환哀歡의 기억들, 스치고 지나쳐온 곳곳에 영글어 가는 숱한 인연들, 그 기억과 인연 속에 생생히 살아 숨 쉬는 뭇 생명의 관계성…, 그 소중한 가치들을 깡그리 외면한 채 오직 눈앞만 보고 내달리는 일방통행의 달음질은 삶과 역사에 대한 인식의 빈곤이자 공동체를 불행으로 이끄는 포퓰리즘의 어리석음일 따름이다. 때로는 열차의 속도를 늦추거나, 멈춰서 기다리거나, 방향을 바꿔야 할 경우도 있기 마련이다.

선거 캠프마다 폴리페서들로 넘쳐나건만 포퓰리즘의 오류를 꾸짖는 지성의 고뇌는 흔적조차 보이지 않는다. 조금만 찬찬히 살펴봐도 금방 허풍으로 드러날 공약들이 무슨 진리나 되는 듯 선거판을 마냥 휘젓는다. 땀 흘리지 않고 열매를 얻게 해준다는 맹랑한 공약空約들이.

 땀 흘리지 않고 거두는 열매는 없다. 증세 없이 복지 없고, 성장 없이 일자리 없으며, 관용 없이 통합 없고, 안보 없이는 평화도 없다. 진리를 찾았다는 말을 믿지 말라는 지드의 충고가 "정치인들이 펼쳐 보이는 나른한 무지갯빛 환상에 속지 말라."는 경고처럼 들린다.

 이번 대선은 두 전직 대통령의 정치적 유산을 상속한 남녀 후보의 대결로 좁혀졌지만, 과거 싸움으로 미래를 그르칠 수는 없다. 달리는 열차 위에서 필요한 것은 분노의 감성이 아니라 냉철한 이성이다. 포용의 여성성과 투지鬪志의 남성성, 점진적 개혁과 급진적 변혁, 단계적 균형복지와 전면적 무상복지, 전천후全天候 대북정책과 외곬의 햇볕정책, 자유 민주 헌정체제와 낮은 단계 연방제…, 새 시대를 가늠할 역사적 갈림길에서 나라의 오늘과 내일을 고민하는 '열린 이성'의 선택이 절실히 요망된다.

(2012. 12. 03.)

11 성숙한 지혜의 세밑

제18대 대통령 선거에서 우리 국민은 포퓰리즘·흑색선전·여론조작의 검은 안개를 걷어내고 대한민국 최초의 여성 대통령을 탄생시켰다. 두부모 자르듯 극명하게 양분된 이념·지역·세대 간의 대립 속에서도 우리의 민주주의는 이렇게 한 걸음씩 전진해 가고 있다.

신임 대통령의 최우선 과제는 국민공동체의 회복이다. 지구상의 유일한 분단 현실에서 골 깊은 내부 분열까지 안은 채로는 이 나라를 하나의 역사적 운명공동체로 이끌어갈 수 없다. 때로는 증오 서린 저항의 촛불에 결연히 맞서는 용기도 필요하겠지만, 그보다 먼저 상처를 싸매고 아픔을 끌어안는 관용과 포용의 리더십이 발휘되지 않으면 안 된다.

통치의 제1 덕목은 인사人事의 공정성·적합성이다. "나는 장량처럼 신묘한 계책을 알지 못한다. 소하처럼 행정을 잘 살필 줄도 모른다. 전쟁에서 이기는 일에는 한신을 따르지 못한다. 그러나 나는 이 세 사람을 제대로 쓸 줄 알았다." 한漢 고조高祖 유방의 말이다.

지난 정부들은 지역·혈연·학연에 따른 천박한 패거리 인사로 사회통합이라는 국민적 여망을 거슬러왔다. 현대사의 아픔 때문이겠지만, 특정 지역 간의 자리 나누기는 모든 공직 인사에서 철칙으로 자리 잡았다. 그러나 대개는 구색 맞추기의 성격을 벗어나지 못했던 것도 부인할 수 없는 사실이다. 그런 인사를 하는 대통령도 문제지만, 그렇게라도 하지 않으면 냉큼 토라져버리는 지역 민심도 문제이기는 마찬가지다.

대통령이나 국무총리 또는 장차관들이 왜 꼭 내 고향 사람이 아니면 안 되는가. 그런 애향심(?)이 국가발전에 무슨 도움이 된다는 것인가. 국민 모두가 부질없는 지역이기주의에서 벗어나야 하겠지만, 그에 앞서 대통령 자신부터 사사로운 연고와의 단절을 결단할 수 있어야 한다. 선거 캠프의 논공행상으로는 희망의 새 정부를 만들지 못한다. 얼마나 많은 대통령의 친인척과 밀실密室의 측근들이 검찰에 끌려가고 교도소를 들락거렸는가. "두루 사귀되 서로 견주지 말고, 함께 어울리되 파당을 짓지 말라周而不比群而不黨." 서로의 다름을 존중하면서 총화總和를 이뤄가야 한다는 『논어』의 가르침이다.

유방이 천하를 통일한 뒤에 1등 공신인 한신은 반역 혐의로 주살誅殺됐지만, 권력을 등진 장량은 장가계張家界로 들어가 유유자적했다. 옛사람들도 익히 알았던 권력무상을 21세기 대명천지의 5년짜리 정권이 모른다는 것은 비극이라기보다 차라리 어이없는 희극일 것이다.

새해가 밝아오는데, 그늘진 자리엔 희망이 깃들지 않는다. 새 정부는 어둡고 소외된 자리를 찾아 따뜻한 손길을 펴는 일에 온 힘을 기울여주기 바란다. 케네디는 대통령 취임사에서 이렇게 지적했다. "궁핍한 다수를 돕지 못하면, 부유한 소수 또한 지킬 수 없다." 나눔을 외면한 성장은 분노의 쓰나미를 불러온다. 그러나 대기업 때리기만으로는 음지를 양지로 바꾸지 못한다. 기업의 성장 없이 분배와 복지를 두루 감당할 방법은 없다. 재벌들의 못된 탐욕과 불법을 엄정하게 다스리면서도 일자리를 만들어내도록 이끌어내는 채찍과 당근이 모두 필요하다.

늘 우리의 발목을 잡는 것은 북한이다. 장거리 로켓을 쏘아 올린 북한은 머지않아 3차 핵실험 등으로 또 우리를 위협할 것이다. 북의 도발이 끊이지 않는 터에, 무릎 꿇듯 평화를 구걸할 수는 없다. 그렇다고 무한정 대결상태를 지속하는 것도 현명한 정책은 아니다. 응징할 때는 응징하더라도, 대화의 통로를 이어가는 인내가 필요하다. 역시 케네디의 말이다. "두려움 때문에 협상하지는 말자. 그러나 협상하는 것을 두려워하지도 말자."

2013년에는 국내외 경제 환경이 더욱 어려워지는 데다 미·중의 패권다툼도 한층 격화될 것으로 전망된다. 대통령 당선인은 국민 통합과 양극화 해소, 동북아 안정과 한반도 평화라는 중차대한 과제 앞에서 절체절명의 각오로 새해의 국정을 설계해야 한다. 그 출발점은 두말할 것도 없이 보혁保革을 아우르는 탕평蕩平과 쇄신이다. 그렇지 않으면 새로운 정부도 레이건 전 미국 대통령의 탄식에 직면하게 될지 모른다. "정부는 문제의 해결책이 아니라 문제 그 자체다."

한 해가 저무는 세밑이다. 지혜로웠던 북미 인디언의 후예後裔인 조셉 브루착은 이렇게 읊었다. "해가 지는 서쪽은 / 성숙한 지혜의 방향이다. / 황혼녘은 / 책임과 반성의 시간 / 배우고 긍정하며 / 감사하는 시간이다." 저녁노을에 깃드는 성숙한 지혜는 배려와 헌신과 보살핌의 여성성, 그 따뜻한 성찰이 아닐까. 첫 여성 대통령 시대를 잉태한 올 세밑도 그처럼 성숙한 지혜의 시간이 되기를….

(2012. 12. 24.)

12 숭례문의 어제와 오늘

숭례문이 5년 3개월 만에 복구됐다. 조선 태조 5년에 창건된 이래 임진왜란과 병자호란, 6·25 전쟁 등 숱한 전란戰亂을 꿋꿋이 견뎌낸 숭례문은 2008년 2월 한 방화범의 불질로 석축만 남긴 채 무너지고 말았다.

예禮자는 5행의 불, 5방의 남쪽을 가리킨다. 세로로 쓰인 숭례崇禮는 치솟는 불꽃炎을 뜻하는데, 남쪽 관악산의 화기火氣로부터 경복궁을 보호하기 위해 다른 성문과 달리 현판을 종서縱書로 썼다고 한다. 그러나 양녕대군의 글씨로 알려진 천하의 명필도 방화 전과자의 미친 불질을 막아내지는 못했다. 숭례는커녕 비례非禮를 넘어 무례無禮도 이만저만이 아닌 역사 부정의 만행이었다.

네로 황제는 로마 시가지에 불을 지른 뒤 광기에 휩싸여 키타

114

라를 뜯으며 노래를 흥얼거렸다고 한다. 방화꾼들은 타오르는 불꽃을 바라보며 탐미耽美와 정화淨化의 희열에 온몸을 떤다지만, 시커먼 재로 변한 숭례문의 잔해 앞에서 우리의 가슴은 마치 영혼이라도 도둑맞은 듯 아프게 타들어갔다.

불이 나자 문화재청과 소방당국은 국보 1호에 대한 외경심 때문인지 초기에 적극적인 진화작업을 펼치지 못하고 불길을 키웠다는 비판을 받았다. 그에 앞서 시청 앞 광장의 개방으로 시민들의 인기를 얻은 서울시는 화재감지기나 경보시설조차 제대로 갖추지 않은 채 숭례문을 덜컥 개방했고, 관리책임을 맡은 중구청은 경비용역 계약을 체결하면서 누전이나 방화로 인한 손해에 대해 책임을 묻지 않겠다는 면책약정까지 했다고 한다. 인기에 눈먼 포퓰리즘 행정은 국보 1호의 소실로 이어졌다.

문화재의 수난은 그보다 훨씬 더 거슬러 올라간다. 양양의 낙산사와 창경궁의 문정전, 세계문화유산인 화성의 서장대 누각이 모두 불길에 휩싸였다. 국보 285호인 반구대 암각화는 50년 가까이 물살에 깎여가는 중이다.

문화재는 한낱 유물이 아니다. 그 자체가 시푸르게 살아 숨 쉬는 역사다. 탈레반이 인류 문화유산인 바미얀 석불을 폭파했을 때, 전 세계 지성들은 그 충격적 반달리즘 앞에 경악했다. 깨진 것은 바윗덩어리였지만 사라진 것은 역사요, 날아가 버린 것은 문화였기에….

　선진국들은 문화재를 국가의 핵심 기반 Critical Infrastructure 으로 지정하고 각개의 문화재마다 개별적으로 특화된 재난방지체계를 가동하고 있다. 복구된 숭례문에는 스프링클러, 열 감지기, 폐쇄회로 카메라 등을 두루 갖췄다지만 국보의 운명을 기계장치에만 맡겨둘 수는 없다. 웅숭깊은 역사의식, 세심한 보살핌의 손길이 문루門樓에 깃들어야 한다.

　역사는 복제될 수 없다. 그러나 숭례문의 복구는 단순 복제가 아닌 원형 그대로의 부활이요, 뛰어난 장인匠人들이 온갖 정성을 기울인 예술이기에 그 역사적 의미가 소중하다. 일제日帝가 헐어버린 기단基壇 양쪽의 성곽도 원래 모습을 되찾아 역사 복원의 뜻을 두텁게 했다.

　다만 숭례문이 언제까지 국보 1호의 상징성을 지킬 것인지는 의문이다. 무엄하게도 조선의 정궁正宮인 경복궁을 허물고 그 자리에 총독부 건물을 세운 일제는 숭례문을 조선 고적 제1호로 지정했는데, 그것이 대한민국 국보 제1호로 이어졌다. 숭례문이 대문이라면 경복궁은 본채다. 중건重建된 본채를 제쳐두고 새로 세운 대문을 국보 1호로 계속 남겨두는 것은 바람직하지 않다는 주장이 나온다. 세계기록유산이자 국보 70호인 훈민정음 해례본을 국보 1호로 지정해야 한다는 주장도 설득력 있게 제기된다. 그런가 하면 국보에 순위를 매기는 것 자체가 부적절하다는 견해도 없지 않다. 앞으로 범국민적인 논의가 요망된다.

돌이켜보면 우리는 문화재 보호에만 소홀했던 것이 아니다. 자학自虐의 붓에 증오의 먹물을 찍어 써내려간 이데올로기 역사관, 대한민국의 건국과 발전상을 헐뜯는 역사왜곡의 불질 앞에 우리 청소년들이 벌거숭이처럼 노출돼 있다. "사람은 스스로 업신여긴 뒤에야 남에게서 모욕을 당하고… 나라도 스스로 해친 뒤에야 남의 손에 망하게 된다夫人必自侮然後人侮之… 國必自伐而後人伐之." 맹자의 경고가 섬뜩하다.

복구돼야 할 것은 숭례문만이 아니다. 상처투성이인 우리의 역사의식에도 성찰 깊은 복원이 이뤄져야 한다. '나라와 역사에 대한 예의'를 회복하는 일이야말로 진정한 숭례일 것이다. 무엇보다도 역사교육이 바른 자리에 서지 않으면 안 된다. 600년 서울을 지켜온 어제의 숭례문이 남쪽의 화기를 막아냈다면, 오늘의 숭례문은 '서울 불바다'를 노리는 북쪽의 화기를 빈틈없이 막아내야 하기 때문이다. 이제는 온 국민이 숭례문의 수문장守門將이다.

(2013. 05. 06.)

III

참된 미래를 그리다

1. 사랑은 왜 낮은 곳에 있는가
2. 성난 얼굴로 돌아보지 말라
3. 5월의 사랑
4. 호랑이를 청하지 말고 먼저 숲을 만들라
5. 기미년 이른 봄날의 전설
6. 천상시인의 행복론
7. 인내와 불굴
8. 묵은 둥치에서 튼실한 새싹이 움튼다
9. 임진년, 검은 용을 맞는 기원
10. 잎새에 이는 바람에도
11. 혼자만 잘 살면 무슨 재민겨
12. 사랑과 정의의 방정식
13. 가정, 처음이자 마지막 배움터

1 사랑은 왜 낮은 곳에 있는가

　어느 해인들 가을 하늘이 맑지 않으랴만, 이 가을의 하늘은 유난히 높고 푸르다. 공기가 맑아서가 아니다. 하늘 아래 이 땅의 현실이 어느 때보다 어둡고 혼탁하게 느껴지기 때문이다. 그래서 가을의 상념想念도 속절없이 깊어진다. 봄을 그리워하는 사람이 많지만, 가을을 사랑하는 사람도 그만큼 많다. 초가을의 산들바람에 넋을 잃는 이가 있는가 하면, 낙엽 쌓인 숲길을 거닐며 우수憂愁에 젖어드는 사람도 있다. 그러나 세상의 모든 빛깔을 다 풀어놓은 듯 농익을 대로 익은 단풍철도 아직 가을의 절정은 아니다. 가을의 멋에 흠뻑 취하려면 아무래도 늦가을까지 기다려야 한다. 찬란했던 단풍잎들이 볼품없이 퇴색되어갈 무렵, 벌써 겨울인가 싶어질 때, 그제야 비로소 가을의 맛이 그윽해지고 상념은 원숙해진다.

가을은 모순의 계절이다. 풍성한 수확의 기쁨도 잠시, 가을걷이가 끝나 휑한 들녘엔 이삭 잘라낸 볏단 더미만 남아 성취의 덧없음을 우울하게 말해준다. 나무들은 무성했던 잎을 다 떨어뜨리고 여윈 가지 끝에 힘겨운 세월을 겨우 매달고 있지만, 시들어가는 줄기 속엔 생명의 물길을 오롯이 품고 있다. 가을은 지금 성취와 허탈, 쇠락과 부활의 갈등으로 신음하는 중이다. 가을은 온통 모순투성이다.

"언제부턴가 갈대는 속으로 / 조용히 울고 있었다. 그런 어느 밤이었을 것이다. 갈대는 / 그의 온몸이 흔들리고 있는 것을 알았다. / 바람도 달빛도 아닌 것 / 갈대는 저를 흔드는 것이 제 조용한 울음인 것을 / 까맣게 몰랐다. / -- 산다는 것은 속으로 이렇게 / 조용히 울고 있는 것이란 것을 / 그는 몰랐다."(신경림, 「갈대」)

흔들리는 갈대의 몸짓에서 고요한 울음을, 살아있는 것들의 눈물을 낚아채는 시심詩心이 애처롭다. 산다는 것의 의미를 '속으로 조용히 울고 있는 것'으로밖에는 알지 못하는 시혼詩魂이 너무도 측은하여 야속하기까지 하다. 가을이 가을인 것은 서늘한 바람 때문이 아니다. 추석의 환한 달빛 때문도 아니다. 가을이 가을인 것은 오로지 갈대 때문이다. 가을이기에 갈대가 흔들리는 것이 아니다. 갈대가 흔들리기에 가을이다. 가을은 모순이기에, 갈대는 우리의 삶이기에.

칠레 산호세의 구리광산 지하 700m에 69일 동안 매몰되어 있던 광원鑛員 33명이 모두 기적적으로 구조되었다. 칠레 국민은 물론 온 세계인을 감동시킨 인간애의 승리였다. 애타게 구원의 손길을 기다리던 광원들은 정작 구조의 시간이 다가오자 서로에게 먼저 나가라고 권하면서 '살아 나오는 순서'를 양보했다고 전해진다. 생사가 걸린 그 절체절명絶體絶命의 순간에 말이다. 아, 진정한 사랑은 그 낮은 곳, 저 깊고 어두운 곳, 700m 지하 막장에 있었다!

우리네의 사랑도 그처럼 소외된 자리, 가난하고 그늘진 삶의 자리에서 문득 나타나곤 하지 않았던가. 고액 기부자들의 약 70%가 예순이 넘은 할머니들이라고 한다. 공부 길이 막힌 청소년, 일자리를 얻지 못한 장애우, 오갈 데 없이 외로운 노인들을 위해 가진 것을 아낌없이 내어놓는 삯바느질 할머니, 김밥장수 할머니, 구멍가게 할머니… 그 낮은 곳의 어르신들 말이다. 재산이든 권력이든, 무언가 좀 가졌다 하면 몽땅 제 자식한테 물려주기에 바쁜 탐욕의 시대, 이 각박한 경제 만능의 사회에서, 먹을 것 먹지 않고 입을 것 입지 않으며 어렵사리 모아온 전 재산을 가난한 이웃들에게 선뜻 건네주는 것처럼 비非경제적인 일도 없겠다.

그러나 사랑은 본디 비경제적인 것이 아니던가! 황홀하게 눈멀어 제 모든 것을 그 앞에 내던지는 사랑은.

"한 잎 두 잎 나뭇잎이 / 낮은 곳으로 / 자꾸 내려앉습니다 / 세상에 나누어 줄 것이 많다는 듯이 / 나도 그대에게 무엇을 좀 나눠주고 싶습니다 / 내가 가진 게 너무 없다 할지라도 / 그대여 / 가을 저녁 한때 / 낙엽이 지거든 물어보십시오 / 사랑은 왜 낮은 곳에 있는지를"(안도현, 「가을엽서」)

무덤보다 깊은 지하 막장에서 여름 내내 갈대처럼 흔들렸던 칠레의 광원들은 가을이 되자 마침내 절망의 어둠을 뚫고 소망의 빛을 캐냈다. 제 것을 버림으로써 가장 귀한 것, 금보다 구리보다 더 소중한 것, 사랑을 채굴採掘해냈다. 이제야 알 듯하다. 갈대가 왜 흔들리는지를, 가을이 왜 모순의 계절인지를, 나뭇잎이 왜 떨어지는지를. 아니, 사랑은 왜 그처럼 낮은 곳에 있는지를.

(2010. 10. 18.)

2 성난 얼굴로 돌아보지 말라

대학을 나온 뒤 시장에서 노점상을 하며 살아가는 지미는 중산층 집안 출신의 아내를 정신적으로 학대하고 정치와 종교를 조롱하며 기성 사회체제를 비난하는 것으로 상대적 박탈감을 거칠게 토해낸다. 1956년 영국에서 초연된 존 오즈번의 연극 〈성난 얼굴로 돌아보라 Look Back in Anger〉에 그려진 주인공의 모습이다.

전후戰後 새 시대의 희망찬 행렬에서 소외된 젊은이들, 사회적 상실감의 공백을 암울한 분노로 채워가던 노동계층에 크게 어필한 이 연극은 적극적 사회참여를 주장하는 '프리 시네마 free cinema 운동'으로 발전하면서 '성난 젊은이들 Angry Young Men'로 대변되는 청년 저항문화의 모태가 되었다.

프랑스의 〈무서운 아이들 enfant terrible〉은 더욱 급진적이었다.

1968년 5월, 독일계의 다니엘 콘-벤디트를 선두로 한 '앙팡 테리블'들은 샤를 드골 대통령의 보수우익 정권을 낡은 이념의 수구守舊 세력으로 단정하고 격렬한 반체제 투쟁을 벌인 끝에 마침내 드골의 하야下野를 이끌어내며 유럽 역사의 흐름을 바꿔놓는다.

우리 현대사에도 성난 젊은이들의 모습이 선명하다. 국부國父로 추앙받던 이승만 대통령의 독재에 항거해 궐기한 4·19 학생혁명, 신군부의 군사 독재를 꺾고 대통령 직선제를 쟁취해낸 6월 항쟁은 성난 젊은이들의 정의로운 분노와 굽힐 줄 모르는 저항정신이 그 원동력이었다.

청년 학생들의 희생적 투쟁에 힘입어 역사의 주역으로 등장한 민주화 세력은 스스로 정권을 맡게 된 뒤에도 분노의 응어리를 다 풀어내지 못한 채 '성난 얼굴로 뒤돌아보기'에 여념이 없었다. 온 세계가 인정하는 대한민국의 발전상을 애써 부정하고, 자학自虐의 붓에 증오의 먹물을 찍어 '정의가 패배하고 기회주의가 득세한 나라'로 조국의 현대사를 서글피 써 내려갔다.

중국에 명줄을 댄 채 근근이 연명하면서 세자 책봉의 주청奏請까지 올리는 북한의 사대적事大的 행보에는 한사코 눈을 감는 반면에 대한민국은 친미·사대의 나라로 깎아내리는 굴절된 역사의식, 소리 높이 외치던 '자유·민주·인권'의 가치를 폐쇄적 민족주의의 늪에 던져버린 정체성 상실, 경제 발전의 혜택을 흠뻑 누리면서도 그 성취를 위해 피땀을 흘린 지난 세대를 폄하하기에 바쁜 외눈박이 눈길… 그 기막힌 자기모순에도 불구하고 저들의 도덕적 자만심은 거의 신성불가침이었다.

그러나 어떤 나라도 '선善의 역사'나 '악惡의 역사'만을 가질 수는 없다. 역사의 주체인 인간은 선과 악을 함께 지니면서 때로는 순수하고 때로는 천박하기도 한 모순의 존재이기 때문이다. 우리의 현대사도 때로는 밝고 때로는 어두운 모순과 갈등의 역사일 수밖에 없다. 그것을 '선의 역사'나 '악의 역사' 중 어느 하나로 명쾌하게 규정하고 싶은 사람이 있다면 그보다 먼저 '자기 자신이 선인善人인지 악인惡人인지'를 명쾌하게 규정할 수 있어야 할 것이다. "추상적이고 초超역사적인 기준으로 역사의 도덕적 선악을 판단할 수 없다." 『역사란 무엇인가』를 쓴 에드워드 카의 말이다. 교조적教條的 이념의 잣대로 역사를 재단裁斷해서는 안 되는 이유다.

68년의 프랑스 좌파학생운동을 이끈 콘-벤디트는 뒷날 이렇게 술회했다. "68을 잊어라. 68로 돌아갈 수 없다." 변절의 선언이 아니다. 역사의 발전과 더불어 시대정신도 변화해야 한다는 의미다. 역사는 보수나 진보의 독무대가 아니다. 우파의 부패와 타락이 좌파의 구호를 정당화하고, 좌파의 독선과 도그마가 우파의 가치를 입증해주는 법이다. 서민들에게 피눈물의 희생을 떠안긴 어느 권력 측근의 물방울 다이아가 앞의 예라면 어린 학생들에게 계급투쟁의 민중사관民衆史觀을 주입시키는 의식화 교육은 뒤의 예일 것이다.

영국 청년 존 오즈번의 "성난 얼굴로 돌아보라."는 외침은 40년 후 같은 영국 젊은이들에 의해 뒤집힌다. 95년 록그룹 오아시스는 '성난 얼굴로 돌아보지 말라Don't Look Back In Anger'라는 히트곡을 냈다. '성난 얼굴'들의 사막 속에서 '따뜻한 눈길'의 오아시스를 노래한 것이다. 대한민국 역사를 지켜온 호국영령護國英靈들의 발자취를 되돌아보는 현충일 아침, 우리에게 필요한 것은 오즈번의 '성난 얼굴'이 아니라 오아시스의 '따뜻한 눈길' 아닐까?

(2011. 06. 06.)

3 5월의 사랑

　4월을 잔인한 달이라고들 하지만 5월만큼 모질고 서러운 달도 없다. 5·16은 쿠데타와 구국의 혁명 사이에서 아직도 방황하고 있다. 5·18의 붉은 피는 '임을 위한 행진곡'에 담긴 역사 인식의 갈등으로 여태껏 마를 틈이 없다. 5월의 부엉이 바위를 스치는 바람에도 서글픔이 묻어난다.

　5월이 슬픈 것은 굴곡진 과거사의 기억 때문만이 아니다. 어린이날, 어버이날, 스승의 날은 왜 하필 5월의 봄날인가. 여덟 살 소녀가 계모의 주먹질에 맞아 죽고, 침몰하는 배의 선장이 승객들을 버려둔 채 맨 먼저 탈출하는 비정한 사회…, 그 절망의 봄에 찾아오는 가정의 달은 잔인하기 그지없다. 수학여행 떠난 언니·오빠, 형·누나가 돌아오지 않는 어린이날, 봄꽃 같은 아들딸을 가슴에 묻어야 하는 어버이날, 제자들의 빈자리를 눈물로 채

우는 스승의 날은 따뜻한 봄날이 아니다.

"언제부터 창 앞에 새가 와서 / 노래하고 있는 것을 / 나는 모르고 있었다. … 저 산의 꽃이 바람에 지고 있는 것을 / 나는 모르고 / 꽃잎 진 빈 가지에 사랑이 지는 것도 / 나는 모르고 있었다. / … 저 언덕에 작은 무덤은/ 누구의 무덤일까."(황금찬 「5월이 오면」)

꽃이 바람에 지듯 우리 가슴에 사랑이 지는 5월이라면, 파릇한 풀잎 대신 아이들의 작은 무덤이 언덕에 돋아나는 새봄이라면, 그 5월은 결코 계절의 여왕이 아니다. '죽은 땅에서 라일락꽃을 피우는' 4월이 잔인한 까닭은 메마른 황무지에 봄의 햇살이 다가와 새싹을 틔우라고 채근해대기 때문이다. 아무리 몸부림쳐도 희망의 잎을 내고 사랑의 꽃을 피울 수 없는 5월은 4월보다 더 잔인한 달, 따뜻해서 더 서러운 모순의 계절일 뿐이다.

지진·쓰나미·화산폭발 등의 자연재해 위험이 크지 않은 우리나라는 어이없는 인재人災로 인해 자연재난 못지않은 참극을 번번이 겪고 있다. 낡은 배를 얼렁뚱땅 증축해 부당한 수익을 챙기다가 꽃다운 목숨들을 앗아간 20년 독점 기업 뒤에는 '관피아'의 검은 먹이사슬이 웅크리고 있었다. 생명의 윤리가 시들고 공공公共의 책임의식이 무너졌기 때문이다. 인습에 젖은 관료들이여, 조직을 바꾸고 제도를 고치려는가. 먼저 사람이 달라져야 한다.

대형 재난 앞에 속수무책인 정부가 국가개조를 부르짖는다. 그 어설픈 정부부터 개조해야 마땅하지 않은가. 분열의 정치꾼들이 이 난국을 지나칠 리 없다. 온 국민의 충격과 슬픔 곁에서 정권투쟁의 촛불을 치켜든다. 학생인권조례와 무상급식에 목소리를 높이던 정치인들이여, 학생들의 생명과 안전을 위해서는 대체 무슨 일을 했는가. 이익단체의 돈으로 외유나 즐기고 그들을 위한 청부 입법에 앞장섰다는 의혹에서 정녕 자유로운가. 너나없이 정부의 무능을 질타하며 총체적 개혁을 요구하지만, 정치권만 개혁돼도 대한민국은 단숨에 달라질 것이다.

정치권력뿐이겠는가. 국민의 권익보다 관료의 편의를 앞세우는 행정권력, 특권의식과 튀는 판결로 국민의 기대를 거스르는 법조권력, 진영 논리와 선정주의의 늪에 빠진 언론권력, 파벌 싸움과 상업화로 인문의 가치를 모독하는 문화권력, 세속적 물량주의로 타락의 길을 걷는 종교권력…, 독선과 탐욕에 찌든 온갖 권력의 자리가 개혁의 대상이다.

온 나라가 "잘 살아보세."를 외치며 성장을 향해 질주하는 동안 생명사랑과 공동체윤리의 바탕자리인 교육·문화·종교계만이라도 '바르게살기'를 지향하며 성숙을 위해 고민했더라면 우리 사회의 도덕의식이 이토록 추락하지는 않았을 것이다. 거룩한 종교인들이여, 지식 없는 '교리의 이단'을 정죄하는가. 사랑 없는 '삶의 이단'이 더 큰 죄악이다.

슬픔에 잠긴 가정의 달, 우리는 좌절 속에 주저앉을 수 없다. 사랑과 희망 가득한 5월을 회복하지 않으면 안 된다. 자라나는 세대에게는 안전과 신뢰의 울타리를, 자식 앞세운 어버이에게는 위로와 치유의 손길을, 발붙일 곳 없는 소외계층에게는 이웃공동체의 열린 삶터를 활짝 펼쳐야 한다. 침몰하는 세월호에서 승무원의 책임을 다하고 숨진 박지영 씨의 어머니는 조위금을 사양하며 더 어려운 이웃에게 써달라고 당부했다. 이것이 가정의 달 5월의 사랑이다.

돈과 권력의 높은 자리들이 나눔의 손길, 섬김의 발걸음으로 저 낮고 그늘진 자리를 찾아가는 생명의 봄, 그 사랑과 희망의 계절은 아직 우리에게 오지 않았다. 시 '5월이 오면'은 이렇게 이어진다. "병풍에 그려 있던 난초가 / 꽃피는 달 / 미루나무 잎이 바람에 흔들리듯 / 그렇게 사람을 사랑하고 싶은 달…." 이 잔인한 봄이 다 가기 전, 난초 같은 5월의 사랑을 꽃피워야 하지 않겠는가.

(2014. 05. 26.)

4 호랑이를 청하지 말고 먼저 숲을 만들라

새해 첫 달의 이름 재뉴어리January는 기막힌 작명作名이다. 라틴어 야누아리우스에서 온 말인데 '야누스의 달'이라는 뜻이다. 야누스는 로마신화에서 두 얼굴을 가진 문門의 신이다. 한 얼굴은 문 뒤의 과거를 성찰하고, 다른 얼굴은 문 앞의 미래를 전망한다. 야누스를 이중인격의 대명사처럼 쓰는 것은 가당치 않다. 두 얼굴의 야누스야말로 진실한 인격이다. 진실은 양면성을 지닌다. 빛과 어둠, 좌절과 희망, 사랑과 정의, 자유와 질서, 좌와 우, 보혁保革, 이 모두가 함께 어우러지며 공존하는 것이 삶과 역사의 진실이다. 어느 하나만이 진리라고 고집하는 것은 중강부중重剛不中, 근본주의적인 외곬의 신념 때문에 중심을 잃어버리는 어리석음이다.

삼국유사에 '시유일웅일호동혈이거時有一熊一虎同穴而居'라는 기록이 있다. 배달국의 임금인 환웅의 약속을 믿고 굴속에서 쑥과 마늘로 끈기 있게 버틴 곰은 21일 만에 여자가 되어 환웅의 아들 단군왕검을 낳았지만 성미 급한 호랑이는 며칠 만에 굴을 뛰쳐나가 사람이 되지 못했다는 단군설화다. 여기에는 여러 해석이 따른다.

눈이 파란 호랑이를 백인종의 수렵문명에, 눈이 검은 곰을 황인종의 농경문화(쑥·마늘)에 견주어 황인종의 우수성을 끌어내는 인류학적 분석은 이채로우면서도 조금은 낯간지럽다. 곰의 토템을 섬기는 배달족의 치우천황이 호랑이처럼 강력한 적들을 제압하고 중원의 지배자가 되었다는 뜻으로 새기는 민족적 시각은 적잖이 장쾌하다. 그런가 하면, 곰과 달리 권력과 문명의 손에 순치되기를 거부한 호랑이의 야성을 민중의 저항정신으로 읽어내는 정치적 접근에서는 긴장된 반전反轉의 꿈이 어른거린다. 어떤 해석에 따르더라도 호랑이는 패배자, 낙오자다. 위엄 있는 산중왕은 숲 속의 소외자, 고독한 루저로 전락했다. 그나마 한반도에서는 끝내 멸종되었다.

그러나 한국인의 삶에서 호랑이는 결코 사라진 적이 없다. 88 서울올림픽 마스코트 호돌이만이 아니다. 오늘 우리 곁에는 숱한 호랑이들이 있다. 고독과 소외의 그늘 아래 힘없이 주저앉은 낙오자들, 숲에서의 멸종보다 더 슬픈 현실의 패배자들 말이다.

호랑이는 죽어서 가죽을 '남기지' 않는다. 사람들이 멀쩡한 호랑이를 죽여 가죽을 벗겨낼 뿐이다. 최악의 포획자인 인간은 산을 헐고 초목을 불살라 호랑이의 서식지인 숲을 짓이겨 놓았다. 그 탐욕의 손길은 선량하고 힘없는 이들의 삶에도 짙은 소외의 그늘을 드리웠다. 그러고는 호랑이의 멸종을, 낙오자들의 아픔을 슬퍼한다. 이 위선의 인간상 앞에 호랑이는 처절한 생태계로, 참담한 패배자로 웅크려 있다. 호랑이는 인간과 도시로부터 소외된 자연, 사회의 울타리 밖으로 소외된 이방인, 그 고독한 그늘이다. 그늘 밑의 호랑이는 포효咆哮하지 않는다. 절규할 따름이다. 생명을 회복하라고, 인간의 숨결을 되찾으라고.

새해의 국정지표는 '더 큰 대한민국'이다. 그러나 국력이 커질수록 첨단문명 속의 새로운 야만, 그 비인간화의 속살을 고민하지 않으면 안 된다. 숲과 도시, 빛과 그늘을 두루 살피는 두 얼굴의 야누스는 치솟는 성장지수, 그 풍요의 빛에 눈멀지 않는다. 지니계수, 로렌츠 곡선의 우울한 그늘에도 따뜻한 배려의 시선을 담는다. 가난한 영혼을 찾아 복음을 전한다는 교회들마저 대형화에 골몰하는 이즈음, '가난한 사람들에게 경제는 영혼의 문제'라며 마음 아파했던 간디의 성찰이 가슴을 파고든다.

호랑이처럼 당당했던 포부를 접고 실의에 빠진 젊은이들, 노조의 큰 목소리에 끼어들 틈조차 없는 중소업체 근로자들, 가녀린 어깨 위에 삶의 무게를 온통 짊어진 소년소녀가장, 낯설고 추운 거리에 고단한 몸을 뉘는 노숙자, 조국의 땅을 이방인처럼 서성거리는 탈북자, 선군先軍의 핵 그늘 밑에서 굶주려 죽어가는 북녘의 어린이들, 이 상처 입은 영혼들이 자그만 소망 하나 소곳이 품을 수 있는 '삶의 생태환경'을 만들어내지 못하면 숲에서 호랑이가 사라지듯 사회통합의 길에서 빛이 사라질지도 모른다. "호랑이를 청하지 말고 먼저 숲을 만들라."는 옛말도 있지 않은가.

범도 제 소리를 하면 온다 했으니, 새해에는 이 땅의 고독한 호랑이들과 절절한 사랑의 이야기를 나눠야겠다. 그늘 밑 소외된 삶의 자리에 질긴 소통의 줄을 이어가야겠다. "떡 하나 주면 안 잡아먹지." 하는 호랑이 동화 속의 으스스한 협박 때문이 아니다. 호랑이는 숲에서 포효하고 사람들은 흥건한 살 내음을 풍겨야 하지 않겠는가.

(2010. 01. 08.)

5 기미년 이른 봄날의 전설

"나는 진정으로 일본이 망하기를 원하지 않고 좋은 나라가 되기를 원한다." 일제강점기의 어두운 시절, 항일 비밀결사 신민회新民會를 조직하고 상해임시정부 국무총리 대리를 역임한 도산島山 안창호 선생의 기원이다.

도산이 이끌던 신민회가 105인 사건으로 해체된 후 천도교·불교·기독교 등 종교계를 중심으로 한 애국지사들은 오랫동안 거족적舉族的인 독립시위를 준비해오던 끝에 드디어 거사일을 택일擇日하기에 이른다. 기미년 3월 1일, 그 이른 봄날 하루가 달력 속의 크로노스Chronos를 박차고 나와 역사의 카이로스kairos로 진입하는 위대한 순간이다.

7,509명의 사망자와 1만 5,961명의 부상자를 내면서도 '주체

의 일원화, 참여의 대중화, 방법의 비폭력화'라는 원칙 아래 전국의 200여만 민중이 오직 평화적 시위로 일관한 3·1항쟁은 한민족의 독립의지를 전 세계에 선명히 떨쳤을 뿐 아니라 중국의 5·4운동과 인도의 비폭력 독립투쟁 사티아그라하에 결정적 영향을 미침으로써 '20세기 민족·민중운동의 선구先驅'라는 불멸의 이름을 인류 역사에 새겨 넣었다. '민족개조론'을 주창하며 뛰어난 웅변으로 겨레의 가슴에 민족혼의 불꽃을 일으킨 도산은 청년들에게 이렇게 당부하곤 했다.

"죽더라도 거짓이 없어야 한다. 농담으로라도 거짓말을 말라!" 도덕경에 '변자불선辯者不善'이라 했듯이 말 잘하는 사람일수록 신뢰하기 어렵다지만, 도산은 탁월한 웅변가이면서 또한 진실한 인격자였다.

나라의 멸망도 지도층의 거짓 때문이었다고 생각한 도산은 "거짓이여, 너는 내 나라를 죽인 원수로다. 군부君父의 원수는 불공대천不共戴天이니, 내 죽어도 거짓말을 않으리라."고 맹세했다. 망국의 원인을 일본의 침략 이전에 우리 내부의 거짓에서 찾은 것이다. 영혼이 떨리는 자기성찰이다.

"어떤 나라도 자살 이외의 방법으로는 결코 망하지 않는다."는 에머슨의 익살은 예나 지금이나 우리에게 너무도 슬픈 진실이다.

정치인들의 거짓말은 이제 예삿일이 되었다. 블랙홀처럼 모든 국정 현안을 집어삼킨 세종시 논란도 정책 대결의 틀을 벗어나 정파 간의 권력투쟁으로 변질된 느낌이다. 서로를 향해 거짓말을 한다고 비난하지만, 국민들은 싸움의 실체가 무엇인지 잘 알고 있다. 진실을 규명하는 법정法廷에도 거짓이 넘쳐난다. 매년 2,000명 이상이 위증죄로 기소되는데, 인구가 갑절도 넘는 일본은 130명 정도라니 비교 자체가 무색하다. 법정의 거짓말 행진에는 법치法治의 일선에 있는 법조인들의 책임이 매우 크다.

그뿐인가? 3·1항쟁의 중심이었던 종교계마저도 근본주의·교파주의의 배타적 울타리 안에 스스로 갇혀 기복신앙·강단세습·물량주의의 일그러진 모습으로 신앙의 진실을 멀리 떠나 있다. 91년 전 이 땅의 교회들은 호화로운 대형 건물이 아니라 불타버린 47개 예배당의 폐허에서 '빛과 소금'의 자리를 지켰다. 빛과 소금은 어두운 곳, 썩는 곳을 찾아가 자신을 녹여 사위어감으로써 제 소명을 다하는 법이다.

엄숙하고 사려 깊었던 선인先人들 앞에 차마 얼굴을 들 수 없는 부끄러움 속에서 또 한 번의 3·1절을 맞는다. 국토가 남북으로 나뉜 터에 다시 이념의 좌우로, 지역의 동서로, 소득의 빈부로, 정치의 여야로 갈라서서 끝도 없이 싸우며 미워하는 못난 후손들을 기미년의 선조들은 얼마나 안쓰럽게 여기고 있을까.

서로 다르기에 사랑하는 것이다. '다름'은 갈등의 조건이 아니라 사랑의 동인動因이다. 보혁保革도 서로 갈등만 빚을 일이 아니다. 변화를 두려워하지 않는 '열린 보수'는 건강하고, 역사와 전통 앞에 예의를 갖출 줄 아는 '겸손한 진보'는 매력적이다.

도산은 침략자 일본조차도 망하기보다 좋은 나라가 되기를 바랐다. 하물며 우리 안에서랴. 소통과 화합은 진실의 길이요, 분열과 대립은 거짓의 징표다. 척박한 식민의 동토凍土에 피어났던 '주체의 화합, 참여의 개방, 방법의 비폭력'이라는 선인들의 지혜가 마치 머나먼 옛적의 전설인 듯 아득하게 느껴지는 오늘, 도산의 안타까운 호소가 이른 봄바람을 가르며 3·1절의 아침을 찾아든다.

"만일 우리가 우리 자신부터 고치는 일을 큰일로 보지 않는다면, 우리는 세상을 속이는 사람이요, 또 우리 스스로가 속는 사람일 것이외다."

(2010. 02. 28.)

6 천상시인의 행복론

시인에게는 흔히 별칭이 따른다. 영국 정부로부터 명예를 공인받은 계관시인桂冠詩人이라는 것이 있는가 하면, 정부의 권위에 도전하는 반체제시인도 있다. 시의 주조主潮에 따라 저항시인·부조리시인·구도求道의 시인 같은 묵직한 이름이 붙기도 하고, 전원시인·민족시인·방랑시인처럼 시인의 특성을 오롯하게 담아낸 정겨운 애칭으로 불리는 이도 있다. 그 밖에 다른 이름도 숱하게 많을 것이다. 그러나 그 많은 별칭 가운데 천상시인天上詩人만큼 아득히 높은 이름이 또 있을까?

"나 하늘로 돌아가리라. / 새벽빛 와 닿으면 스러지는 / 이슬 더불어 손에 손을 잡고, / 나 하늘로 돌아가리라. / 노을빛 함께 단둘이서 / 기슭에서 놀다가 구름 손짓하면은, / 나 하늘로 돌아가리라. / 아름다운 이 세상 소풍 끝내는 날, / 가서, 아름다웠더라고 말하리라."

고故 천상병 시인에게 천상시인이라는 지고지순至高至純의 이름을 안겨준 시 「귀천歸天」이다. 새봄의 꽃과 나무들을 유난히 사랑했던 천 시인은 오랜 투병 끝에 산수유·개나리·진달래·벚꽃 흐드러지게 핀 1993년 4월 어느 봄날, 이 세상의 아름다운 소풍을 마치고 하늘로 돌아갔다. 가서, 아름다웠더라고 말하려고. 엉뚱한 일로 터무니없는 간첩 사건에 연루되어 고문을 당하고 옥고까지 치른 천 시인은 고문 후유증 때문에 오랫동안 병상을 떠나지 못했다. 행려병자로 몰려 정신병원에 갇혀 있는 동안에는 어이없게도 유고집遺稿集이 발간되는 일마저 벌어졌다.

시련과 고통의 세월을 뒤로 하고 천 시인이 천상으로 떠난 지 열일곱 해 되는 봄, 자신의 말마따나 '시를 쓰는 가슴만 남고 바보가 되어버린' 천상시인이 문득 그리워지는 것은 아마도 반갑잖은 정치꾼들이 제 세상 만난 듯 활개 치는 선거철이 또 가까워오는 탓일 게다. 벌써부터 돈 봉투, 공천헌금 따위의 말들이 떠도는 판이다. 수십 명 장병들을 잃은 천안함 침몰로 온 나라가 비탄에 잠긴 이 슬픈 봄에 말이다. 봄날 들판의 어린아이처럼 천진무구한 천상병의 시어詩語에는 혹독했던 현실의 삶을 소풍에 비유할 만큼 넉넉한 초월이 진득 배어 있다. 삶에 대한 고요한 관조觀照, 욕망과 번뇌로부터의 자유로움, 죽음을 향한 엄숙한 순명順命을 '소풍'만큼 모두 한 품에 끌어안고 있는 단 하나의 단어를 나는 달리 찾지 못하겠다. 천 시인의 관조는 어둡거나 축축하지 않다. 밝고 깔끔하다.

그의 순명 역시 허무의 운명론이 아니다. 죽음을 향해서도 '돌아가리라.', '아름다웠더라고 말하리라.'라고 노래 부를 수 있는 밝은 소망이다. 떠나야 할 때가 다가왔음을 알리는 저녁노을조차 시인에게는 싱그러운 새벽이슬과 조금도 다르지 않았다. 세상에, 이런 초월이 없다.

"하느님을 굳게 믿으니 / 이 우주에서 / 가장 강력한 분이 / 나의 빽이시니 / 무슨 불행이 온단 말인가."(시「행복」)

천상시인의 현실감 없는, 그야말로 바보다운(?) 행복론이다. 직업을 '가난'이라고 썼을 만큼 평생 빈곤했지만 그는 결코 초라하거나 비루하지 않았다. 오히려 모든 것을 가진 초월자 안에서 아쉬울 것 없는 충만을 누렸다. 그의 가난은 성소聖所처럼 정결했고, 그의 고통은 순교자처럼 거룩했다.

시인은 이승의 소풍 길에서 이미 하늘의 삶을 살아낸 것이 아닐까? 권력의 부패, 가진 자들의 불의에 대하여 저항과 증오의 목소리가 유난히 컸던 그 '의로운' 시절에도 힘 있는 자, 부패한 자, 심지어 자신을 고문한 자들에 대한 미움이나 분노의 흔적조차 찾아볼 수 없는 그 경이로운 평상심平常心은 이 세상의 소풍 길 끝에서 기다리는 '우주에서 가장 강력한 빽'이 아니고는 그 누구도 줄 수 없는 신비였다.

군함이 깨지고 구조 선박이 침몰하여 수십 명의 장병과 선원들이 바다에 실종된 국가적 비극마저도 정파적 이해관계의 사시斜視로 흘겨보면서 그저 표 싸움만을 일삼는 극한정치極限政治가 이 슬픈 봄을 더욱 우울하게 만들고 있다. 살다 보면 뜻이 맞는 일도 가끔은 있으련만, 같은 시대를 함께 살아가면서도 저마다 외쳐대는 시대정신은 어찌 그리도 정반대로만 치닫는지 도통 모를 일이다.

천상시인의 해맑은 영혼이 이 시절의 '정신 나간(?) 시대정신'들과 너무도 선명하게 대비되어온다. 시끄럽고 혼탁한 선거판에 지레 겁먹어 뜬금없이 천상시인의 아름다웠던 소풍 길을 회고하는 것은 그의 행복론만큼이나 바보 같은 일일는지도 모르겠다.

(2010. 04. 12.)

7 인내와 불굴

 뉴욕 공립도서관 입구에 인내Patience와 불굴不屈, Fortitude이라는 이름의 두 마리 사자상이 서 있다. 그 이름은 이탈리아계의 한 법률가에게서 유래한다.

 춥고 배고팠던 대공황 시절의 어느 날, 굶주리는 어린 손녀들에게 먹일 빵 몇 개를 훔친 할머니 한 분이 뉴욕시 즉결법정에 소환됐다. 할머니의 사정이 워낙 딱한지라 관용을 베풀 수도 있으련만, 판사는 매정하게도 벌금 10달러를 선고했다. 그리고는 뜻밖의 말을 덧붙였다. "가난한 할머니가 손녀에게 먹일 빵을 훔쳐야만 하는 이 비정한 도시의 시민들에게도 잘못이 있습니다. 그동안 배불리 먹어온 제가 벌금 10달러를 내겠습니다. 방청인 여러분도 각자 50센트씩의 벌금을 내십시오." 판사는 자기 지갑에서 10달러를 꺼내 모자에 넣은 다음 방청석으로 모자를 돌렸다. 법정에 앉았다가 난데없이 억울한(?) 벌금형을 선고받은 방청인들은 항의는커녕 웃음 가득한 얼굴로 다투듯 모자에 돈을 넣었다.

판사는 그렇게 모인 돈 57달러 50센트 중에서 벌금 10달러를 뺀 47달러 50센트를 할머니의 손에 쥐여 주었다. 연방하원의원을 거쳐 뉴욕시장을 세 차례나 역임한 피오렐로 라과디아F. La Guardia가 담당 판사를 대신해 임시로 즉결재판을 맡았던 때의 일화다.

라과디아 시장은 대공황에 이어 제2차 세계대전의 험난한 세월을 겪고 있던 뉴욕시민들에게 포퓰리즘의 인기 대신 '인내와 불굴'을 요구하면서 과감한 개혁조치를 단행해 나갔다. 훗날 평화를 되찾은 뉴욕시민들은 공립도서관 앞의 두 마리 사자상에 인내와 불굴이라는 이름을 붙이고, 새로 지은 공항을 라과디아 공항으로 명명命名했다.

지금도 뉴욕시민들은 키가 매우 작았던 라과디아의 이탈리아식 이름 피오렐로Fiorello를 떠올리며 '작은 꽃Little Flower'이라는 애칭으로 그를 기억하고 있다. 『미국 민중사』를 쓴 하워드 진은 라과디아를 '20세기의 양심'이라고 불렀다.

나는 우리나라의 법관들도 가끔은 '비정한 도시에 사는 죄의식'으로 마음 아파할 줄 아는 작은 꽃들이 되었으면 한다. 아니 그 이상으로, 이 나라의 여야 정치지도자들이 라과디아 시장처럼 따뜻한 인간애로 국민에게 감동을 주고 국민의 신뢰를 바탕으로 국가적 위기를 극복해 가는 인내와 불굴의 리더십을 발휘해주기 바란다.

금강산 앞바다의 새벽빛에 반해 바닷가로 나선 비무장의 여성을 총으로 쏘아 죽인 북한은 이번에는 천안함에 대한 테러 의혹을 받고 있다.

애초부터 북의 혐의를 벗겨주기 위해 안간힘을 써온 어떤 이들의 노력은 성공할 가망이 거의 없어 보인다. 거듭되는 인명살상의 도발에도 그저 '햇볕'만을 외치는 것은 '인내'가 아니다. 그렇다고 당장 군사적 보복에 나서야 한다는 성급한 주장 또한 '불굴'이라고 부를 수는 없을 것이다.

확고한 목표가 없는 인내는 굴종과 다름없으며, 치밀하고 원대한 전략이 결여된 불굴은 만용일 뿐이다. 대한민국을 '정의가 패배하고 기회주의가 득세한 나라'가 아니라 '사랑하는 나의 조국'으로 든든히 지켜내려는 굳은 결의가 인내의 전제가 되어야 하며, 억압과 빈곤의 굴레에 얽매인 북녘 동토東土에 자유·인권·민생의 꽃을 피우려는 염원이 불굴의 바탕이 되지 않으면 안 된다.

아름다운 인간애로 시민들의 신뢰를 얻은 라과디아 시장은 그 신뢰에 힘입어 시민들에게 인내와 불굴을 요구했다. 그러나 지금의 우리는 오히려 정치인들에게 인내와 불굴을 요구해야 하는 딱한 상황이다.

두 동강 난 것이 어찌 천안함 뿐이랴? 나라를 결딴낼 듯한 당파싸움으로 국론을 두 동강 내고 국민의 신뢰를 저버린 정치인들이 무슨 염치로 주권자인 국민에게 인내와 불굴을 호소할 것인가? 리더십은 곧 신뢰의 문제다.

모든 인간관계에서 '신뢰는 모유(母乳)와도 같은 것'이다(J 러스킨). 대공황과 전쟁의 위기에 빛났던 라과디아의 인내와 불굴을 뉴욕 시민들은 두 마리의 동물로 형상화했다. 유순해 빠진 양도, 사납기만 한 곰도 아니었다. 긴장된 자세로 끈기 있게 기다리다가 온몸을 솟구쳐 단숨에 기회를 덮치는 사자, 숲의 제왕인 사자였다.

우리 또한 인내와 불굴의 두 마리 사자로 오늘의 엄중한 시련을 이겨내야 한다. 그것이 봄꽃처럼 싱싱한 젊음을 조국의 바다에 바친 순국장병 마흔여섯 분과 금양호 선원 아홉 분의 뜻일 것이라 믿는다.

(2010. 05. 02.)

8 묵은 둥치에서 튼실한 새싹이 움튼다

밀레니엄Millennium이라는 낯선 단어를 유행시키며 요란스럽게 출발한 21세기의 첫 10년은 기대와는 달리 무척이나 우울한 시기였다. 알카에다의 9·11 테러, 아프가니스탄과 이라크에서의 전쟁은 지구촌에 짙은 먹구름을 드리웠고, 서해교전에 이은 천안함 테러와 연평도 포격 등 북한의 끊임없는 도발은 한반도를 다시금 무력충돌의 긴장상태로 몰아넣었다. 한마디로 충격과 불안의 10년이었다.

그 충격과 불안을 그대로 안은 채 21세기 두 번째 10년의 첫 새해가 밝았다. 새해가 되면 누구나 또 한 해의 삶을 다부지게 꿈꾸곤 하지만, 신년의 다짐이란 것이 새로움에 대한 지나친 기대나 뜬금없는 환상에 이끌리기 일쑤다 보니, 세밑에 이르면 어김없이 후회와 아쉬움의 긴 한숨을 내쉬게 마련이다. 그래서 나는 새해 첫 아침을 '새것' 대신 '옛것'을 찾는 것으로 시작해본다.

요즘에는 많은 가정이 김치를 시장에서 사다 먹지만, 내가 어릴 적에는 집집마다 품앗이로 손수 김장을 담갔다. 한겨울 밤, 얼어붙을 듯한 추위에도 어머니는 마당으로 나가 김장독에서 차디찬 김치 국물을 떠내 밤참 국수를 말아주시곤 했다.

김장철이 지나면 곧바로 메주를 쑤어 말렸다. 짚으로 묶은 메주 덩어리를 겨우내 처마 밑에 걸어두곤 했던 기억이 생생하다. 발달한 저장기술 덕분에 겨울에도 딸기를 맛보고 한여름 식탁에도 동치미가 올라오는 시절이지만, 먹을거리가 풍성해진 만큼 식생활은 퍽이나 반反자연적인 모습으로 변하고 말았다. 이러다가는 '제철 과일'의 맛도 사라지지 않을까 걱정이다.

언젠가 송나라 때의 『세설신어世說新語』를 뒤적이다 고시古詩 한 구절에 그만 정신이 아득해진 적이 있다. "만나는 것마다 옛것이 아니니, 어찌 빨리 늙지 않을 수 있으랴所遇無故物 焉得不速老." 단지 세월의 빠름을 한탄하는 뜻만은 아닌 듯하다. 옛것이 사람을 늙게 만드는 것이 아니라 새것이 사람을 늙게 만든다는 뜻이라면, 이런 역설이 없겠다. 그러나 나는 단 열 자에 불과한 이 짧은 글귀야말로 옛 사람의 지혜가 묵직이 담긴 통찰이라고 믿어 가슴 깊이 품어 두기로 하고 있다.

스웨덴의 언어학자 헬레나 노르베리 호지는 히말라야의 작은 마을 라다크에서 16년 동안 원주민들과 함께 생활한 경험을 바탕으로 『오래된 미래 Ancient Futures』라는 이채로운 책을 펴냈다. 'ancient'와 'future'는 합쳐질 수 없는 단어다. 그러나 노르베리 호지는 이 둘을 한데 묶어, 서로 멀리 떨어진 과거와 미래를 하나의 장場으로 엮어내는 초超시간적 작업에 성공하고 있다.

"라다크 사람들은 '지난번 봤을 때보다 많이 늙었네요.'라는 말을 마치 겨울에서 봄으로의 변화를 말하듯 스스럼없이 한다. 그들은 나이 먹는 일을 겁내지 않는다. 삶의 각 단계는 그 나름대로 좋은 점들이 있기 때문이다. 보다 여성적이고 영성적(靈性的)인 가치를 추구하는 새로운 운동들이 일어나고 있지만, 그것은 실상 수천 년 전부터 존재해온 가치 - 자연 속에서의 우리의 위치, 우리들 서로의, 우리와 지구 사이의 뗄 수 없는 연관성을 재발견하는 일이다."

해묵은 나무둥치에서 튼실한 새싹이 움트는 법이다. 보수의 뿌리에서 진보의 새잎이 돋아나고, 그 잎이 떨어져 다시 뿌리의 자양분이 된다. 기껏해야 시대의 한 단면을 찢어 서로 차지하려는 보혁保革의 싸움은, 가없는 역사의 지평에서 바라보면 바다 위의 한낱 포말泡沫처럼 덧없는 것일지 모른다. 사회주의 중국이 자본과 시장의 힘으로 굴기崛起하려는 시대가 아닌가? 새로운 것을 거부하지 않는 '넉넉한 보수'는 듬직하고, 연륜年輪의 무게에 경의를 표할 줄 아는 '따뜻한 진보'는 감동적이다. 보혁은 서로를 미움의 대상이 아니라 사랑의 파트너로 만나 법고창신法古創新의 세계를 함께 열어가야 한다.

"가장 새로운 것을 말하고 듣는 일로만 세월을 보낸다."(사도행전 17) 서구문명의 뿌리인 헬레니즘의 본산지 아테네를 향한 헤브라이즘의 탄식이다. 21세기에도 우리는 선인先人들로부터 퍼내고 퍼내도 마르지 않는 지혜의 샘물을 새롭게 길어 올린다. 어머니가 손수 담근 김장김치, 집메주로 진득이 달여 낸 간장, 그 고향 같은 손맛이 다른 어떤 새 맛보다 더 그리운 새해 첫 달이다.

(2011. 01. 10.)

9 임진년, 검은 용을 맞는 기원

 십이지十二支 가운데 유일한 상상의 동물인 용은 동서양의 신화와 전설에 모두 등장한다. 인류가 본디 한 뿌리에서 나왔음을 말해주는 징표의 하나이겠지만, 실재하지 않는 용의 이미지는 시대나 지역에 따라 각양각색이다.

 그리스 신화에서 용은 부정적 이미지로 나타난다. 거대한 뱀 형상의 괴물 티폰의 자식인 라돈은 100개의 머리가 달린 용으로, 잠을 자지 않고 헤라의 황금사과나무를 지키다 헤라클레스의 화살에 죽는다. 바빌로니아의 창조설화 '에누마 엘리쉬'에서 최고의 여신女神 티아마트는 악한 용이다. 성서에서도 악마는 뱀 또는 붉은 용赤龍으로 묘사된다.

 그러나 허물을 벗고 하늘로 오르는 용의 특성에서 재생과 부활의 긍정적 의미를 찾기도 한다. 동양에서는 용을 존귀한 영수靈獸로 숭배해왔다. 임금의 옷을 곤룡포袞龍袍, 임금이 앉는 자리를 용상龍床이라 부른다. 용의 우리말인 '미르'는 물의 옛말 '무르(믈)'와 함께 신성하다는 뜻을 지니고 있다.

용은 몸 색깔에 따라 황룡·청룡·백룡·적룡·흑룡으로 구분된다. 황룡은 중국의 첫 임금 황제黃帝의 상징이고 청룡은 잡귀를 쫓는 벽사辟邪를 의미한다. 관우의 청룡언월도는 용맹과 충절의 대명사다. 백룡은 왕처럼 고귀한 신분을, 적룡은 불길처럼 타오르는 화禍를, 흑룡은 가뭄 때 비구름을 몰아오는 수룡水龍을 뜻한다.

예부터 용띠 해에는 걸출한 영웅이 나타나 태평성대를 열어갈 것이라는 기대가 컸고, 실제로 나라에 큰 일이 많았다. 서력기원 56년에 고구려가 동옥저를 정벌했고, 512년에는 이사부가 우산국을 신라에 복속시켰다. 최근에는 1976년에 레슬링의 양정모 선수가 몬트리올 올림픽에서 첫 금메달을 획득했고, 88년에는 서울 올림픽이 개최되었다.

그런가 하면 흑룡의 해인 임진년壬辰年에는 국란國亂을 겪기도 했는데, 1232년 몽고의 침입으로 고려가 강화도로 천도했고, 1592년에는 임진왜란이 일어났다. 용비어천가 제22장에 태조 이성계의 할아버지인 도조度祖가 백룡의 도움으로 흑룡을 물리치는 대목이 나온다. 검은 용을 조선 왕조에 불길한 존재로 본 것이다. 임진년인 2012년에 떠오르는 흑룡은 해로운 악룡이 아니라 복스러운 길룡吉龍이기를 소원한다. 그러나 이 소원에는 도조와 같은 인간의 노력이 따라야 한다. 백룡의 도움에만 의존하는 운명론적 방임의 태도로는 나라의 기틀을 튼실하게 지킬 수 없다.

북한의 철권독재자가 시대착오적인 3대 세습왕조를 나이 어린 피붙이에게 물려주고 사망한 이후 남남갈등의 골이 더욱 깊어졌다. 평화를 외치는 사람들이 동족 살상殺傷의 테러와 군사도발로 평화를 깨뜨려온 망인에 대해 애틋한 추모의 정을 나타내는가 하면, 자유통일을 부르짖는 사람들은 남북관계 개선을 위한 어떤 전향적前向的인 비전도 제시하지 못한 채 대북 적대의식에만 매달려 있다.

남북이 대결과 화해의 양자택일에 내몰린 엄중한 상황에서 우리는 올해 총선과 대선을 겹쳐 치른다. 어떤 잠룡潛龍이 하늘로 떠오를지, 누가 이무기로 추락할지 예측하기 어렵다. 그래서인지 정치인은 물론 시민운동가·교수·연예인·종교인들까지 나서서 좌우로 편을 갈라 사생결단을 벌일 태세다. 막말로 쏟아내는 조롱·비방·욕설이 천박하기 이를 데 없다. 관용과 배려, 성찰과 절제는 털끝만큼도 보이지 않는다. 어쩌다가 이토록 사납고 그악스러워졌는가?

한민족의 시원지始原地인 바이칼 동쪽 몽골 초원에서 솟아나 겨레의 옛 터전인 연해주를 적시며 용처럼 구불구불 흐르는 4,400km의 아무르강은 검은색을 띤 부식질腐植質의 함량이 풍부해 흑룡강黑龍江이라 불린다. 우리네 생명의 젖줄이었던 아무르강의 흑룡을 악한 용으로 치부할 수 없다.

양산 통도사의 극락전에 들어서면 반야용선般若龍船의 벽화를 만난다. 고통의 세계에서 극락의 세계로 건너는 반야의 배를 용의 몸으로 표현한 그림이다. 반야는 지혜를 뜻한다. 광기 서린 대중선동, 사악한 흑색선전, 속임수의 공약空約 따위에 휘둘리지 않는 국민의 지혜, 유권자들의 이성적 선택이 나라의 운명을 좌우한다. 신념과 통찰, 이해와 소통, 추진력과 포용력을 두루 갖춘 균형 잡힌 지도자를 냉철하게 가려 뽑지 않으면 안 된다. 대통령의 협량狹量과 경륜 없음에 얼마나 많은 국가적 불행이 따랐던가?

임진년에 떠오르는 검은 용이 지혜와 이성의 빛으로 온 누리를 환히 밝히는 상서로운 용이기를, 그리고 암울한 현실 앞에서 좌절하는 이 땅의 젊은이들이 허물 벗은 용처럼 높이 솟아오르기를 숙연히 기원한다.

(2012. 01. 09.)

10 잎새에 이는 바람에도

해마다 2월이 되면 일본 후쿠오카의 한 공원에서는 싸늘한 겨울바람을 가르며 정갈한 시어詩語가 흐르곤 한다. 1945년 2월 16일 후쿠오카 형무소에서 옥사獄死한 윤동주 시인을 추모하는 일본인들이 우리말로 읊는 시 낭송의 목소리다.

"죽는 날까지 하늘을 우러러 / 한 점 부끄럼 없기를 / 잎새에 이는 바람에도 / 나는 괴로워했다. / 별을 노래하는 마음으로 / 모든 죽어가는 것들을 사랑해야지 / 그리고 나한테 주어진 길을 / 걸어가야겠다. / 오늘밤에도 별이 바람에 스치운다."(윤동주 「서시」)

첫 시의 첫 구절을 '죽는 날'로 시작한 스물네 살의 시인을 나는 달리 알지 못한다. 일제日帝의 사슬에 얽매인 민족수난기, 윤 시인의 고향 북간도의 동포들은 일황력日皇曆 대신 단군기력檀君紀曆을 벽에 걸어두고 은밀히 광복의 소망을 키워가던 사람들이었다. 그 속에서 치열한 성찰과 저항의 시어들로 솟아난 윤동주의 시혼詩魂은 아이로니컬하게도 문학사의 암흑기에 건진 값진 수확이었다.

식민지의 지식청년에게 저항정신은 운명처럼 거스를 수 없는 실존의 굴레였을 터…, 그는 사랑과 괴로움, 넘치는 슬픔에까지도 거짓말처럼 저항했다.

"바람이 부는데 / 내 괴로움에는 이유가 없다…. / 단 한 여자를 사랑한 일도 없다. / 시대를 슬퍼한 일도 없다."(윤동주 「바람이 불어」)

그 악몽의 시대를 어찌 슬퍼하지 않았으랴! 사랑을 고백할 단 한 명의 여인도, 영혼의 각혈咯血을 토해낼 단 한 뼘의 자리도 갖지 못했던 시인은 "별을 노래하는 마음으로 / 모든 죽어 가는 것들을 사랑"하다가 일제의 감옥에서 정체 모를 생체실험용 주사를 맞고 스물여덟 해의 짧은 삶을 거둔다.

하이데거였던가, "진리를 세우는 또 하나의 길은 본질적 희생이다."라고 말한 것은…. 일제의 폭력은 자유와 평화, 사랑과 희망, 그 모든 생명가치를 짓밟는 진리의 적敵이나 다름없었기에, 윤동주의 순국殉國은 진리를 위한 본질적 희생이었음에 틀림없다. 그의 민족혼은 독립투사의 심장처럼 뜨거웠고, 그의 저항은 의열단義烈團의 전투처럼 처절했으며, 그의 성찰은 철학자의 명상보다 진지했고, 모든 죽어 가는 것들을 향한 시인의 사랑은 종교인의 신앙보다 거룩했다.

제국주의만이 폭력의 체제는 아니다. 소통 없는 정치권력, 부도덕한 돈의 위력, 아니 사회적·문화적·종교적 권위들마저도 독선과 도그마의 칼을 휘두르는 한 본질상 폭력일 수밖에 없다. 약자와 소외계층의 눈물로 탐욕의 허기를 채우는 시장권력, 나라의 미래인 청소년교육을 정치투쟁의 제물로 삼는 자치권력, 신흥종교의 부흥회처럼 들뜨고 헤픈 집단감성의 충동으로 분별력을 마비시키는 포퓰리즘의 촛불권력, 삶의 다양한 가치를 폐쇄적 신조信條 속에 옭아매는 종교권력 따위들은 시인이 온몸으로 저항해 마지않았던 제국주의적 폭력에서 멀지 않다.

꿈에도 못내 그리던 독립의 날을 불과 여섯 달 앞두고 애통하게 숨을 거둔 윤 시인은 가슴 벅찬 광복 67년의 역사를 분열과 상쟁으로 더럽혀온 이 땅을 굽어보며 또 어떤 성찰에 잠겨 있을까? 굶주린 인민들이 절대 권력의 우상 앞에 대대로 머리를 조아리는 북녘 땅을, 양극화와 좌우의 갈등으로 내일의 꿈을 잃어버린 남녘 땅을, '열린 보수'와 '따뜻한 진보'를 알지 못하는 외눈박이 광신도들의 싸움터가 된 이 나라를, '핵 없는 세상'을 소리 높이 외치면서 '핵 있는 북한'에는 입도 벙긋 않는 껍데기 이념을, 절체절명의 탈북동포들을 3대 멸족의 사지死地로 내모는 중국의 살인적 만행에도 좀처럼 분노할 줄 모르는 뼛속 깊은 중화中華사대주의를.

"파란 녹이 낀 구리거울 속에 / 내 얼굴이 남아 있는 것은 / 어느 왕조의 유물이기에 / 이다지도 욕될까"(윤동주 「참회록」)

시인의 탄식은 그대로 우리의 서러운 고백이다. 도덕적으로 완벽하다는 정권에서 끊임없이 흘러나오는 비리와 부패의 악취, 막중한 국가정책 앞에서도 어제의 말이 오늘과 다르고 오늘의 말도 내일 또 어떻게 뒤집을지 알 수 없는 야바위 정치판, 수십 년 찌든 돈봉투 선거에 짐짓 놀란 체 호들갑을 떠는 위선의 몸짓, 젊은 세대의 좌절과 울분을 들쑤셔 정파적 이익을 낚아채는 선동의 바람몰이, 수인囚人의 성욕감퇴에 여성의 생물학적 완성도를 공개 처방하는 진보적(?) 관능 사회… 이 역겨운 현실이 정녕 윤 시인의 희생에 값하는 조국의 모습인가?

이달로 67주기週忌를 맞는 윤동주의 슬픈 넋은 잎새에 이는 바람에도 지금껏 괴로워하고 있지 않을까? 갈가리 찢긴 민족공동체, 거짓투성이의 사회상社會相, 그 욕된 우리네의 삶을.

(2012. 02. 27.)

11 혼자만 잘 살면 무슨 재민겨

어린이날 무렵이었을 게다. 점심 약속이 있어 어느 식당에 들어서는데, 아이를 동반한 젊은 부부가 먼저 문을 밀고 들어가서는 그대로 문을 놓아버린 탓에 되돌아오는 유리문이 하마터면 내 이마에 부딪칠 뻔했다. 식당을 나올 때는 더 황당했다. 바로 뒤에 젊은 엄마와 어린아이가 따라 나오기에 출입문을 잡고 기다려 주었더니, 모녀는 손가락도 까딱 않은 채 몸만 살짝 비틀어 문밖으로 휑하니 나가버렸다. 고맙다는 말 한마디 없이…. 얼결에 문지기가 된 나는 주제넘은 걱정으로 잠시 우울해졌다. 저 아이가 엄마의 행동에서 무얼 보고 배울까.

사람은 혼자 사는 것이 아니다. 숱한 인연들의 관계 속에서 살아가는 상대적 존재다. 절대자아는 신밖에 없다. 아니, 신도 피조물들과 사랑의 관계를 맺는다. 하물며 사람일까. 키에르케고르의 단독자單獨者도 '신 앞에서Coram Deo'라는 궁극의 관계성을 그 전제로 지닌다. 사람은 단독자가 아니라 신과 자연과 사회와 이웃…, 그 모든 타자他者들과의 관계 속에서 생명의 호흡을 이어 간다. 제 가족만 알고 제 피붙이만 아끼는 폐쇄적 사랑은 확장된 이기심에 지나지 않는다.

"왕국을 다스리는 것보다 가정을 다스리는 일이 더 어렵다." 몽테뉴의 탄식이다. 곳곳에서 가정들이 해체되고 있다. 우리나라의 이혼율과 자살률은 경제협력개발기구OECD 국가 중 단연 1위다. 자살률은 이들 나라의 평균치보다 3배 가까이 높다. 자살하는 청소년의 63%가 가정환경이 불우한 아이들이라는 통계는 가정의 달 5월에 암울한 그늘을 드리우고 있다.

그러나 가정의 붕괴가 반드시 높은 이혼율이나 자살률 때문만은 아니다. 자녀에게서 존경과 신뢰를 받지 못하는 부모, 어버이와 소통하기를 꺼리는 아들·딸, 이들 사이에 가로놓인 불신의 벽이 가정을 안에서부터 무너뜨려 간다. 아파트 단지가 늘어나 하우스리스houseless는 줄었지만, 가정이 깨진 자리에서 방황하는 홈리스homeless는 더 많아졌다. 집들은 늘어나는데 가정이 사라져 간다. 가정은 사회공동체의 가장 기초적인 단위다. 가정이 불안한 사회에서 내실 있는 발전을 기약할 수는 없다.

국가원수를 대변한다는 공직자가 막내딸 같은 교포 여대생에게 저지른 짓이 온 나라를 충격에 빠뜨렸다. 사실관계는 아직 명확히 밝혀지지 않았지만, 유난스럽게 선정적인 언론 보도 앞에서 그의 자녀들이 애꿎게 겪고 있을 정신적 고통은 어떤 말로도 다 표현하지 못할 것이다. 부모의 무심한 말 한마디, 무분별한 발걸음 하나가 자녀의 마음에서 존경과 신뢰를 앗아간다.

내 가족의 안일을 위해 공금公金에 손을 대는 아버지, 내 자식을 명문 학교에 입학시키기 위해 부정한 뒷거래를 하는 어머니…, 그런 부모를 자녀들은 경원敬遠한다. 아니, 경멸한다. 신뢰를 잃은 어른의 권위란 아무 쓸모없는 구닥다리 장식물에 불과하다. 경제적으로는 물론 윤리적으로도 풀이 죽을 대로 죽은 가장家長들은 책임의 무게에 짓눌린 채 소외의 그늘 밑을 외롭게 서성이고 있다. "아빠, 힘내세요!"라는 자녀들의 응원이 도리어 측은한 동정의 목소리로 바뀌어 아버지들의 가슴을 더욱 축축이 적신다.

아버지의 기를 살리자는 호소가 아니다. 어버이들이 먼저 스스로를 살펴야 한다는 자성自省의 고백이다. 어버이의 삶, 그 속에 담긴 애환은 자녀들의 눈앞에 살아 숨 쉬는 역사 그 자체다. 부모가 자녀들과 신뢰의 한 몸을 이루지 못하면 자녀에게 의미 있는 삶의 기억을 남겨주기 어려울 것이다. 그 고민은 자녀의 몫이 아니라 부모 자신의 몫이다.

자녀에게 '사랑과 믿음의 바탕'으로 인식되지 못하는 가정, 그

가정 안의 어버이만큼 서글픈 자리가 또 있을까. 자녀의 인성人性에 관한 한 어버이는 최초의 교사이자 평생의 스승이다. 아버지의 손길, 어머니의 숨결은 아들·딸들의 삶 속에 정신적 유산으로 깊숙이 자리 잡는다. 자녀에게 이웃을 사랑하라고 가르치기보다 부모 자신이 먼저 이웃과 함께 빵을 나누는 모습을 보여줘야 한다는 뜻이다.

"가정은 나의 대지, 나는 거기서 정신적 영양을 섭취한다." 펄 벅의 이 고상한 믿음을 자녀에게 심어줄 책임은 어버이에게 있다. 부모님을 다 떠나보낸 지금, 나는 절절한 그리움의 아픔 없이는 아버지·어머니라는 단어를 차마 입에 올리지 못한다. 그분들은 재산은 별로 없었지만 그 어려운 시절에도 푸근한 배려의 손길을 지니고 계셨다. 영남삼현嶺南三賢의 한 분으로 불렸던 이 땅의 토종 자연인 전우익 선생은 투박한 말투의 진실 한마디를 남겼다. "혼자만 잘 살믄 무슨 재민겨."

(2013. 05. 27.)

12 사랑과 정의의 방정식

정의와 공정이 새로운 시대정신으로 등장했다. 정의와 공정은 사회통합의 필수적 전제 조건이기에, 갈가리 찢기고 분열된 오늘의 우리에게 '정의사회·공정사회'의 요구는 필연적인 것이지만, 또 한편 우리 사회가 얼마나 정의롭지 못하고 공정하지 못한가를 역설적으로 드러내주는 슬픈 현상이기도 하다.

정의와 공정에 모두 들어 있는 바를 정正자는 한 일一 밑에 멈출 지止를 쓴다. '한'은 하나라는 숫자의 개념만이 아니라 '큰, 모든, 완전한'의 뜻과 함께 '하늘'의 의미를 품고 있다. 정正자를 파자破字하면 "하늘一 아래 멈춘다止."는 뜻이 된다. 하늘처럼 높은 가치 앞에서는 발걸음을 멈추는 것이 바른 일이다.

흑인들을 혹독하게 탄압했던 남아프리카공화국의 아파르트헤이트Apartheid 시절 넬슨 만델라는 사악한 백인정권하에서 무려 27년의 세월을 감옥에 유폐되었다. 어찌 '정의로운 보복'을 절치부심切齒腐心하지 않았으랴? 그러나 후에 대통령이 된 만델라는 백인들에 대한 보복정책 대신 '화해와 용서'라는 경이로운 유화정책을 펴면서 만행을 저지른 백인들에게 참회의 기회를 주는 한편, 용서와 관용의 대사면을 선포했다. 사면권은 모름지기 이렇게 쓰는 것이다.

만델라는 멈출 줄 알았다. 정의보다 더 높은 가치 앞에서 '정의로운 응징'의 채찍을 거두는 겸손을 알고 있었다. 그 겸손이 남아프리카에 오늘의 평화를 가져온 것이다. 당연히 만델라는 노벨평화상의 영예를 안게 된다. 그러나 나는 노벨상이 만델라에게 영광을 안겨주었다고 생각하지 않는다. 만델라가 노벨상을 수상함으로써 오히려 노벨상의 가치만 한층 더 높아졌을 뿐이다. 지난날 북아메리카에 에이브러햄 링컨이 있었고 인도에 마하트마 간디가 있었다면, 이 시대에는 저 남아프리카에 넬슨 만델라라는 고결한 영혼이 숨 쉬고 있음을 나는 역사와 신 앞에 감사한다.

정의의 참뜻이 보복이나 응징에만 있지는 않을 것이다. 정의는 궁극적으로 '상생相生의 평화'를 지향해야 하며, 그것은 오직 관용의 손길로써만 가능하다. 물론 관용은 턱없이 헤픈 용서를 의미하지 않으며, 진정한 참회를 전제로 한다. 그 참회에 용서로 대답함으로써 화해와 상생의 평화를 이뤄낸 것이 만델라가 실천한

'사랑의 윤리'였다. 그것은 또한 '의인과 악인의 밭에 비를 골고루 내리는' 하늘의 뜻이기도 하다. 인간의 정의는 '죽이는 정의'요, 하늘의 정의는 '살리는 정의'다. 살리는 정의 앞에서 죽이는 정의는 발걸음을 멈춰야 한다. 나는 이것을 '사랑과 정의의 유일한 방정식'으로 늘 외우며 잊지 않기로 하고 있다.

고위 공직자 인사청문회에서 내로라하는 저명인사들이 인격과 도덕성에 큰 상처를 입고 줄줄이 낙마했다. 청문회를 겨우 통과해도 명예에 손상을 입기는 마찬가지다. 공직을 맡겠다고 나선 이들의 자업자득이겠지만, 객관적 사실을 바탕으로 공직자의 적격 여부를 가려내야 할 공개청문회가 그토록 냉혹한 '인격 심판'에까지 나아가야 하는지는 의문이다. 법관이 공개법정에서 피고인을 그렇듯 모질게 신문했다가는 당장 사표를 써야 할지도 모를 일이다.

남에게 용서를 구해야 할 일들을 수도 없이 저지르며 살아가는 것이 인간 실존의 슬픈 현실이다. 누군들 한 톨의 흠도 없이 순백純白의 삶만을 살아왔을까? 테레사 수녀조차 "내 안에 간디와 히틀러가 함께 들어 있다."고 고백하지 않았던가!

날카로운 도덕의 잣대로 인간 본성의 취약한 부분을 마구 찔러대는 것처럼 야박하고 부도덕한 행태도 없을 것이다. "인간은 자신의 죄가 아니라 자신의 선 때문에 더 악해질 수 있다." 도덕적 오만을 꾸짖는 신학자 자크 엘륄의 경고다. 도덕군자의 몸짓에 익숙한 사람일수록 부끄러운 윤리적 딜레마를 속 깊이 감추고 있기 일쑤다. 관용을 모르는 도덕은 그 자체로 부도덕하다. 성서는 '용서받지 못한 죄'보다 '용서하지 못한 죄'가 더 무겁다고 선언한다.(마태18)

도덕이 권력과 결합하면 '도덕적인 공정사회'가 아니라 '원리주의적인 공포사회'를 불러온다. 모든 신정정치神政政治의 속성이자 비극이다. 도덕과 함께 관용이, 정의와 함께 사랑이 요구되는 이유를 로마의 법언法諺은 이렇게 제시한다. "극단의 정의는 극단의 불의다Summum ius summa injuria."

(2010. 9. 27.)

13 가정, 처음이자 마지막 배움터

 공교육의 파행跛行이 심각하다. 스승의 권위는 일진회의 주먹 앞에서 도통 맥을 못 추고, 학교폭력에 상처 입은 어린 영혼들은 속절없이 스스로 목숨을 끊는다. 교사가 제자를 성희롱의 노리개로 삼는가 하면, 어린 학생이 스승에게 폭력을 휘두르는 일도 드물지 않다. 이 절박한 위기 속에서도, 정치색에 물든 교육자치는 교실을 정치투쟁의 실습장으로 몰아가기에 여념이 없어 보인다.

 '전인격'을 지향하는 고전적 교육목표는 헌신짝만큼도 여기지 않는 세태다. 유난히 학벌에 집착하는 우리네의 허영심, 교육의 본질에 투철하지 못한 정책당국의 태만, 상업자본주의에 영혼을 팔아넘긴 얄팍한 시대정신 따위가 이처럼 서글픈 '교육의 카오스 시대'를 초래했다.

미래세대의 삶과 직결된 공교육의 파탄은 정치의 난맥보다 더 깊고 무거운 국가적 불행을 초래한다. 그러나 제도교육보다 더 심각한 위기에 직면한 분야가 있으니, 바로 가정교육이다. 치솟는 이혼율, 가정폭력, 서민경제의 파탄 등 갖가지 사유로 수많은 가정들이 파괴되어 가는 현실에서는 튼실한 가정교육을 기대할 수 없다. 더욱이 우리나라의 출산율은 세계 최저 수준이다. "아들딸 구별 없이 하나만 낳아 잘 기르자."는 구호 아래 모두들 아이를 하나씩만 낳아 기르다 보니, 형제자매들의 부대낌 속에서 스스로 절제하며 서로의 갈등을 조절해 가는 지혜를 체득할 수 있는 기회가 상실되고 말았다.

'인류의 교사'로 불리는 페스탈로치의 말처럼 '가정은 도덕교육의 터전'이다. 올바른 인성人性과 반듯한 삶의 자세는 교사의 입이 아니라 부모의 품에서부터 배워 가는 것이다. 저마다 왕자로, 공주로 자라난 아이들이 올바른 인간관계를 형성해 가기 어려운 것은 당연한 일이다. 남자들에게는 그나마 공동생활의 마지막 훈련 기회인 군복무마저 이리저리 기피하고 있는 실정이니, 이렇듯 독불장군으로 혼자 커 온 아이들이 무슨 재주로 이웃과 더불어 살아가는 윤리를 배울 수 있겠는가.

아이들이 싸움을 하면 내 아이를 먼저 야단치는 것이 우리네의 오랜 관습이었다. 상대방 아이의 부모에게는 "제가 잘못 가르친 탓이지요."라며 먼저 머리를 조아렸다. 위선이 아니다. 더불어 살아가는 지혜다. 요즘에는 아이들 싸움이 곧잘 부모의 싸움으로 이어지곤 한다. '누가 감히 내 아이를⋯.' 하는 오기傲氣가 살벌한 세상을 만들어 가고 있는 것이다. 아이의 기를 살리는 것도 필요하지만 당당하되 양보할 줄 아는 인격, 비굴하지 않되 넉넉히 참아낼 줄 아는 품성을 길러주는 일이야말로 무엇보다 중요한 상생相生의 덕목이다.

걸핏하면 자녀에게 손찌검을 해대는 아버지, 정직하기보다 일등하기만을 바라는 어머니 밑에서 자라나는 아이들의 심성心性이란 생각만 해도 안쓰럽다. 여리고 불안정한 인격을 학교에 내던지듯 맡겨놓고 공교육을 탓하는 것은 부모의 올바른 자세가 아니다. 학교와 교사에게 불만을 쏟아내는 학부모일수록 스스로 가정교육의 책임을 다하고 있는지 돌아보아야 한다. 맥아더 장군은 사랑하는 자녀를 위해 이런 기도를 드렸다. "정직한 패배를 부끄러워하지 않고, 승리했을 때 겸손하며, 실패한 이들에게 관대하고, 남을 다스리기 전에 먼저 자신을 다스릴 줄 알게 하소서."

젊은 세대의 인격과 품성에 관한 한, 학교는 제1차적인 책임의 주체가 아니다. 오직 가정만이 그 값진 책임을 다할 수 있는 바탕자리다. 가정은 유치원보다 먼저 입학해서 대학원보다 늦게 졸업하는 평생의 학교이기 때문이다. 아니, 가정에는 졸업이라는 제도가 아예 없다. 오고 오는 세대를 통해 연면히 이어져 가는 '처음이자 마지막인 삶의 배움터'다.

어버이는 첫 스승이자 마지막 스승이다. 아버지는 살아 있는 역사요 평생의 멘토mentor이며, 어머니는 정신의 고향이자 태아 시절부터의 담임선생님이다. 누구든지 세상에 태어나 맨 처음 만나는 사람은 어머니라는 인격, 그 최초의 여성이기에.

아버지는 집을 짓고, 어머니는 가정을 만든다. 아버지가 가장家長이라면, 어머니는 가정의 중심 곧 가심家心이다. 아버지들이 산과 들판을 휘저으며 먹잇감을 찾아 생명의 피를 흘리고 생태계에 상처를 입힐 때, 어머니들은 어린아이에게 젖을 물리고 텃밭에서 채소를 경작하며 생명과 자연을 보듬어 안았다. 그래서일까, 조병화 시인은 "어머님은 속삭이는 조국 / 속삭이는 고향… / 가득히 이끌어 주시는 / 속삭이는 종교"라고 읊었다.

가정과 스승의 달 5월을 맞아 학교로서의 가정, 스승으로서의 어버이, 가심으로서의 어머니의 자리가 회복되기를 바라는 꿈이 더욱 절실해진다.

(2012. 05. 21.)

IV

영혼의 사색에 잠기다

1. 오늘의 95개조
2. 하나님의 뜻
3. 빈 외투의 성탄절
4. 거꾸로 전하는 성탄 메시지
5. 성전에서 광야로
6. 무릎 꿇리기
7. 쓰나미와 우상숭배
8. 슬픈 크리스마스
9. 아름다운 퇴장
10. 소금을 지니고 화목하라
11. 추석의 기도
12. 텅 빈 충만

1 오늘의 95개조

1517년 10월 31일 독일의 젊은 수도사 마르틴 루터는 비텐베르크 성당 문에 교황의 면죄부 발행을 비판하는 95개조의 항의문을 내걸었다. 종교개혁을 향한 기나긴 고난의 첫걸음이었다. 루터의 항의문은 "신자들의 전 생애가 참회로 지속돼야 한다."는 제1조를 시작으로 "그릇된 평화의 위안이 아니라 많은 고난을 통하여 천국에 들어간다."는 제95조로 끝을 맺는다. 처음이 참회, 마지막이 고난이다.

성서의 역사는 끊임없는 개혁의 발자취다. 천지창조 자체가 카오스를 깨뜨리는 코스모스의 혁명이었고, 모세의 이집트 탈출은 모든 해방운동의 선구가 되었으며, 뭇 예언자들의 열정은 '우상으로부터의 자유'라는 영적 개혁의 목표로 모아졌다. 예수는 율법으로 대표되는 제도 종교의 사슬을 끊고 '오직 진리만이 인간 영혼을 자유롭게 한다.'는 확신으로 영성靈性의 개혁을 외치다가 십자가에 달렸다. 사도 바울의 생애는 헤브라이즘과 헬레니즘, 그 거대한 두 산맥을 정복하는 개혁의 여정에 다름 아니었으며, 요한 묵시默示의 절정인 '새 하늘과 새 땅'은 '옛 하늘과 옛 땅'을 최종적으로 개혁하는 성서의 이상향理想鄕을 보여주고 있다.

예수는 부패한 세리, 타락한 매춘부, 천대받던 이방인 등 온갖 비천한 사람들을 아무 차별 없이 친구로 품어 안았지만, 최고 종교권력자인 대제사장과 권위 있는 율법학자인 서기관들에게는 무서운 분노를 뿜어냈다. 유대교의 신정神政체제에서는 꿈도 꾸지 못할 일이었다. 제도 종교의 기득권자들은 이를 갈며 예수를 죽일 궁리에 골몰했다. 예수의 거룩한 분노는 영혼의 자유를 옥죄는 위선적 종교권력에 대한 엄중한 질책이었고, 이 질책은 교황청에 대한 루터의 항의protest로 계승되었다. 개신교를 프로테스탄트protestant라고 부르는 이유다.

루터의 95개조는 참회로 시작해 고난으로 끝난다. 한국 개신교의 모토는 무엇인가? 회개와 고난인가, 축복과 형통인가? 뉘우침의 회悔만 있고 고침의 개改가 없는 회개는 진정한 회개가 아니다. 영혼의 숨결이 종교적 의식儀式으로 대체되고 웅장한 성당이 호화로운 예배당으로 바뀐 데 불과하다면, 개신교 역시 또 하나의 형해화形骸化한 제도 종교에 다름 아닐 것이다. 만약 루터가 이 시대, 이 땅에 살아있다면 95개조가 아니라 아마도 950개조는 써야 하지 않을까? 가톨릭이 아니라 개신교를 상대로 말이다.

수천 억 원대의 화려한 교회당 안에서 집 없고 가난한 이들이 무슨 위로를 받을 것인가? 으리으리한 대리석 강단에서 어떻게 머리 둘 곳조차 없었던 예수를 전할 것인가? 교단 총회에 가스총이 등장하는 마당에 무슨 입으로 이 폭력의 사회를 꾸짖을 것인가? 성추문에 휩싸인 목회자들이 무슨 낯으로 소돔 같은 오늘의 타락상을 질책할 것인가? 숱한 교파들로 분열된 개신교가 이념·세대·지역·계층으로 갈가리 찢긴 분단의 조국에 어떤 평화의 메시지를 전할 수 있을 것인가?

초대교회의 지도자는 예수의 동생인 야고보가 아니라 예수와 아무 혈연이 없는 베드로였다. 성서의 사도직은 세습되지 않는다. 부유한 대형교회의 강단을 혈육에게 물려주면서 사회의 양극화를 걱정하고 빈부貧富의 대물림을 비판하는 것은 이만저만한 위선이 아니다. 보다 못한 감리교단이 뒤늦게나마 목회 세습을 금지하는 장정章程을 만들었지만, 필요한 일이기는 해도 씁쓸한 느낌을 거두기 어렵다. 성서만으로는 정녕 부족했던가? 성서보다 교단의 계율이 더 큰 힘을 가진다면 '오직 성서'라는 루터의 믿음을 버리고 다시금 율법주의로 후퇴하는 것이다.

종교의 사회적 책임은 막중하다. 한국의 종교 인구는 53%에 이르고, 개신교 신자는 전 국민의 20%에 육박한다. 지난날 한국 교회는 국가발전에 적잖은 기여를 해왔지만, 지금은 도리어 사회적 지탄의 대상이 되고 있다. 역대 대통령들 가운데 자신이나 친족의 비리로 국민을 분노케 한 이들이 많았는데, 대형교회의 장로였던 대통령들 역시 예외가 아니라는 사실은 신앙의 슬픔이자 교회의 수치가 아닐 수 없다. 정통의 신조를 벗어난 교리의 이단異端보다 신앙윤리를 저버린 '삶의 이단'이 더 무섭고 더 악마적이다. 교리나 제도의 개혁보다 인격과 삶의 쇄신이 더욱 절실하다는 뜻이다.

종교개혁은 완료된 것이 아니다. 끊임없이 지속되는 reformata et semper reformanda 오늘과 내일의 과제다. 한국 교회가 기복祈福과 형통의 넓은 길을 버리고 참회와 고난의 좁은 문으로 들어가 오늘의 95개조를 새롭게 써 나가기를 기대해 마지않는다.

(2012. 10. 22.)

2 하나님의 뜻

유대인들은 하나님이라는 단어를 감히 입에 올리지 못한다. 성서를 읽을 때도 하나님의 이름인 야훼가 나오면 발음을 하지 않고 그냥 넘어간다. "하나님의 이름을 함부로 부르지 말라."는 십계명의 계율 때문이다. 한국의 기독교 신자들은 하나님이라는 말을 입에 달고 산다. 하나님의 음성을 들었다는 신자도 적지 않다. 하나님은 침묵하시는 분(시편 83), 캄캄한 데 숨어계시는 분이다.(이사야 45) 그 하나님의 음성을 들었다니, 한편으론 부럽기도 하고 다른 한편으로는 미심쩍기도 하다.

유한한 존재인 인간은 무한한 존재요 절대타자絕對他者인 신을 완전하게 인식할 수 없다. 스페인의 유대교 사상가 마이모니데스에 따르면 '하나님은 선한 분이다.'라는 말도 해서는 안 된다. 상대적 존재인 인간은 하나님의 절대선을 인식할 수 없기 때문이다. '하나님은 악한 분이 아니다.'라는 부정적 표현만 가능하다. 마이모니데스의 사상을 부정신학否定神學이라고 부르는 이유다. 인간은 신의 뜻을 완벽하게 이해하지 못한다. '이것이 하나님의 뜻이다.'라고 단언하는 사람이 있다면, 그는 아마도 신의 경지에 이른 존재일 것이다.

"일본의 식민 지배와 남북 분단은 하나님의 뜻이었다."라는 총리 후보자의 발언을 놓고 논란이 드세다. 기독교계의 반응도 엇갈린다. 진보적인 한국기독교교회협의회는 "하나님의 뜻을 왜곡하는 불경스러운 일"이라는 논평을 낸 반면 보수적인 한국교회연합은 "불행한 근대사를 극복하고 하나님의 주권적 역사 섭리 안에서 오늘의 발전을 이뤘다는 뜻"이라고 옹호했다.

기독교 신자들은 세상만사가 모두 하나님의 뜻 안에서 일어난다고 믿는다. 웨스트민스터 소요리小要理문답 제7항은 "하나님께서 자기 영광을 위하여 자기 뜻에 따라 모든 것을 작정하신다."고 풀이하고 있다. 하나님을 역사의 주재자로 믿는 '하나님 주권' 사상이다. 그렇다고 해서 인간의 자유의지와 그에 따르는 책임이 부정되는 것은 아니다. 인간의 자유의지는 '하나님의 형상Imago Dei'이다. 인간의 죄악과 불의가 모두 하나님의 뜻이라고 단정하는 것은 인간의 자유의지와 책임을 부정하는 운명론으로 흐를 수 있다.

"(하나님의) 뜻이 하늘에서 이뤄진 것같이 땅에서도 이뤄지소서." 예수가 가르친 기도문이다. 지상에서 일어나는 모든 사건이 하나님이 미리 계획하고 예정한 뜻대로 이뤄지는 것은 아니라는 인식이 전제돼 있다. 아우구스티누스의 예정설이나 칼뱅의 이중예정설도 구원의 은총에 관한 것이지 인간과 세계의 모든 현상을 설명하는 결정론의 거대담론이 아니다.

아우슈비츠의 만행은 히틀러의 뜻이었지 신의 뜻이 아니었다. 일제의 침략은 일본 제국주의의 뜻, 6·25 남침은 스탈린과 김일성의 뜻이었을 뿐이다. 세상의 모든 악을 신의 뜻으로 돌릴 수 없다. 신은 그 초월적 능력으로도 인간의 죄악과 불의를 적극적으로 막지 않는다. 사람은 신의 뜻에 따라 꼭두각시처럼 움직이는 자동인형이 아니기 때문이다. '하나님 주권' 사상은 죄와 불의의 역사 속에서도 하나님께서 끊임없이 섭리의 손길을 펴시고 궁극적으로 자신의 선한 뜻을 이뤄 가신다고 믿는 신앙이다. 총리 후보자의 발언도 그러한 취지였을 것으로 본다.

문제의 교회 강연은 '하나님의 주권'을 믿는 기독교 장로의 투박한 신앙고백일 수 있다. 그의 발언이 일제 식민 지배를 미화하거나 남북 분단을 정당화하려는 뜻은 아니었을 것으로 믿는다. 그러나 교회 밖으로 나오면 문제가 달라진다. 신앙의 고백이 비신앙의 세계에서도 그대로 존중된다는 보장은 없다.

일제 침략과 남북 분단은 우리 근현대사의 가장 민감한 대목이다. 총리 후보자를 친일파로 몰아가는 일부의 주장에는 동의하지 않지만, 역사관을 의심받을 수 있는 정제되지 않은 발언은 매우 미숙하고 부적절했다. 특히 위안부 관련 발언이나 대일 배상청구권에 관한 인식은 납득하기 어렵다. 국민정서와도 거리가 멀다. 이 점에 대해 후보자가 진솔한 사과의 뜻을 밝힌 것은 그나마 다행스럽다.

종교는 '근본宗이 되는 가르침敎'이요, 그 가르침의 핵심은 사랑이다. 종교의 자유를 내세워 비종교인들의 마음에 상처를 주는 언행은 종교의 정신에 어긋난다. '하나님 주권'의 교리보다 더 중요한 것이 '이웃 사랑'의 실천이다. 총리 후보자는 '하나님 주권'의 부름을 받은 것이 아니라 '국민 주권'의 부름을 받은 것이다. 무릇 종교를 가진 공인이라면 언제나 국민 앞에, 조국의 역사 앞에 겸허히 서서 치열하게 헤아려야 한다. 하나님의 뜻이 무엇인지를, 그리고 국민의 뜻이 무엇인지를.

(2014. 06. 16.)

3 빈 외투의 성탄절

오스트리아의 잘츠부르크 대성당 뒤편 구석에 조각가 안나 크로미의 '빈 외투' 동상이 앉아 있다. 사람은 없고 빈 외투만 유령처럼 쭈그려 앉은 모습이 섬뜩하다. 웅장한 성당에 가려진 껍데기 신앙을 꾸짖는 것일까.

흥겨운 크리스마스 시즌, 낯선 카멜레온 하나가 서성거리고 있다. 하나님의 아들, 성자聖子, 구세주, 유대교의 종교개혁자, 신성모독의 사형수, 역사의 종말을 경고한 묵시예언가, 로마에 저항한 독립운동가, 무산계급의 혁명가, 영험 있는 엑소시스트, 권력과 자본가의 변호인…. 예수만큼 드넓은 스펙트럼을 지닌 이름은 달리 없다.

식민지 유대 땅에서의 짧은 생애, 그 몇 마디 말씀과 발자취를 추적하고 해석하기 위해 지난 2,000년간 수많은 도서관의 서가들이 그에 관한 저술로 가득 채워져 왔다. 신격화된 인간(불트만), 뛰어난 종교적 선각자의 한 사람(르낭), 역사적 추적이 불가능한 종교설화의 주인공(슈바이쳐) 등 '역사의 예수'와 '신앙의 그리스도'를 구별하는 다양한 신학이론도 있었고, 막달라 마리아의 연인(카잔차키스『그리스도 최후의 유혹』), 로마 병사의 사생아(샤버그『사생아 예수』)처럼 기독교계를 분노로 들쑤셔놓은 픽션도 수없이 많았다.

『21세기 사전』을 쓴 자크 아탈리는 예수에게서 소외계층을 향한 형제애와 기득권층에 대한 분노를 동시에 지닌 사회 변혁의 열정을 보았지만, 반체제 혁명가에게까지는 시선이 닿지 않았다. 종교를 민중의 아편이라고 비난한 마르크스는 물론 성서를 '인류의 이상이 인격화된 신화'라고 해석하는 헤겔 좌파에서도 예수를 급진적 혁명투사로 보지는 않았다. 사회주의 혁명가 예수가 등장한 것은 '공산당 선언의 눈으로 성서를 읽은' 에른스트 블로흐에 의해서다. 성서에서 종말론적 희망의 혁명사상을 발견한 블로흐는 『저항과 반역의 기독교』를 세상에 내놓았다. 또 하나의 성탄절, 이념적 메시아의 탄생이다.

왜곡된 사회구조를 타파하는 해방자 예수를 외치며 아마존 유역의 빈민굴에서 해방신학이 솟아날 무렵, 권위주의 정권이 지배하던 이 나라에는 민중신학의 싹이 움트고 있었다. '예수는 개인이 아니라 민중 그 자체'라고 주장하는 일단의 정치신학자들은 십자가의 피로 구원을 얻는다는 기독교의 신앙고백을 민중의 불평등한 현실을 외면한 흡혈귀 신학의 주술呪術이라고까지 극언했다.

오늘 이 땅의 예수는 누구인가. 한쪽에서는 '헌금을 바치고 신앙고백을 읊조리기만 하면 마냥 복을 쏟아 붓고 죽은 뒤에 천국까지 보장해주는 기복祈福의 대상'으로, 다른 한쪽에서는 '권력의 손에 죽고 민중의 의식 속에 부활한 정치적 메시아'로 등장한다. 이 두 극단의 도그마 사이에서 예수의 이름은 시대와 이념에 따라 카멜레온처럼 변신을 거듭하고 있다.

예수가 이 세상에서 소유한 것은 오직 두 개의 나무토막, 태어날 때의 말구유와 죽을 때의 십자가뿐이었다. 그는 초라한 한 칸의 집도, 작은 예배당 하나도 가지지 못했다. 그는 자신을 왕으로 추대하려는 군중과 손을 잡지 않았다. 예수의 삶은 마구간에서 시작해 광야를 거쳐 십자가에 이르는 고난의 여정이었다. 메시아의 탄생은 고난을 향한 첫걸음이었다. 한국 교회는 그 고난의 길Via Dolorosa을 충실히 따르고 있는가.

소외된 이웃, 사회의 그늘진 자리를 향한 희생과 헌신 없이 호화로운 강단에서 풍요를 축원하고 안락을 약속하는 교회라면, 가치와 목표를 상실한 혼돈의 시대에 삶의 소망과 실존의 진실을 깨우쳐주지 못하는 신앙이라면, 그 어떤 화려한 옷을 걸친 메시아라 해도 실체 없는 빈 외투의 유령에 지나지 않는다.

'하나님 나라'의 복음을 '민중이 주인 되는 세상'의 이데올로기로 변질시킨 신학이라면, 사랑과 평화의 사명을 버려둔 채 증오 서린 정치투쟁에 전념하는 종교인이라면, 아무리 신성한 모습으로 치장한다 한들 '하나님의 것을 카이사르의 것으로 바꾸는' 세속권력의 우상 숭배에서 벗어나지 못한다.

예수는 제자들에게 이렇게 물은 적이 있다. "너희는 나를 누구라 하느냐." 토머스 칼라일이 '영혼의 평안과 소망이 달려 있는 가장 중요한 질문'이라고 고백한 이 엄숙한 물음에 한국 교회는 가난한 마음, 고뇌 어린 영혼으로 정직하게 대답하지 않으면 안 된다. 예수가 누구인지를, 어떤 메시아를 믿고 있는지를, 가시관을 쓴 예수의 머리에 부귀의 금관 혹은 권력의 왕관을 덧씌우고 있지 않은지를….

그 대답이 준비돼 있지 않다면 그저 또 한 번의 흥청거리는 메리 크리스마스가 스쳐 지나갈 따름이다. 몸통은 없이 껍데기만 댕그라니 나앉은 빈 외투의 성탄절이.

(2013. 12. 23.)

4 거꾸로 전하는 성탄 메시지

크리스마스는 성당이나 교회보다 백화점에 더 빨리 찾아온다. 성탄절이 가까워오면 신자들의 영성靈性보다 거리의 상혼商魂이 더 민감해지고, 고난의 메시아가 십자가를 지기 위해 탄생한 '고요한 밤, 거룩한 밤'은 징글벨 소리로 시끌벅적한 '메리 크리스마스'의 흥겨운 밤이 되곤 한다.

그러나 성탄절의 세속화世俗化를 걱정만 할 일은 아니다. 성탄은 교회를 위한 것이 아니라 세상을 위한 것이기 때문이다. 예수는 성전의 사제관司祭館에서 탄생하지 않았다. 세속의 한복판, 혼잡한 여관의 말구유가 그의 첫 삶의 자리였다. '세상의 빛이요 소금'인 교회도 세계의 현실을 벗어나지 못한다. 세속사회와 소통하지 못하는 종교는 맛을 잃어 길가에 버려진 소금이나 다를 바 없다. 북한의 끊임없는 무력도발과 극심한 국론분열의 갈등으로 우울하기만 한 이때, 성탄이 주는 위로와 소망, 그 평화의 메시지야말로 우리 사회에 가장 반가운 소식일는지도 모른다.

동방의 박사들은 편안히 앉아서 메시아를 맞지 않았다. 페르시아를 떠난 박사들은 수많은 낮과 밤을 사막의 칼바람과 싸우며 머나먼 광야를 건너와 아기 예수를 만났다. 이것이 첫 번째 크리스마스다. 거리마다 온통 크리스마스트리의 장식으로 휘황찬란한 이 땅의 성탄절에도 사막을 건너는 수고의 피땀이, 저 초라한 말구유의 겸손이 살아 숨 쉬고 있는지, 나는 확신하지 못한다.

구미歐美 기독교사회의 구조적 모순을 고발하면서 가난한 민중, 억압받는 소외계층에게 '역사 속에 참여하는 하나님'을 선포한 남미의 해방신학은 종교의 사회적 책임에 새로운 눈을 뜨게 만들었지만, 과격한 계급투쟁과 폭력적 혁명이념의 오류로 말미암아 세계와의 소통을 스스로 막아버리고 말았다.

종교의 사명은 정치체제나 권력구조를 변혁시키는 데 있지 않다. 그 사명은 오히려 종교 스스로가 먼저 변혁되는 데 있을 것이다. 사회가 교회에 바라는 것은 '예수 천당'이나 '성령 축복'을 새긴 기복祈福의 팻말이 아니라 '나눔의 손길, 섬김의 발걸음'이다. 예수님도 제자들에게 '착한 행실'을 요구했다(마태 5). 한 사람의 신자로서 부끄럽게 고백하건대, 다른 누구보다 먼저 나 자신의 참회가 절실한 대목이다.

미움이 있는 곳에 사랑을, 분쟁이 있는 곳에 평화를 심는 것이 종교의 사명이다. 그러나 한국의 기독교는 수십 개의 교파, 수백 개의 교단敎團으로 갈라져 있을 뿐 아니라, 법정에는 교회 관련 송사訟事가 끊일 날이 없다. 무슨 낯으로 평화의 소식을 전할 것인가? 연말이면 어김없이 집단 난투극이 벌어지곤 하는 이 나라의 국회에는 또 무슨 입으로 화합과 일치를 요구할 것인가?

성탄절을 앞두고 가톨릭교회마저 내분에 휩싸였다. 정책과 종교의 문제를 분별하자는 추기경의 말씀에, 정의를 구현한다는 어떤 사제들이 "정부를 편드는 남모를 고충이라도 있는가."라고 빈정거리며 용퇴를 요구하고 나섰다. 그 당찬(?) 사제들이 핵무기를 등에 업고 동족을 마구 살상하는 무신론자들을 감화感化시키기 위해 단 한 번의 촛불기도회라도 열었다거나, 토끼풀을 뜯다가 끝내 굶어 죽은 북한처녀를 눈물로 애도했다는 말을 들어본 적이 없다. 그 정의의 사제들이야말로 저 불의不義한 절대 권력을 편들어야 할 남모를 고충이라도 있는 것이 아니기를 바란다.

"사제여, 당신이 바로 그리스도를 십자가에 못 박은 사람이오. 그분이 다시 이 땅에 오신다면 당신은 또다시 그분을 십자가에 못 박을 것이오." 카잔차키스의 소설 '예수, 다시 십자가에 못 박히다'에서 가난한 목동이 세속에 물든 사제에게 내뱉은 질책이다. 2,000년 전 유대 민중을 선동하여 예수를 사형대로 몰아간 것도 정략적政略的 술수에 능란한 대제사장 가야바였다. 영성을 잃은 채 기복에 매달리거나 정치투쟁에 골몰하는 종교인은 예수를 다시 십자가에 못 박는 타락한 사제와 다를 것이 없다.

교회가 세상에 전해야 할 성탄 메시지를 거꾸로 교회를 향해 전하는 이 건방진(?) 목소리는 한국 교회에 대한 깊은 애정과 안타까운 기대에서 나온 것임을 밝혀둔다. "역사상 그리스도인은 오직 한 사람뿐이었다. 그런데 그는 십자가에서 죽었다." 니체의 이 말을 부끄럽게 만들 책임은 교회와 성당에 있기 때문이다.

(2010. 12. 20.)

5 성전에서 광야로

충격의 다큐멘터리 '울지마, 톤즈'를 눈물 너머로 보았다. 세상의 모든 빛이 꺼진 듯한 절망의 땅 남부 수단, 가난과 전쟁과 질병의 그늘 아래 내던져진 톤즈의 황무지에 소망의 씨앗을 한 톨 한 톨 심어가다가, 1년 전 마흔여덟 한창 나이에 선종善終한 고故 이태석 신부의 삶을 영상으로 대하면서, 마음속 깊은 곳으로부터 격한 분노가 솟구쳐 오르는 것을 억누를 길이 없었다.

오랜 내전과 극심한 부정부패로 민중의 고통을 외면해버린 수단 권력층에 대한 분노가 아니었다. 이 신부의 고독한 헌신에 동참하지 못한 종교인들의 '입에 발린 사랑' 때문도 아니었다. 그 분노는 나 자신에 대한 것이었다. 고인의 짧았던, 그러나 더할 수 없이 치열했던 삶 앞에서 이제껏 내가 살아온 시간들, 내가 지녀온 믿음이 너무도 부끄럽고 죄스러워 나 자신을 용서하기가 어려웠다.

"가장 보잘것없는 이에게 베푼 것이 곧 나에게 베푼 것"이라는 예수의 말씀(마태 25)에 이끌려 톤즈의 거친 땅에 사목司牧의 발을 디딘 이 신부는 그 어둡고 그늘진 자리에서 이름 없이 빛도 없이 예수의 사랑을 실천했다. 손수 벽돌을 찍어 병원과 학교를 짓고 비참한 환경 속의 환자들을 치료하며 청소년들을 가르치는 한편, 브라스밴드를 조직하여 음악의 감성感性으로 저들의 고단한 영혼을 위로했다. 그는 사제이자 의사였고, 교사이자 음악가였다.

그는 입으로 강론하기보다 삶으로 강론했다. 그의 사제직은 성당의 강단에 있지 않았다. 그의 성직은 아프리카의 흙바닥에 있었다. 예수의 자리가 예루살렘 대성전이 아니라 갈릴리 호숫가, 사마리아의 이방인 마을, 그리고 골고다 언덕이었던 것처럼… 그는 '성전의 제사장'이 아니라 '광야의 예언자'였다. 아니, 한센인들의 몸에서 손수 고름을 짜내고 그들의 뭉그러진 발에다 신발을 맞춰 신긴 고인은 그네들에게 예수님, 바로 그분이었을 것이다.

고인이 존경했던 벨기에의 다미안 신부도 하와이 몰로카 섬에서 한센인들을 돌보다가 마흔아홉 살에 한센병으로 세상을 떠났다. 신은 왜 이처럼 고결한 성인聖人들을 남보다 일찍 데려가시는 것일까? 이 신부의 동료였던 70세의 외국인 사제는 그저 '신비'라고 짧게 자문자답했지만, 톤즈의 땅에서 빛이요 소금이었던 이 신부를 빼앗아가 버린 그 신비는 도무지 이해하기 어려웠다.

 강단을 대물림하는 세습 목회자들, 편을 갈라 주먹다짐을 벌이는 목사들, 신도들을 육욕肉慾의 노리개로 삼는 성직자, 청년실업자가 넘치는 불황에도 수천억 원을 쏟아 호화 예배당을 지어 올리는 대형 교회, 기복祈福과 율법의 굴레로 신도들의 영혼을 옥죄며 실존의 자유를 속박하는 종교권력자들, 자기 신앙에도 투철하지 못하면서 다른 종교와 남의 믿음을 업신여기는 근본주의자들, 신앙을 이념으로 변질시킨 정치종교인들… 한국 기독교계의 슬픈 현실을 대하노라면, 이 신부를 가난한 병상에서 다시 일으키지 않고 그의 어머니보다도 먼저 데려간 신의 손길이 못내 야속하기만 하다. 내 믿음이 초라한 탓이겠지만.

 도스토옙스키의 '카라마조프가의 형제들'에서 종교재판장인 추기경은 재림한 예수를 이렇게 꾸짖는다. "당신은 기독교를 교황에게 넘겨주었다. 기독교는 이제 당신의 것이 아니라 교황과 사제들의 것이다. 왜 우리의 일을 방해하는가? 가라. 다시는 오지 말라." 이것이 정녕 저 종교재판장 혼자만의 목소리일까?

 "곧추서 있는 모든 것은 하나의 불꽃이다."(가스통 바슐라르, 『촛불의 미학』) 한 사람의 참된 신앙인으로 곧추서기 위하여 화려한 성전을 떠나 적막한 광야로 나아간 사제, 거기서 자신의 모든 것을 태워버린 이 신부는 한 줄기 맹렬한 불꽃이었다. 그는 '촛불 든 사제'가 아니었다. 스스로 타오르는 촛불이었다.

"사랑해 당신을, 정말로 사랑해 / 당신이 내 곁을 떠나간 뒤에 / 얼마나 눈물을 흘렸는지 모른다오." 이 신부를 떠나보낸 톤즈의 아이들이 서툰 한국말로 흐느끼며 부르던 대중가요의 노랫가락이 엄숙한 진혼곡鎭魂曲의 울림처럼, 광야를 뒤흔드는 예언자의 음성처럼 내 안을 깊이 파고든다. 십여만 명에 이른다는 교회와 성당의 제사장들에게도 그 신성한 울림이 가슴 가득 전해졌으면….

(2011. 01 .31.)

6 무릎 꿇리기

"무릎 꿇고 입술을 열어 기도하라. 그러면 믿게 될 것이다." 파스칼의 이 유명한 말이 연상되는 어느 기도회에서 대통령을 비롯한 참석자들이 사회자의 갑작스러운 선언에 따라 모두 무릎 꿇고 통성通聲기도를 한 일이 논란거리로 떠올랐다.

신자가 신 앞에 무릎을 꿇는 것은 조금도 이상한 일이 아니다. 대통령이라고 해서 다를 바 없다. 대통령이든 누구든, 절대자 앞에서는 모두가 가난하고 초라한 영혼으로 겸손히 무릎 꿇어야 한다. 그러나 사회 일각에서는 대통령이 마지못해 무릎을 꿇은 것이라면서, 이슬람채권(수쿠크)법을 반대하는 개신교가 정부의 기를 꺾으려는 '신新 카노사 굴욕사건'으로까지 확대 해석하고 있다.

1077년 신성로마제국 황제가 로마교황 앞에 무릎을 꿇은

'카노사의 굴욕'은 교황이 황제보다 우위라는 교황황제주의 papocaesarismus를 확립시켰다. 그러나 1870년 가리발디에 의해 이탈리아 영토로 편입되었던 바티칸이 1929년 무솔리니와 맺은 라테란 조약으로 독립주권을 회복하게 되자, 교황 피우스 11세는 그 희대稀代의 파시스트에게 '신의 섭리로 소명召命을 받은 사람'이라는 찬사를 바치고 나치의 아우슈비츠 만행에도 눈을 감는다. 타락한 종교권력이 사악한 세속권력 앞에 무릎 꿇은 '역逆 카노사의 굴욕'쯤 될지 모르겠다.

이즈음 우리의 제도종교들이 꽤나 거칠어진 것 같아 씁쓸하다. 가톨릭의 어떤 사제들은 4대강 문제로 추기경에게 막말 비난을 쏟아내 물의를 일으켰고, 템플스테이 예산 문제로 정부와 갈등을 빚던 승려들은 무문관無門關을 가르치는 사찰에 '특정인 출입금지'의 팻말을 내걸기도 했는데, 이번에는 수쿠크법을 반대하는 개신교 목회자들이 대통령 하야를 거론하는 데까지 이르렀다.

경제적·외교적 국익을 우선시하는 수쿠크법은 과세고권課稅高權, 조세평등주의, 실질과세의 원칙 등과 충돌할 소지가 있다. 반대의 목소리에도 귀를 기울여야 하는 이유다. 다만 그 반대가 유독 개신교 쪽에서 크게 터져 나오는 현실은 수쿠크법의 문제 이전에 개신교 자체의 문제를 암시하는 것일 수 있다.

밀로라드 파비치의 소설 『카자르 사전』은 7~9세기에 흑해와 카스피 해 일대를 지배하다 역사에서 자취를 감춘 카자르 제국의 이야기인데, 카자르 군주君主의 꿈을 둘러싼 기독교·유대교·이슬람교 사이의 논쟁과 군주의 개종改宗을 계기로 카자르의 종교·언어·민족이 모두 사라져버린다는 줄거리다. 군주가 어떤 종교로 개종했는지는 분명치 않고 또 중요하지도 않다. 어느 한 종교가 정치권력화하면 종교나 언어는 물론 국가와 민족마저도 소멸될 수 있다는 섬뜩한 경고로 읽힌다.

오늘의 대중사회에서 제도종교들은 유권자의 표票를 결집시키는 정치적 힘을 가지고 있다. 그러나 정치세력화한 종교는 비신앙적일 뿐 아니라 헌법의 정교政敎분리 원칙에도 어긋난다. 영성靈性은 법과 상식을 초월하는 것이지만, 그렇다고 해서 종교의 사회적 발언이나 행동이 상식을 무시해도 좋다는 뜻은 아니다.

무릎 꿇고 통성기도를 하든, 고개 숙여 묵상默想기도를 하든, 그것은 개인의 종교적 자유에 속하는 일이다. 그러나 특정 종교의 공개된 행사장에서 국가원수를 무릎 꿇게 하는 것은 비종교인이나 일반 국민에게 '권력의 종교편향'이라는 의혹을 불러일으킬 수 있다. 논리가 아니라 정서情緖의 문제다. 사회와의 소통에서 종교인들이 보다 세심하게 배려해야 할 대목이다. 그것도 이웃 사랑의 하나다. 동시대인들과 소통하지 못하면서 어찌 영원의 신과 소통할 수 있겠는가?

파스칼의 말이 아니더라도, '무릎 꿇리기'는 권위와 복종의 상징적 의례儀禮로서 떨치기 어려운 매력을 지니고 있다. 정통의 종교에서만이 아니다. 우상의 세계도 다르지 않다. 사탄은 예수마저 무릎 꿇리려 하지 않았던가?⁽마태 4⁾

옷을 찢고 울부짖으며 기도하던 유대인들은 "옷을 찢지 말고 마음을 찢으라."는 신의 질책을 들었다.⁽요엘 2⁾ 무릎을 꿇기보다 마음을 꿇으라는 뜻이다. "나는 특별한 기도의 자세를 모른다. 앉든지 서든지 무릎을 꿇든지, 아무 지장이 없다. 나는 말을 하지 않는다. 하나님이 말씀하신다." 인도의 성자聖者 선다싱S. Sundarsingh의 기도론祈禱論이다. 그는 말한다. 기도는 무릎이 아니라 마음인 것을….

(2011. 03. 15.)

7 쓰나미와 우상숭배

　지난달 일본 대지진 참사 소식을 처음 접하던 순간, 괜한 걱정 하나가 머리를 스쳤다. 2004년 인도네시아에 쓰나미가 들이닥치자 냉큼 '하나님의 심판'이라고 내뱉은 어느 목회자의 설교가 기억에 떠올랐기 때문이다. 아니나 다를까, 개신교 원로 한 분의 입에서 걱정스럽던 한마디가 종내 흘러나오고 말았다. "우상숭배, 무신론, 물질주의로 나간 일본 국민에게 하나님이 내린 경고라고 생각된다."

　저 숱한 희생자들에게는 안타깝게도 그 경고가 때늦은 것일 터인즉, 하나님은 그 고귀한 생명들을 살아남은 일본인들에 대한 경고의 '수단'으로 사용한 셈이 되겠다. 이것이 그 원로 목회자가 '사랑의 하나님'이라고 고백하는 신의 모습인가?

자연재해가 수많은 생명을 덮칠 때마다 우리는 근본적인 질문 하나와 마주치곤 한다. "전능한 신, 자비의 하나님은 왜 자신의 피조물들을 처참한 고통 속에 방치하시는가?" 이 오래된 질문에는 역시 오래된 대답 하나가 에피쿠로스에 의해 이미 준비돼 있다. "신이 있다면, 세상의 악은 어디서 오는가? 신이 악을 제거할 의지가 없다면 선하지 않고, 악을 제거할 능력이 없다면 전능하지 않다. 선하지도 않고 전능하지도 않다면, 그를 왜 신이라 불러야 하는가?"

경건한 신앙인의 마음에도 의혹은 찾아든다. 예수회 신부인 테야르 드샤르댕은 '숨어있는 신Deus Absconditus'을 향해 이렇게 절규했다. "신이여, 진정 당신이 계시다면, 절망 속에서 구원을 호소하는 피조물들에게 당신이 해주실 일은 당신의 눈빛을, 당신의 옷깃을 흘깃 보여주는 것뿐입니다. 그런데도 당신은 왜 마다하십니까?" 끝없는 시련의 역사 속에서 사람들은 홀연히 하늘을 가르고 모습을 드러낼 초월자는 없다는 절망의 지식을 유전자처럼 간직하게 되었다.

그러나 계시啓示의 빛은 뜻밖의 곳으로부터 비쳐온다. "신은 사람들이 서로를 보살필 마음을 품을 정도만큼만 당신을 알 수 있도록 허락하셨나 보다. 우리가 하늘에 너무 매혹돼 이 땅에 흥미를 잃지 않도록…." 가난하고 소외된 사람들을 위한 불꽃 같은 헌신의 삶으로 '붉은 처녀'라는 별명을 얻은 시몬 베유는 고난의 역경 속에서 '서로를 위로하고 따뜻이 보살펴주는 인간애人間愛'의 희망을 헤집어냈다. 독실하다는 신자들이 '심판'밖에 읽어내지 못하는 저 끔찍한 불행으로부터.

지진·쓰나미·방사능의 세 겹 재난으로 허우적거리는 이웃나라에 거침없이 '경고·심판'이라는 으스스한 해석을 들이민 도그마티스트dogmatist들은 다음과 같은 딜레마에도 답변할 수 있기 바란다. "자연재해에서 살아난 신자들은 신의 자비 덕분에 살아남았다고 감사한다. 그 자비로운 신이 요람에 누운 아기들을 재난 속에서 죽였다."(샘 해리스,『기독교 국가에 보내는 편지』)

참혹한 쓰나미의 현장에 가장 먼저 달려간 우리 구조대원들의 갸륵한 발걸음이, 평생의 한恨을 잠시 접고 일본인들에게 위로의 뜻을 전한 종군위안부 할머니들의 어진 마음이, 방사능 구덩이에서 음울하게 어른거리는 독도 야욕野慾에 분노하면서도 도움의 손길을 거두지 않는 휴머니즘의 향기가 저 섬뜩한 심판론, 우상숭배론의 설교보다 더 큰 깨달음으로 다가온다.

무엇이 우상인가? 우상숭배를 금하는 십계명은 우상을 섬기는 이교도異敎徒에게 주어진 것이 아니라 하나님을 섬기는 이스라엘 백성에게 주어진 것이다. 입으로는 하나님을 부르면서 삶으로는 물신物神을 따르는 혼합신앙이 곧 우상숭배다(마태 6). 성공과 풍요의 기복祈福으로 소란한 어떤 교회들이야말로 그 혼합신앙의 제단이 아닌가? 무엇이 유물론이고 물질주의인가? 나눔을 외면한 채 끼리끼리 호의호식하는 '부르주아 크리스천'들이야말로 유물론의 실존을 살아가는 사람들이 아닌가?

쓰나미가 정녕 우상숭배에 대한 징벌이라면, 우리 또한 그 징벌에서 멀지 않음을 근심해야 할 것이다. 자연의 신비, 초자연적 섭리 앞에 겸허히 머리 숙여 우리들 자신의 삶부터 깊이 성찰할 일이다. 종교 권력을 둘러싼 법정싸움이 부끄럽지도 않은가? 이웃의 불행을 굳이 '죄와 벌의 인과因果'로 해석하고 싶은 종교인들에게 예수는 이런 말씀을 남겼다. "실로암의 탑이 무너져 깔려 죽은 열여덟 사람이 (신성한 성전과 대제사장이 있는) 예루살렘의 모든 사람들보다 죄가 더 많은 줄로 아느냐?"(누가 13)

(2011. 04. 04.)

8 슬픈 크리스마스

광야의 양치기들로부터 축하를 받으며 탄생한 예수는 광야의 사람 요한에게서 세례를 받은 뒤, 광야에서 악령의 유혹을 이겨낸다. 산과 들과 호숫가를 떠돌며 가난하고 소외된 이들에게 신의 음성을 들려주던 예수는 마침내 예루살렘 성문 밖 광야 어귀에 있는 골고다에서 십자가에 못 박힌다. 예수의 자리는 화려한 궁궐이 아니라 거친 광야였다.

선거철이 가까워오자 엉뚱하게도(?) 종교인들의 발걸음이 분주하다. 제행무상諸行無常을 가르치는 스님이 정치권의 멘토가 되어 바쁘게 움직이고, 영성靈性 깊은 목사님들은 기독교정당을 창당했다. 그러나 정작 예수 자신은 기독교정당의 등장을 달갑게 여기지 않을는지도 모르겠다. 예수를 따르는 군중이 그를 왕으로 추대하려 하자 예수는 그 기막힌 정치적 기회를 뿌리치고 군중을 멀리 떠난다.

"너희가 화려한 옷을 입은 사람을 보려고 광야에 나갔더냐? 그 사람은 왕궁에 있다."(마태 11) 이것이 예수가 제시한 광야와 궁궐, 신앙과 정치의 날카로운 대조다. 헤롯의 왕궁, 총독 빌라도의 궁정, 산헤드린 공의회에 소환된 예수의 자리는 높은 귀빈석이 아니라 초라한 피고인석이었다. 그 피고인은 이렇게 선언한다. "내 나라는 이 세상에 속하지 않았다!"(요한 18)

기독교정당의 강령 중 하나가 종북세력으로부터 나라를 지키는 것이라고 한다. 나름의 애국심일 수 있다. 그러나 조국이 로마의 압제로 신음하던 시절, 예수는 열심당Zealot 같은 정치적 결사結社에 가담하지 않았다. '카이사르(로마황제)에게 세금을 낼 것인가.'라는 정치적 질문에도 예수는 "카이사르의 것은 카이사르에게, 하나님의 것은 하나님에게"라는 신앙의 가르침으로 답했다. 오늘날 같으면 당장 '조세租稅 주권을 외적에게 팔아먹는 매국노'로 내몰리지 않을까?

중세의 교황정치는 유럽을 암흑시대로 몰아넣었고, 장 칼뱅의 제네바 통치는 이단 처형의 핏빛으로 얼룩졌다. 역사의 어느 모퉁이에서도 카이사르의 것과 하나님의 것을 모두 거머쥔 사제司祭정치가 성공한 예를 찾을 수 없다. 오직 저 광야에서 울려오는 공의公義의 외침만이 세속권력을 두렵게 만들었을 따름이다.

1971년 12월, 한겨울 추위처럼 음산한 국가비상사태하의 성탄절 전야前夜, 유신체제로 치닫는 정치권력을 준열하게 꾸짖던 고 김수환 추기경의 크리스마스 메시지를 나는 아직도 잊지 못한다. 굴절된 역사의 고비마다 시대정신을 일깨우던 그의 목소리가 기독교정당 열 개보다 더 큰 힘이 있었다. 거리와 광장에서 촛불 한 번 켜든 적이 없었던 추기경의 목소리가.

갈등과 대립, 분노와 증오의 먹구름으로 뒤덮인 우리 사회에 위로의 빛, 치유의 소금으로 다가가야 할 교회들이 이 정권 초기부터 사회 갈등의 한 축으로 자리 잡았다. 대통령과 교회지도자들의 공동책임이지만, 누구도 진솔한 뉘우침의 자세를 보인 적이 없다. 더욱이 교계 일부의 비리·탈선은 거의 절망적이다. 이름난 대형교회의 목회자들이 횡령·배임·폭력·추행 따위의 의혹으로 고소 사태에 휘말리는 실정이다.

고뇌의 밤을 뒤척이고 참회의 새벽을 열어도 아쉬운 터에 납세 의무에서 자유를 누리는 성직자들이 정당을 만들어 나랏일까지 떠맡아야 할까? 독일에도 기독교민주당이 있지만, 독일 국민의 65%가 교회세敎會稅를 내는 신자일 뿐 아니라 국가로부터 최소한의 보수를 받는 독일의 성직자들이 종교의 직을 지닌 채 직접 정치에 뛰어드는 일은 거의 없다.

예수교장로회와 기독교장로회가 갈라서자 "예수와 그리스도

⁽기독⁾가 싸운다."는 야유를 받다가, 예수교장로회가 다시 통합파와 합동파로 나뉘자 "분열의 이름이 하필 통합이고 합동이냐."라는 비판을 들었던 것이 한국 교회의 아픈 역사다. 개신교의 뿌리인 종교개혁 정신이 오늘의 한국 교회에 요구하는 것은 기독교정당이나 정치종교인의 활약이 아니라 교회와 목회자들 자신의 엄중한 신앙개혁, 뼈를 깎는 자기혁신일 것이다. 사제나 승려의 옷을 입은 채 장외場外에서 실질적인 정치활동을 벌여오고 있는 교조적敎條的 이념의 종교인들에게도 깊은 성찰이 요청된다.

왕관을 거부하고 가시관을 쓴 채 죽어간 광야의 예수를 '만왕의 왕'으로 고백하는 것이 기독교신앙일진대, 고백과는 정반대로 '광야를 버리고 의사당으로' 달려가려는 종교인들의 정치실험이 뿌리 깊은 사회적 불신을 극복하고 성공할 가능성은 희박해 보인다. 실패의 예감은 그나마 다행(?)이지만, 실패가 '다행'으로 여겨지다니 이런 '불행'이 있는가? 그 쓸쓸한 엇갈림 속에 크리스마스가 슬프게 다가온다.

(2011. 12. 19.)

9 아름다운 퇴장

바티칸의 시스티나 성당 굴뚝에서 8년 만에 흰 연기가 피어올랐다. 콘클라베가 새 교황으로 선출한 아르헨티나의 베르고글리오 추기경이 발코니에 나타나 축복의 성호를 긋자 성 베드로 광장에 모인 군중은 환호하며 외쳐댔다. "비바 일 파파!"

남미의 부조리한 현실에서 싹튼 해방신학은 폭력적 계급투쟁의 혁명이념과 손잡으면서 신앙의 바탕을 스스로 상실하고 말았지만, 가난하고 억눌린 사람들에 대한 종교의 사명에 새로운 성찰의 눈을 뜨게 만들었다. 남미 출신의 예수회 수도사로 최초의 교황이 된 베르고글리오 추기경은 첫 기자회견에서 '가난한 이들을 위한 가난한 교회'를 강조했다. 대주교 시절에도 관저를 마다하고 작은 아파트에서 생활했다는 새 교황은 즉위명을 프란치스코로 택했다. '평화의 도구'가 되기를 기원하며 낮은 곳, 소외된 자리를 찾아 나눔과 섬김을 실천했던 아시시의 성인, 그 사랑 가득한 이름에서 목자牧者의 신실한 영적 아우라가 느껴진다.

신임 교황 프란치스코는 지난 2월 고령으로 직무 수행이 어렵다면서 갑자기 사임한 베네딕토 16세의 후임이다. 교황의 사임은 가톨릭 역사상 단 세 번에 불과할 만큼 매우 드문 일이다. 1294년에 최초로 사임한 첼레스티노 5세는 깊은 신앙과 청빈한 삶으로 많은 신자들의 존경을 받은 수도사였는데, 그는 교황이 되어서도 궁정의 전용 침실을 쓰지 않고 교황청 안에 따로 지은 오두막에서 지냈다고 한다. 새 교황 프란치스코의 행적과 퍽 닮았다.

그러나 신앙심만으로는 음습한 권력의 세계를 헤쳐 나가는 일이 꽤나 어려웠던 모양이다. 나폴리와 아라곤, 프랑스와 잉글랜드 사이에서 정치적으로 줄곧 시달리던 첼레스티노 5세는 취임 5개월 만에 고령과 건강을 이유로 교황의 옥좌에서 스스로 내려왔다. 아마도 진짜 이유는 세속화된 교황직에 대한 혐오감 때문이 아니었을까. 로마의 계관시인 페트라르카는 교황의 사임을 미덕으로 칭송했지만, 열렬한 교황 숭배자인 문호 단테는 첼레스티노 5세가 교황직을 함부로 떠났다는 이유로 『신곡』에서 그를 지옥에 떨어뜨렸다. 그러나 단테가 첼레스티노 5세를 만나려면 지옥이 아니라 천국에 가야 하지 않을까.

아름다운 퇴장은 화려한 등장보다 훨씬 더 값지고 소중하다. 남아프리카공화국의 넬슨 만델라 전 대통령은 아름다운 퇴장의 모범을 보여준 대표적 인물이다. 그는 80%가 넘는 국민의 지지와 주변의 강력한 연임 권유를 뿌리치고 임기 5년의 단임 대통령으로 물러났다. 만델라는 이런 퇴임사를 남겼다. "이제 고향으로 돌아가 나를 키워준 계곡과 언덕, 시냇가를 거닐고 싶다." 마치 도연명의 귀거래사를 듣는 듯하다. "오직 자연의 섭리에 따라 돌아갈 뿐, 하늘의 뜻을 즐겨 받드니 무엇을 의심하고 주저하랴聊乘化以歸盡 樂夫天命復奚疑."

이달 초에 퇴임한 전 중앙선거관리위원장은 다른 공직에는 눈길도 주지 않고 아내가 운영하는 편의점에서 직원처럼 허드렛일을 하고 있다. 청백리의 반듯한 몸가짐에서 우러나는 감동이 뭉클하다. 반면에, 너무 많은 것을 거머쥐고 온갖 특혜를 누려온 사람들이 고위 공직 후보자로 나섰다가 국민에게 분노와 좌절감을 안겨준 일이 얼마나 많았던가.

싸구려 엽색소설 같은 성 접대 동영상 파문이 걷잡을 수 없이 번지고 있다. 동영상의 주인공으로 지목된 법무부 차관은 결국 사임했다. 사실 관계는 아직 정확하게 알 수 없지만, 명예로운 퇴장과는 거리가 한참 멀다. 탐욕과 부패에 찌든 특권층을 바라보는 서민들의 가슴엔 피멍이 맺힌다. 국민통합은 지갑이 아니라 가슴에서 시작된다. 물질적 복지의 확대보다 더 시급한 것이 심리적 양극화의 벽을 허무는 일이다.

　자신의 부귀만으로는 성이 차지 않았는지, 부富와 권력을 세습하고 심지어 성직의 강단마저도 대물림하는 기막힌 세상이다. 저들이 따른다는 십자가는 '버림'이 아니라 '누림'이었던가. 수천억 원대의 건물을 짓고 있는 어느 대형교회에서는 담임목사의 학위 논문 표절 의혹이 사실로 드러났다. 다른 것도 아닌 신학박사 학위논문이라니, 그 신학에는 대체 어떤 신앙이 담겨 있을까.

　버릴 때, 물러날 때, 내려놓을 때를 아는 지도층이 두터운 사회일수록 건강하다. 전임 교황의 사임을 두고 성추문과 부정부패 등 바티칸의 추잡한 현실 때문이었다는 외신보도가 나왔지만, 명예롭게 물러나 '명예교황'의 칭호를 얻은 베네딕토 16세 자신은 재임 때보다 더 충만한 영성의 은총을 체험하고 있지 않을까. 그의 아름다운 퇴장과 '낮은 곳'을 지향하는 새 교황의 등장으로 바티칸에 역동적인 교회개혁의 길이 열리기를 기대한다.

(2013. 03. 25)

10 소금을 지니고 화목하라

영국의 식민지였던 인도의 독립은 뜻밖에도 소금에서 나왔다. 간디가 이끈 소금행진이 인도 독립투쟁의 기폭제가 된 역사적 사실을 지적하는 뜻만이 아니다. 그보다는 소금 같은 간디의 인격, 그 고결한 성품을 가리켜 하는 말이다.

인도의 모든 염전을 강탈해 소금의 생산·판매권을 독점한 영국은 인도의 바닷물과 인도의 노동력으로 생산된 소금을 인도인들에게 비싼 값으로 되팔아 막대한 이익을 착취했을 뿐 아니라, 무거운 소금세를 부과해 식민지 인도를 철저히 수탈했다.

맨주먹의 평화적 시위로 일제日帝에 항거한 우리 민족의 3·1독립항쟁에 큰 감명을 받은 것으로 전해지는 모한다스 카람찬드 간디 변호사는 마침내 소금세 폐지 투쟁에 나선다. 1930년 3월 12

일 간디는 70여 명의 동지와 함께 역사적인 소금행진의 첫발을 내딛는다. 아메다바드를 떠나 장장 360km를 맨발로 걷는 동안 영국 경찰의 곤봉세례를 무수히 받고 기마대의 말발굽에 짓밟혔지만, 수천 명으로 불어난 행렬은 피를 흘리고 쓰러지면서도 멈출 줄 몰랐다. 소금은 단순한 조미료가 아니었다. 그것은 제국주의의 불의에 맞서는 강력한 무기였다.

행진 24일째인 4월 6일 새벽, 단디 해변에 도착한 간디가 염전 바닥에서 한 움큼의 볕소금을 건져 올리자 그 뒤를 이어 수천의 손길들이 다투듯 소금을 집어 들었다. 비록 한줌씩에 불과한 소금가루였으나, 그 작은 가루에 담긴 힘은 총칼보다 더 강했다. 그 후 인도의 모든 해변은 인도인들 자신의 소금 생산장으로 돌아온다.

영국 배우 벤 킹슬리가 주연한 영화 '간디'는 소금행진의 처절한 모습을 생생하게 그려냈다. 앞줄이 영국 경찰의 철제 곤봉에 맞아 쓰러지면 뒷줄이 그 자리를 메우면서 파도처럼 끝도 없이 이어가던 무저항의 행렬…, 그 핏빛 소금밭에서 정작 두려움을 느낀 쪽은 비非문명의 간디 일행이 아니라 문명의 강국, 광기 서린 대영제국의 진압경찰이었다.

간디의 비폭력 무저항 투쟁을 사티아그라하satyagraha라고 부른다. '진실에 대한 확신'이라는 뜻이다. 사티아그라하는 증오의 불길로 타오르는 무력투쟁이 아니라 마음을 녹여 감화感化시키는 영혼의 절규였지만, 결코 무기력한 싸움이 아니었다. 역사상 그처럼 강력한 투혼鬪魂도 드물었다. 사티아그라하는 진실에 대한 확신으로부터, 힌두이즘의 영성靈性에 뿌리박은 내면의 열정, 그 아힘사ahimsa로부터 솟아오른 것이기에…. 아힘사는 어떤 생명에게도 해를 끼치지 않는 보편적 사랑, 곧 관용과 상생相生의 도덕률을 의미한다. 간디는 자신의 신념을 이렇게 고백했다. "아힘사는 내 신앙의 제1조이며 내 강령의 마지막 조항이다."

　모든 종교를 향해 마음을 활짝 열었던 간디가 종교분쟁의 희생제물이 된 것은 기막힌 아이러니다. 오랫동안 서로 물고 뜯던 힌두교도와 이슬람교도의 갈등은 끝내 인도와 파키스탄의 분리 독립으로 이어졌고, 두 종교의 화해를 위해 애쓰던 간디는 힌두교 광신자의 총탄에 쓰러지고 말았다. 눈먼 도그마들의 싸움 한복판에서 평화의 제단에 목숨을 바친 간디는 희생과 정화淨化의 짜디짠 소금이었다.

　인도의 화폐에는 간디의 초상이 인쇄되어 있고, 인도의 모든 도시에는 그의 동상이 서 있다. 그러나 그 초상, 그 동상들보다 더 선명하게 간디의 모습이 아로새겨진 곳은 바로 인도인들의 마음이다. 영국인들로부터 '소금 도둑'이라는 별명을 얻은 간디에게 시인 타고르는 '위대한 영혼'이라는 뜻의 '마하트마' 칭호를 헌정했다.

오늘의 우리는 남북으로 나뉜 반쪽 땅덩어리에서조차 이념·세대·지역·계층에 따라 이리 찢기고 저리 갈라진 분열의 시대, 극단의 세태를 살고 있다. 4·11 총선으로 팽팽하게 짜인 새 정치판은 대선을 앞두고 어느 때보다도 격렬한 정권쟁탈전을 벼르는 중이다. 승냥이 떼의 먹이다툼처럼 사나운 패거리 싸움이 또다시 되풀이된다면, 지구상의 유일한 분단국가인 이 나라가 또 어떤 반목反目의 수렁에 빠져들어 돌이킬 수 없는 퇴보의 길을 걷게 될지 알 수 없다. 소금처럼 녹아 스스로를 해체함으로써 위기의 공동체를 살려낸 간디의 아힘사, 그 관용과 화해의 윤리가 이 땅의 각박한 현실에 소금처럼 녹아들기를 갈망하는 이유다.

82년 전의 소금행진, 그 숭고한 희생과 헌신의 발걸음은 인류의 마음속에서, 오고 오는 역사 속에서 지금도 힘겨운 평화의 여정旅程을 이어가고 있다. 소금행진이 단디 바닷가에 발을 멈춘 4월의 아침, 따사한 햇살과 함께 성서의 한 구절이 계시처럼 찾아든다. "소금을 지니고 서로 화목하여라."(마가 9)

(2012. 04. 30.)

11 추석의 기도

해마다 추석 무렵이 되면, 내 허전한 가을을 웅숭깊은 경건敬虔으로 채워주는 성찰의 기구祈求가 떠오르곤 한다.

"가을에는/ 기도하게 하소서/ 낙엽들이 지는 때를 기다려 내게 주신/ 겸허한 모국어로 나를 채우소서/ 가을에는/ 사랑하게 하소서/ 오직 한 사람을 택하게 하소서/ 가장 아름다운 열매를 위하여 이 비옥한/ 시간을 가꾸게 하소서/ 가을에는/ 호올로 있게 하소서/ 나의 영혼/ 굽이치는 바다와/ 백합의 골짜기를 지나/ 마른 나뭇가지 위에 다다른 까마귀같이"(김현승,「가을의 기도」)

봄을 찬미한 시인도 많고 여름의 정열이나 겨울의 스산한 아픔을 토해낸 노래도 적지 않지만, 계절의 모퉁이를 휘돌아 나온 가을바람만큼 영혼의 더듬이를 곤두세우는 유혹이 또 있을까. 풍족

한 영혼이 아니라 가난한 영혼의, 그 고독한 넋의.

"가을에는 기도하게 하소서" 고독하기에 절대자를 찾고, 가난하기에 진실한 위로를 갈구한다. 진실의 시간은 낙엽이 지는 때를 기다려 홀연히 찾아든다. "새도 죽을 때는 지저귐이 애달프고, 사람도 죽음 앞에서는 말이 착하다." 증자曾子의 격언이다. 죽음에 임박한 사람의 진술에 높은 증명력을 부여하는 법정法廷의 지혜는 삶의 종말에서 진실을 거스르기 어려운 인간의 본성을 신뢰하기 때문일 것이다. 낙엽의 때에 이르면, 누구나 마음속 깊이 묻힌 '겸허한 모국어'를 끄집어내기 마련이다. 오래도록 잊었던 태胎의 소리, 거짓이 끼어들 틈이 없는 절절한 고백을. 아, 사랑 말고 또 무슨 절절한 고백이 있을까.

"가을에는 사랑하게 하소서" 비옥한 시간을 바쳐 경작하는 가장 아름다운 열매, 그것은 아마도 사랑의 품성이 아닐까. 무엇이든지 사랑 없이는 숨을 쉴 수도, 성장할 수도 없는 법이기에.

오직 한 사람을 택하는 까닭은 다른 이들을 배척하려는 뜻이 아니다. 그 한 사람 안에서 모든 사람을 만나기 위해서다. "나는 온 대중을 구원하려 하지 않는다. 다만 한 개인을 바라볼 따름이다. 나는 한 번에 오직 한 사람만을 사랑할 수 있을 뿐이다." 뭇사람을 위해 헌신한 테레사 수녀의 말이다.

사랑의 고백이 절실하려면 그 대상이 구체적이지 않으면 안 된다. 구체적 관계성이 모호한 '국민 사랑'이니 '보편적 인류애'니 하는 말들은 한낱 입에 발린 정치적 구호에 불과할는지도 모른다. 만인을 사랑한 예수는 이렇게 가르쳤다. "지극히 작은 사람 하나에게 한 것이 곧 내게 한 것이요, 지극히 작은 사람 하나에게 하지 않은 것이 곧 내게 하지 않은 것이다."(마태 25)

그 작은 한 사람으로 인해 우리는 비로소 모든 생명과 연관된 상생相生의 자리에 이른다. 오직 한 사람을 사랑하기 위하여, 그 한 사람 안에서 뭇사람과 숨결을 나누기 위하여, 가을의 영혼은 마침내 아득한 초월의 문을 두드린다. "가을에는 호올로 있게 하소서"

가을은 추석의 계절…. 추석은 우리에게 고향이고 조상이며, 역사이자 자연이다. 해마다의 추석이 소중한 이유는, 메마른 일상을 잠시 멈추고 조상의 흰 뼈가 시퍼런 역사로 누워 있는 자연으로 돌아가 우리의 누추해진 삶을 정갈하게 씻어낼 수 있기 때문이리라.

이번 추석에도 많은 사람이 산을 넘고 들을 건너 고향을 찾을 것이다. 추석의 밥상머리에선 대통령 선거를 화제로 이야기꽃을 피울 테지만, 조상의 무덤 앞에 엎드리면 누구나 경건한 고독에 잠길 것이다. 마른 나뭇가지 위에 다다른 까마귀같이, 치열한 고독의 무덤 앞에서 삶과 죽음의 의미를 성찰할 것이다. 격랑처럼 굽이치던 고뇌의 세월, 백합처럼 순수했던 명상의 언저리를 서성이며, 아직도 탐욕의 굴레를 벗지 못한 자신의 초라한 모습에 마음 아파할 것이다. 모질고 각박했던 언행들, 종내 내려놓지 못한 자기애自己愛, 그 덧없는 욕망을.

대통령 선거가 두어 달 앞인데, 정책이나 비전은 보이지 않고 온통 비방과 헐뜯기뿐이니 추석의 명상이 깊을 턱이 없다. 혈연의 울타리에 갇힌 역사의식, 증오 서린 편 가르기의 선동, 무덤 앞에서 으르렁거리는 과거 싸움…. 금도襟度를 잃은 권력쟁탈전이 가을의 고독과 성찰을, 추석의 자연과 역사를 어지럽히고 있다. 어느 무덤인들 영욕榮辱의 기억에서 자유로울 수 있으랴. 머리를 조아리지 않을 무덤이 어디 있으랴.

호올로 있는 가을, 온갖 은원恩怨을 품어 안은 조상의 무덤가에 이르러, 까마귀만도 못한 내 미숙한 넋일망정 감히 마른 나뭇가지 위를 우러르며 추석의 기원을 읊조려야겠다. "기도하게 하소서. 사랑하게 하소서. 나의 영혼, 호올로 있게 하소서."

(2012. 09. 24.)

12 텅 빈 충만

 "산골에서 혼자 무슨 재미로 사세요?" 누군가의 물음에 법정 스님은 이렇게 대답했다. "시냇물 길어다 차 달여 마시는 재미로 살지요." 아무 재미가 '없는' 산골도 스님에게는 그윽한 재미가 '있는' 곳이었다. 스님은 "크게 버리는 사람만이 크게 얻을 수 있다."는 모순의 말도 남겼다. 무소유의 스님은 무엇을 크게 얻으려 했던가?

 "만약 인간의 역사가 소유사에서 무소유사로 방향을 바꾼다면, 아마 싸우는 일은 거의 없을 것이다." 서로가 더 많은 것을 소유하려는 진흙탕 싸움의 무명세계無明世界에서 스님은 '비어있으나 충만한' 무소유의 삶으로 마음의 평화를 소유했다. 봄꽃처럼 소담하고 질항아리처럼 담박했던 스님의 무소유에서 단지 '소유의 없음'이라는 부정의 뜻만을 건져 올리기에는 그분이 남긴 삶과 죽음의 무게가 너무도 둔중하다. 주제넘지만, 그 부정을 뛰어넘어 '무無를 소유한 무소유'라는 낯설고 새로운 긍정, 그 '텅 빈 충만'의 모순을 조심스럽게 더듬어본다.

'무'가 무엇이던가? 개에게 불성이 있는가라는 물음에 조주선사는 '무'라고 대답했다. 조주의 무자화두는 『무문관無門關』(중국 남송의 선승 무문혜개의 공안 모음집) 제1칙이 '오직 이 하나의 무자只者一箇無字'라고 했을 만큼 의미심장한 궁극의 본참공안本參公案으로 전해진다. 그 조주에게 제자가 물었다. "가져온 것이 아무것도 없는데 어찌해야 합니까?" 스승이 답한다. "내려놓아라放下着." "아무것도 없는데 무엇을 내려놓으란 말입니까?" "그럼 짊어지고 가거라擔取去." 다른 제자가 말했다. "제 마음은 실오라기 하나 걸치지 않았습니다." 조주가 일갈한다. "굉장한 것을 걸치고 있구나!" 모두 버렸다는 생각, 실오라기 하나도 걸치지 않았다는 생각 자체가 이미 많은 것을 지니고 있음을 뜻한다. 화두의 깊은 뜻을 알 턱이 없는 속인의 눈으로도 아직 '무'에 이르지 못했음을 어렴풋이 짐작하겠다.

『무소유』, 『텅 빈 충만』, 『오두막편지』 등 수많은 스테디셀러를 쓴 법정 스님은 상당한 액수의 인세를 가난한 이들에게 소리 없이 나눠주고는 그 일을 깨끗이 잊었다고 한다. 남을 도왔다는 생각마저도 놓아버린 스님의 무소유는 일체의 분별심을 깨뜨리는 저 궁극의 본참공안 '무'를 소유한 무소유, 그 '텅 빈 충만'의 자리가 아닐까? 8만 4,000의 법문을 설파한 부처가 "나는 한마디도 설법한 일이 없다."고 말했듯이, 근본에 이르는 길과 방편은 말, 글에 담을 수 있어도 근본 그 자체는 불립문자不立文字요 언어도단 言語道斷이라, 도저히 필설로 나타낼 수 없을 터인즉 "그동안 풀어놓은 말빚을 다음 생으로 가져가지 않도록 내 책들을 모두 절판해 달라."는 스님의 유언이야말로 그대로 부처의 마음이자 '무'의 경지일 것이다. 절판에 따르는 복잡한 법률적·경제적 이해관계는 남은 이들의 몫이다.

말사의 주지 한 자리도 지낸 적 없고 자신이 세운 절에서조차 머무른 일이 없었던 스님은 스스로 몸담고 있는 불교계의 현실을 몹시 마음 아파했다. "자칭 견성見性했다는 사람들은 많아도 그 영향이 산문이나 자기 집 담장 안에서만 통용되고 있다면 그건 대개가 사이비다. 뭘 알았다고 큰소리치는 사람치고 온전한 사람은 없다.", "요즘은 어떤 절이나 교회를 물을 것 없이 신앙인의 분수를 망각한 채 호사스럽게 치장하고 흥청거리는 것이 유행처럼 되고 있는 현실이다." 이 어찌 불자에게만 해당되는 일이랴? 산상수훈의 설교들은 넘치도록 쏟아내면서도 산상수훈의 삶은 좀처럼 보여주지 못하고 있는 이 시대의 종교인들이 뼈아프게 새겨들어야 할 말이다.

소유를 범죄처럼 생각했던 간디에게 깊이 공감한 법정 스님은 관도, 수의도 없이 평소에 입던 가사 그대로 걸치고 좁은 평상에 누운 채로 다비茶毘의 불길에 들어갔다. 그 흔한 꽃도, 만장도, 추모사도, 임종게臨終偈도, 아무것도 없었다. '없는 것'들이 그토록 많이 '있었다!' 무소유의 끝자리는 말 그대로 '텅 빈 충만'이었다. 마지막 길을 모신 호사스러운 캐딜락만이 그 충만을 약간 시샘(?)했을 따름이다.

"빈 마음이 우리의 본마음이다. 마음을 텅 비우고 있어야 거기 울림이 있다. 울림이 있어야 삶이 신선하고 활기 있는 것이다."
빈 마음, 무소유의 삶으로 궁극의 '무'를 소유했던 법정 스님은 종내 그것마저 훌훌 놓아버리고 스스로 '무'가 되어 본래무일물本來無一物의 자리로 돌아갔다. 그러나 스님이 남긴 무소유, 그 텅 빈 충만은 신선하고 활기 있는 큰 울림으로 늘 우리 곁에 남아있을 것이다.

(2010. 03. 22.)

V

역사를 돌아보며 문화를 생각하다

1. 연아와 아사다의 동반점프
2. 죽음의 혼, 귀태의 환생
3. 어느 이방인의 슬픈 초상
4. 이 시대의 시일야방성대곡
5. 어제도 오늘도 수난의 노래
6. 민초들의 3·1절
7. 1월의 행진
8. 기다림, 그 소망의 분투
9. 말, 인격, 국격
10. "나의 살던 고향은"
11. 돈벌이 인문학
12. 메밀꽃 필 무렵
13. 그리움을 위하여

1 연아와 아사다의 동반점프

소치 겨울올림픽에서 석연찮은 판정으로 은메달에 머물게 된 김연아 선수는 편파 판정 의혹을 한마디로 일축했다. "금메달은 더 절실한 사람에게 간 것이라고 생각한다." 2010년 밴쿠버 올림픽에서 감격의 금메달을 목에 건 뒤 2연패를 달성하기 위해 허리뼈가 뒤틀리고 발가락이 오그라드는 고통을 참아가며 4년 동안 고된 훈련을 거듭해온 젊은이의 말이라고는 믿기지 않는다. 원숙한 품격이 배어나는 금메달감의 웅변이었다.

피겨 팬뿐만 아니라 우리 국민 모두에게 감동과 희망을 안겨준 김연아 선수는 스포츠 신화에 여신女神의 이름을 새기고 은퇴했다. 생상스의 '죽음의 무도舞蹈', 림스키-코르사코프의 '셰헤라자데'가 흐르는 빙판 위를 꽃나비처럼 날아다니던 김연아의 스케이팅은 그야말로 숨 막히는 전율의 무도, 아라비아의 왕비처럼 우아하고 이채異彩로운 춤이었다. 스물세 살의 어엿한 숙녀를 그냥 '연아'라고 불러도 어색하지 않을 만큼 그녀는 살갑도록 친숙한 우리네의 딸이요 조카이며 언니이자 동생이다.

연아의 10년 라이벌인 일본의 아사다 마오 선수는 소치에서 천국과 지옥을 오르내렸다. 쇼트에서 엉덩방아를 찧고 16위까지 밀렸던 아사다는 프리에서 완벽한 트리플 액셀을 펼치며 종합 6위를 기록했다. 아사다는 이렇게 회고한다. "김연아는 대단히 훌륭한 선수다. 내 스케이트 인생에서 하나의 좋은 추억이 아닌가 생각한다." 연아 역시 "아사다 마오가 없었다면 내가 이렇게까지 성장할 수 없었을 것"이라고 덕담을 건넸다.

연아의 뒤에 어머니를 비롯한 온 가족의 눈물겨운 보살핌과 희생이 있었던 것처럼 아사다에게도 가슴 저미는 어머니의 사랑이 있었다. 아사다를 세계적 선수로 키워낸 그녀의 어머니는 딸이 트리플 액셀 연습에 몰두하는 동안 간암 진단을 받고 병상에 눕는다. 아사다는 어머니에게 자신의 간을 떼어 이식해 주려고 했지만 제 몸보다 딸의 앞길을 더 걱정한 어머니는 간 이식을 끝내 거부한 채 48세로 세상을 떠났다. 아사다의 여린 가슴에 피눈물이 고였을 것이다.

마지막 올림픽 무대에서 메달 순위에 들지 못하고 눈물을 펑펑 쏟아내는 아사다의 모습이 텔레비전 화면에 비치는 순간, 삼국지에서 주유가 토해낸 울부짖음이 머리를 스쳤다. "이미 주유를 내시고 어찌 또 제갈량을 내셨나이까既生瑜 何生亮." 주유는 열패감으로 무너졌지만 아사다는 그러지 않기를 바란다. 연아의 그늘에 가려 오랫동안 가슴을 펴지 못한 아사다에게도 연아 못지않게 영예로운 은퇴가 준비되기를 기대한다.

연아와 아사다는 1990년 9월생 동갑내기다. 두 선수는 숙명의 적수이자 서로에게 없어서는 안 될 공생共生의 관계이기도 했다. 이들은 한국과 일본의 국민적 자존심을 대변하는 경쟁의 아이콘이었지만 소치 이후에는 더 이상 라이벌이 아니다. 애증愛憎의 경쟁관계는 끝났다. 그래서 제안한다. 이제부터 두 사람이 손에 손을 맞잡고 한국과 일본의 곳곳을 순회하는 조인트 갈라 쇼에 나서 주기를, 은반 위의 환상적인 동반 점프로 상생의 미래를 향해 함께 도약하기를.

동일본 대지진 때 수많은 한국인이 피해 현장으로 달려가 복구 작업에 땀을 흘렸다. 일본군 위안부로 끌려갔던 할머니들은 수요 집회를 중단하고 대재앙의 희생자에게 애도의 뜻을 표했다. 일본에도 극우파의 역사 왜곡을 꾸짖는 양심적 지식인, 광기의 혐한嫌韓 시위대를 막아서는 용기 있는 시민, 안중근 의사의 추도식에 참석해 경건히 머리 숙이는 열린 지성이 적지 않다. 연아와 아사다가 이들의 올곧은 정신을 이어가는 선린善隣의 아이콘으로 떠오른다면 얼마나 아름다운 일이겠는가.

한·일 두 나라 정상은 지난달 헤이그에서 어렵사리 만났지만 가로막힌 벽은 뚫지 못했다. 독도·위안부·역사교육 등 3대 현안에서 줄곧 트리플 엉덩방아를 찧는 아베 정권이 시대착오적 억지 도발을 멈추지 않고 있기 때문이다. 미래 세대는 달라야 한다. 불행했던 과거사의 굴레에서 벗어나 화해와 협력의 새 역사를 만들어가지 않으면 안 된다.

쇼트에서 무너진 아사다가 프리에서 화려하게 부활한 것처럼 일본이 반문명적 식민 지배의 과오를 뉘우치고 인류문명사에 성실한 파트너로 참여할 수 있기 바란다. 우리 또한 남쪽에 골칫거리를 둔 채 북쪽을 경영할 수 없다. 통일의 큰길에 일본이 걸림돌이 되지 않도록 우호의 관계로 이끌어야 한다. 연아와 아사다, 세계 정상의 두 선수가 기나긴 라이벌의 평행선을 그보다 더 긴 파트너의 동행 길로 승화해 간다면, 빙판처럼 차가운 한·일 관계도 감동의 동반 점프로 녹여낼 수 있지 않을까.

(2014. 04. 07.)

2 죽음의 혼, 귀태의 환생

'편히 잠드시라. 과오를 되풀이하지 않을 테니까.' 히로시마 평화 기념관 안의 위령비에 새겨진 글이다. 누구의 어떤 과오를 말하는 것인가. 위령비 옆에 비치된 영문 해설에는 '우리의 악행'으로 번역돼 있다 We shall not repeat the evil. 비문을 쓴 사이가 다다요시도 '히로시마 시민이자 세계 시민인 우리의 잘못'이라고 단언했다. 전쟁을 일으킨 일본의 죄악을 뉘우친다는 뜻이다. 평화 기념관은 원폭 투하 때 파괴된 옛 상업전시관 건물로, 1996년 유네스코 세계문화유산에 등재됐다. 가공할 핵폭탄의 상처를 그대로 간직한 평화의 상징물, 그 역설의 현장이다.

그러나 위령비의 문구를 다르게 읽는 일본인들이 꽤 많은 듯하다. 전쟁을 일으킨 것이 과오가 아니라 전쟁에 진 것이 과오라고 통탄하는 사람들, 재무장을 꿈꾸는 군국주의자들 말이다. 저들은 야마토다마시大和魂를 입에 달고 산다. 일본 고유의 민족정신이라지만, 일왕에게 충성을 다하며 신민臣民의 혼을 불사른다는 전근대적 국수주의國粹主義를 넘어서지 못한다.

어떻게 신민의 혼을 불사르는가. 사무라이들은 배를 가른다. 하라키리腹切り, 칼로 자신의 배를 가르고 누군가 뒤에서 목을 쳐주는 엽기적 자살방식이다. 극도의 고통을 비장하리만치 침착하고 세련된 몸짓 속에 감춘 죽음의 제의祭儀, 자기의 죽음에 타인을 공범으로 끌어들이는 집단적 파멸의식이다. '금각사'의 작가 미시마 유키오는 군국주의軍國主義의 부활을 외치며 스스로 배를 갈랐다. 죽음의 혼을 부르는 마조히즘의 컬트, 음울한 사死의 찬미다.

가미카제 특공대원들은 자살 공격 직전 일본도로 자신의 배를 가른 다음 전투기와 함께 연합군의 군함을 덮쳤다. 가미카제 특공대를 창설하고 3,843명의 앳된 청소년들을 자살 특공의 도구로, 수많은 연합국 장병들을 희생자로 끌어들인 해군중장 오오니시 다키지로도 종전 직후 할복자살했다.

죽음의 광신도들은 혼자 죽는 법이 없다. 누군가를 죽음의 동반자나 희생자로 함께 물고 들어간다. 동반자살을 신주우心中라고 명예롭게 여긴다. 문화인류학자 루스 베네딕트는 일본인들의 정중하고 예의 바른 모습과 그 내면에 숨겨진 파괴 본능을 '국화와 칼'이라는 상반된 이미지로 표현했다. 처연悽然한 마조히즘 속에 감춰진 냉혹한 사디즘, 평화헌법 뒤에 웅크린 전쟁 본능, 역사교과서 안에 도사린 반역사적 쇼비니즘…, 국화와 칼이다.

역사소설가 시바 료타로는 러일전쟁부터 태평양전쟁까지의 다이쇼·쇼와大正·昭和 시대를 '귀태鬼胎'라고 불렀다. 신주불멸神州不滅의 환상에 빠져 무모하게 침략전쟁을 벌이던 일본은 핵폭탄으로 처참한 종말을 맞았다. 군국주의는 태어나지 말았어야 할 귀태, 사악한 죽음의 혼이었다.

그 귀태가 다시 꿈틀대고 있다. "나를 군국주의자라고 부르려면 불러라." 일본 총리 아베 신조의 커밍아웃이다. "침략은 정의된 것이 없다. 어느 쪽에서 보느냐에 따라 다르다." 1급 전범이었던 기시 노부스케의 외손자다운 발언이다. 일본 공직자들의 망언 시리즈는 끝이 없다. "위안부는 어느 나라에나 있었다, 안중근은 테러리스트다, 난징 대학살은 없었다, 일왕은 현세에 살아 있는 신이 됐다…." 역사의 물결, 문명의 진보를 거스르는 미망迷妄이 광기에 가깝다. 침략전쟁의 실상을 모르는 일본의 젊은 세대를 또다시 가미카제 식의 집단적 파멸의식으로 내몰겠다는 것인가. 아베의 일본은 정상국가의 궤도를 멀리 일탈하고 있다.

그나마 다행스러운 것은 아베 정권의 극우 포퓰리즘을 비판하는 양심적 지식인들과 시민사회의 목소리가 끊이지 않는다는 사실이다. (군대 보유를 금지한 평화헌법 제9조를 수호하는) '9조회', (식민 지배를 반성하고 사과한) '무라야마 담화를 계승·발전시키는 모임' 등이 잇따라 결성됐다. 여론조사 결과는 일본 국민의 과반수가 평화헌법 폐기에 반대하는 것으로 나타났다. 일본의 정상국가화는 아직 가능성이 남아 있다.

히로시마 평화기념관 안에 낡은 회중시계 하나가 전시돼 있다. 멈춰선 시각은 8시 15분, 원자폭탄이 떨어진 1945년 8월 6일 아침의 바로 그 시각이다. 일본 집권세력의 의식도 그때에 멈춰 있는 듯하다. 그처럼 실성한 정신 상태라면, 언젠가는 해상자위대가 독도 해변에 상륙정을 들이대는 군사적 망동妄動의 가능성도 부정하기 어렵다. 죽음의 혼, 귀태의 환생을 좌시할 수 없는 이유다. 레짐 체인지regime change는 북한에만 절실한 것이 아닌 모양이다. 일본이 이성과 양심의 선린善隣으로 거듭날 때까지는.

(2014. 02. 24.)

3 어느 이방인의 슬픈 초상

　나라마다 국부國父로 추앙받는 인물이 있다. 인도의 간디, 터키의 케말 파샤, 이탈리아의 주세페 가리발디, 중국의 쑨원孫文, 베트남의 호찌민胡志明 등이 대표적인 경우다. 미국은 조지 워싱턴, 토머스 제퍼슨, 제임스 매디슨을 비롯한 초기 대통령들과 벤저민 프랭클린, 알렉산더 해밀턴, 존 제이 등 미국 헌법의 기초를 놓은 지도자들을 '건국의 아버지들Founding Fathers'로 받들고 있다.

　대한민국 건국 당시, 우남雩南 이승만은 명실상부한 국부였다. 항일독립투사들의 으뜸인 백범 김구 선생도 "우리나라의 국부는 이승만 박사뿐"이라고 겸양했다고 한다(백범의 비서 선우진의 회고). 민주정치의 경험이 전혀 없었던 광복 직후의 극심한 좌우 대립 속에서 공산주의의 허구성을 꿰뚫어보고 당시에는 낯설기만 했던 자유민주공화의 나라를 건설한 우남 등 건국 지도자들의 예지

叡智는 매우 놀랍다.

 불행하게도, 10여 년 장기집권의 독선과 부정선거로 국민의 지지를 잃고 하야下野한 우남은 국부는커녕 '친일파, 남북분단의 원흉'이라는 비난에 직면했다. 그러나 대한민국은 우남이 혼자 세운 나라가 아니다. 북한의 김일성이 스탈린의 지령에 따라 반탁反託에서 찬탁贊託으로 돌변한 뒤, 치욕적인 신탁통치를 받아들일 수 없었던 남한의 선택은 오직 단독정부 수립뿐이었다. 유엔 소총회도 1948년 2월 남한의 단독총선거를 결의했고, 그에 따라 실시된 5·10선거의 투표율은 95.5%에 달했다. 국제사회와 남한 주민 대부분이 대한민국 건국에 찬성했다는 뜻이다.

 북한은 1946년 토지개혁을 단행했고, 남한은 정부수립 후인 1949년 농지개혁을 시행했다. 북한은 1947년 이미 첫 화폐를 찍어냈지만, 남한은 1950년에야 화폐를 발행했다. 토지개혁과 화폐발행은 독립국가의 대표적인 주권행위다. 북한의 실질적인 단독정부체제는 남한보다 훨씬 먼저 갖춰진 셈이다. 단지 공식적인 정부수립 선포를 남한보다 불과 20여 일 뒤에 했을 뿐이다. 치밀한 사전준비가 없었다면, 단 20여 일 만에 나라 하나를 뚝딱 만들어낼 수는 없는 노릇이다. 민족분단의 책임을 이승만 한 사람에게 뒤집어씌우는 것은 가당찮은 '역사왜곡'이다.

 문명국 프랑스는 전후戰後에 수만 명의 나치 부역자를 즉결 처형하는 핏빛 서린 반문명적 광기狂氣에 휩싸였다. 나치 부역자들에 대한 관용을 호소하는 노벨문학상 수상작가 프랑수아 모리아크를 강력히 비난하며 과거사 청산에 앞장섰던 알베르 카뮈마저도 나중에는 "모리아크가 옳았다!"고 후회했을 정도다. 물론 대한민국 건국 과정에 일부 친일혐의자가 참여한 것은 매우 불쾌한 일이다. 그러나 식민통치를 갓 벗어나 국정을 담당할 인재 풀pool이 몹시도 빈약한 때였으니, 파렴치한 매국노가 아니면 웬만한 흠이 있더라도 실무능력에 따라 일을 맡길 수밖에 없는 딱한 상황이었을 것이다. 전쟁 전부터 이미 우수한 행정 관료조직이 건재했던 프랑스와는 사정이 달랐다.

프랑스 제5공화국 초대 대통령인 샤를 드골은 1968년 학생혁명 당시 시위대원과 경찰관이 사망하는 비극 속에서도 특유의 독선과 권위로 1년이나 더 버티다가 국민투표로 불신임을 받고 나서야 사임했다. 그러나 프랑스 국민은 그의 국부 자격까지 불신임할 만큼 모질지는 않았다. '독재자'라는 비판에도 불구하고 드골은 여전히 프랑스의 국부다. 파리에는 드골의 동상이, 그의 고향에는 기념관이 서 있다. 4·19 직후 사상자가 발생하자 6일 만에 스스로 물러난 대한민국 건국대통령, 동상도 기념관도 없이 쓸쓸히 잊혀 간 우남의 초라한 위상과는 퍽이나 대조적이다.

평양 만수대 언덕에는 '민족의 태양'이 20m 높이의 금빛 동상으로 솟아 있고, 또 어딘가에는 '인민의 어버이'라는 아버지와 '위대한 령도자'라는 아들의 동상이 나란히 서 있다. 세계에 둘도 없는 '부자父子 동상'이지만, 인민들이 굶주리는 동토凍土에서 핵무기를 만드는 현대판 세습왕조의 상징물이니 부러울 것은 없다.

건국대통령인들 어찌 허물이 없겠는가? 준엄한 사필史筆 앞에 떳떳하기만 한 지도자는 흔치 않을 것이다. 수십 년 세월에 어느 이방인의 얼굴처럼 낯설어진 우남의 슬픈 초상肖像은 이제 국민 곁으로 돌아와 안식을 찾아야 한다. 중진국을 넘어 선진국으로 발돋움하는 이 나라의 국부가 아닌가! 대한민국 국민으로 태어나 대한민국을 끔찍이도 미워하는 어떤 사람들이야 생각이 다르겠지만.

(2010. 09. 06.)

4 이 시대의 시일야방성대곡

『테레즈 데케루』를 쓴 프랑수아 모리아크와 『이방인』을 쓴 알베르 카뮈는 모두 제2차 세계대전 직후인 1950년대에 노벨문학상을 받았다. 전쟁 말기의 4년 동안 나치 독일의 지배를 받은 프랑스인들에게 레지스탕스 출신의 이 두 작가는 드골의 콧대보다 더 높은 문화적 자긍심을 안겨주었다. 그러나 나치 부역에 대한 청산작업에는 두 사람의 생각이 크게 달랐다.

진실과 정의에 충실하고자 했던 카뮈는 부역자 처벌을 강력히 주장한 반면, 모리아크는 부역자들에 대한 관용을 호소했다. 나약한 인간들이 한계상황 속에서 저지르는 부도덕한 과오는 인간성의 '불가피한' 부조리不條理이기에 어느 정도까지는 관용해야 한다는 것이 모리아크의 따뜻한 인간애人間愛요 깊은 실존이해였지만, 들려온 것은 '성 프란체스코의 설교 같은 헛소리'라는 야유뿐이었다.

여론의 힘을 업고 일사천리로 진행된 청산작업의 결과는 사형 약 1만 명, 징역·공민권박탈 등 10여만 명으로 발표됐으나, 인민재판과 즉결처분까지 합치면 수만 명이 처형된 것으로 알려졌다. 그 과정에서 음해와 무고誣告가 잇따르고 위증이 판을 치면서 억울한 희생자들이 속출하자, 가혹하고 불공정한 처벌에 대한 비난의 목소리가 높아갔다. 심지어 생계를 위해 독일군과 성관계를 가졌던 매춘여성들은 삭발을 당한 채 벌건 대낮에 시내 곳곳을 이리저리 끌려 다니는 수모를 겪어야 했다. 예술의 향기 그윽한 문화의 도시 파리에서.

부조리와 저항의 작가 카뮈는 나치 부역자들에게서 '불의不義의 부조리'를 보았지만, 불의와 응징 사이에 놓인 또 다른 부조리, 감성적 포퓰리즘에 휘둘리는 '집단의식集團意識의 부조리'는 보지 못했다. 그것을 꿰뚫어본 것은 모리아크였다. 공정해야 할 부역 청산작업이 '인간성의 내면에 대한 성찰'을 결여한 채 집단적 카타르시스의 광기狂氣로 흘러가자 비로소 반성의 움직임이 일기 시작했는데, 그 선두에는 뜻밖에도 청산론의 주창자인 카뮈가 있었다.

"모리아크가 옳았다!" 천재작가로 불리던 로베르 브라지약이 처형당한 직후 카뮈가 토해낸 이 탄식은 비이성적 집단의식의 폭력성에 저항하는 양심선언이었다. 나치 부역 청산 과정에서 카뮈는 두 번의 부조리 상황에 저항한 셈이다. 처음에는 '내가 옳다.'는 정의의 양심으로, 나중에는 '내가 틀렸다.'는 고뇌 어린 관용으로.

시일야방성대곡是日也放聲大哭의 천둥 같은 울림으로 겨레의 혼을 일깨운 위암韋庵 장지연 선생의 독립유공자 서훈이 말년의 친일행적을 이유로 취소됐다. 위암만이 아니다. 조선학도병 격려 포스터에 삽화 몇 점 그려준 운보 김기창, 만주국 창설 기념음악회의 지휘대에 섰던 안익태, 친일잡지에 '이토異土'라는 시 한 편을 쓴 정지용, 그리고 춘원·청마·미당·난파…. 지독히도 불행했던 시대의 슬픈 지식인들이 친일파의 낙인이 찍힌 채 지하에 누워 있다. 그 혹독한 시절을 살아보지 못한, 정의로운 후손들의 손에.

그러나 일경日警의 앞잡이도 아니었고 일제의 고위 관직을 누린 적도 없는 저들은 을사오적乙巳五賊이나 경술국적庚戌國賊처럼 적극적으로 민족을 능멸한 매국노는 아니었다. 이름을 빼앗기고 성마저 갈아야 했던 고난의 시절, 늘 엄숙한 민족정기民族精氣만을 뿜어낼 수는 없는 고단한 일상이, 절박한 삶의 현실이 저들을 옥죄지 않았을까? 빼앗긴 땅의 숱한 민초民草들처럼 저들도 선악·미추美醜가 함께 뒤엉켜 꿈틀대는 갈등과 모순투성이의 실존을 끌어안고 남몰래 목 놓아 울지 않았을까?

기미가요가 울려 퍼지는 나치의 시상대에 일장기日章旗 선명한 가슴으로 올랐던 올림픽 마라톤의 챔피언을 친일파라 비난할 수 없듯이, 큰 줄기 하나 어렵사리 지켜내기 위해 곁가지 몇몇을 개먹이 던지듯 일제에 던져줄 수밖에 없었던 선인先人들의 비통한 영혼에 나는 차마 단죄斷罪의 칼을 꽂지 못하겠다. 정지용의 고백처럼 '친일도 배일排日도 못한' 식민지 백성의 고달팠던 삶을 전 인격, 전 생애로 바라보지 않고 단편적인 행적 몇 개로 토막토막 끊어내 침을 뱉을 만큼 고결한 정의감이, 그토록 당당한 도덕적 자신감이 내게는 없다. 그 모진 세월을 단 하루도 살아낸 적 없는 나에게는.

위암의 서훈 취소 소식에 또 다른 '시일야방성대곡'의 슬픔이 솟구친다. 모리아크의 따뜻한 인간애, 카뮈의 고뇌 어린 관용이 아쉬운 이 정의로운 시대의 슬픔이.

(2011. 04. 25.)

5 어제도 오늘도 수난의 노래

　상해 임시정부 이래 광복과 건국을 거쳐 오늘에 이르기까지 애국가는 의심의 여지없는 대한민국 국가國歌였다. 그리고 '동해물과 백두산이 마르고 닳도록' 우리의 국가로 길이 울려 퍼질 것이다. 첫 구절을 '바다가 마르고 산이 닳아지는' 영해의 고갈, 국토의 소진消盡으로 읊는다는 것은 썩 마음 내키는 일이 아니지만, 그런 변고는 결코 없을 것이라는 확신이 담긴 반어법적 표현이기에 거리낄 것은 없다. 남이南怡 장군의 시와 한고조 유방劉邦의 서약문에도 비슷한 표현이 나타난다.

　그 애국가를 두고 오랜 논란이 이어져 왔다. 작사자로 알려진 윤치호는 독립협회 회장을 지내고 105인 사건으로 투옥된 독립지사였지만, 복역 후 친일파로 변절했다. 도산 안창호의 전기傳記를 쓴 이광수, 홍재형 등은 애국가 가사를 최종적으로 확정한 인물이 민족지도자인 도산이라고 증언하고 있어 그나마 다행이다.

　작곡자의 행적도 논란거리다. 일제 시절에는 스코틀랜드 민요에 애국가 가사를 붙여 숨죽여 불렀는데, 지금의 곡은 안익태가 작곡한 코리아환상곡의 주제선율이다. 나치 독일의 베를린에서 일제의 괴뢰인 만주국 창설 10주년 기념축제가 열렸을 때, 리하르트 슈트라우스의 제자인 안익태는 베를린방송교향악단을 지휘하면서 코리아환상곡의 선율이 일부 들어 있는 자작곡을 만주축전곡으로 연주했다. 분별없는 처신이었다. 일본이라면 치를 벌벌 떠는 열혈 민족주의자들의 청결한 귀에 안익태의 곡이 역겹게 들리는 것은 당연한 일인지도 모르겠다.

　죽음과 정화, 영웅의 생애, 장미의 기사, 차라투스트라…, 이 불멸의 곡들을 쓴 리하르트 슈트라우스는 나치의 국립음악원장을 지냈다는 이유로 푸르트벵글러·카라얀 등 명지휘자들과 함께 나치스트라는 비난에 시달렸다. 그러나 한때의 과오를 이유로 저들의 음악적 업적을 깡그리 지워버리기에는 그 예술의 향기가 너무도 짙었던지 오늘날 독일에서는 이들을 최고의 예술가로 기리고 있다.

　베를린 올림픽에서 월계관을 쓴 손기정 선수가 기미가요 울려퍼지는 시상대에 올랐을 때 경기장 안에 있던 안익태는 자신이 지은 조선응원가를 몇몇 한국인들과 함께 목메어 불렀다. 세계인들 앞에서 애국가가 초연(?)되는 순간이었다. 그러나 일장기 선명한 가슴으로 달려야 했던 마라톤 챔피언은 민족의 영웅이 되었고, 나치의 심장에서 '동해물과 백두산'을 울부짖은 음악가는 친일인명사전에 이름이 올랐다.

친일교사 축출운동을 주도하고 3·1운동에 앞장섰다가 퇴학당한 숭실중학교 학생, 그 안익태는 비록 흠 있는 예술가였을지언정 민족반역자는 정녕 아니었다. 저 엄혹했던 수난의 시절을 털끝만 한 흠 하나도 남기지 않고 떳떳하게만 살아낸 예술인이 얼마나 될까? 춘원·육당·난파·청마·파인·운보·미당…, 우리 근현대 문화사의 걸출한 선구자들이 친일파라는 오명汚名을 안은 채 지하에 누워 있다. 미당의 고백처럼 '살기 위해 어쩔 수 없었던' 선인先人들의 수치스러운 과오 몇몇을 들춰내 그들의 전인격, 온 생애를 심판할 자격을 가진 자가 누구일까? 그 모진 세월을 단 하루도 겪어본 적이 없는 우리들 중에.

애국가의 곡조에도 시비가 따른다. 불가리아 도브리치 시의 시가市歌를 표절했다는 논란이다. 센 박자로 시작하는 애국가의 첫 음이 마치 못갖춘마디처럼 여린 박자로 들리기 쉽다는 점에서 여린 박자로 시작하는 도브리치 시가와 유사하다는 지적을 받는다. 그러나 두 곡의 전반적인 흐름은 전혀 다르다. 첫 소절 한 마디의 유사성을 들어 전체를 표절이라고 단정할 수는 없으련만 해외파인 안익태를 바라보는 국내 음악인들의 눈길은 그리 곱지 않다.

이즈음에는 이념적 논란이 한창이다. 애국가 대신 민중가요를 부르고, 북측 인사들을 만나 아리랑을 합창하는 목소리가 볼륨을 높여 간다. '대한민국은 애국할 가치가 없는 나라'라고 외치는 꼴이다. 종북 논란을 불러온 어느 국회의원은 "애국가는 국가가 아니다. 진정한 국가는 아리랑이다."라고 주장했다. 그에게 국록國祿까지 챙겨주면서 대한민국 국민들이 이처럼 무도無道한 말을 들어야 하는가?

예전엔 왜적에게서, 그 후에는 동족에게서 모진 수난을 겪어온 애국가는 2010년에 이르러서야 정식으로 국가의 대접을 받게 된다(국민의례규정, 대통령훈령 제272호). 선인들 앞에 부끄러운 일이다. 상해 임시정부 시절 백범 김구는 애국가 반대론자에게 이렇게 물었다. "우리가 3·1운동을 태극기와 애국가로 했는데, 누가 지었는지가 왜 문제인가?" 백범보다 더 고결한 민족혼을 지닌 자가 있다면 이 물음에 답하라.

(2012. 07. 02.)

6 민초들의 3·1절

버지니아 울프가 말했다. "해마다 셰익스피어의 '햄릿'을 새로 읽고 그 감동을 글로 옮기면 우리의 자서전을 쓰는 것이나 다름없다." 햄릿의 고뇌와 방황, 그 처절한 사랑과 죽음은 우리 모두의 아픔일 수 있다는 뜻이겠다. "죽느냐 사느냐, 그것이 문제로다."라는 햄릿의 독백은 운명의 굴레에 묶인 모든 실존의 절규일 것이다.

그러나 생사여일生死如一을 말하는 동양사상에서 보면 '죽느냐 사느냐'는 고민할 만한 문젯거리가 아닐지도 모른다. 삶과 죽음을 하나로 여길 수 있다면 우리의 정신은 얼마나 자유로울 것인가. 비록 그처럼 높은 지혜에는 이르지 못하더라도 무슨 일이든지 죽을 각오로 해낼 수만 있다면 우리의 삶은 얼마나 보람될 것인가. 일제日帝의 침략에 비분강개하여 스스로 목숨을 끊은 순국

열사들, 죽음으로 신앙을 지킨 순교자들, 사랑을 위해 생명을 버린 순애보殉愛譜의 연인들…, 이처럼 치열한 영혼들이 없는 세상이라면 나라의 품격도, 신앙의 자유도, 사랑의 순결도 찾을 길이 없을 것이다. 일제가 내린 훈작勳爵으로 호의호식하던 친일매국노들은 민족의 역사 속에서 이미 죽은 것이나 다름없었다.

그러나 목숨을 버리는 것 못지않게 어렵고 값진 일이 있다. 나라 위해 목숨을 바치기에 앞서 금쪽같은 자식을 군대에 보내고 어려운 이웃과 아픔을 나누며 하루하루 성실하게 살아가는 일, 신앙을 위해 생명을 버리기 전에 '지금 여기에서' 신앙의 바른 자리를 지켜내는 일…, 이것이 죽어서 국립묘지에 묻히는 것보다 더 고결한 일이요 죽은 뒤에 천당 가는 것보다 더 거룩한 일일 수 있다.

마땅히 죽어야 할 때가 있다. 그러나 이를 악물고 쓰라린 삶의 가시밭길을 걸어가야 할 때도 있기 마련이다. 죽지 못해 사는 것이 아니라 살 가치와 살아야 할 이유가 분명히 있기에 고통의 삶을 살아내는 것…, 이것이 진정한 자유이자 참다운 용기일 것이다. 또한 이것이 죽음보다 더 깊은 사랑일 수 있다. "내 몸을 불사르게 내어줄지라도 사랑이 없으면 아무 소용이 없다."(고린도전서 13)

벙어리에 귀머거리인 운보雲甫가 조선학도병 격려 포스터에 부끄러운 삽화 몇 점 끄적거려 주고 모질게 살아남지 않았던들 '성당과 수녀와 비둘기'가 로마 교황청 안에 걸릴 수 있었을까. 친일의 논란 속에서도 학교를 세우고 신문을 찍어낸 선각자들이 없었더라면 식민지의 척박한 땅에서 민족 언론과 민족 사학이 뿌리내릴 수 있었을까.

순국열사들의 숭고한 민족혼을 기리는 3·1절이 아흔 네 번째로 지났다. 살 떨리던 치욕의 세월을 억척스러운 삶으로 견뎌낸 옛 어른들께 숙연한 추모의 묵념을 올린다. 3·1절은 열사들의 죽음만을 기억하는 제삿날이 아니다. 이름 없이 빛도 없이 빈주먹, 맨몸으로 이 땅을 지켜온 민초民草들에게 경건히 머리 숙이는 감사절이기도 하다. '죽음의 피'보다 '삶의 땀'이 먼저다. 이 순서를 뒤바꾸는 것은 생과 사의 엄숙한 섭리를 거스르는 신성모독일는지도 모른다.

역사는 정신과 실태實態의 결합이다. 열사들의 장렬한 죽음이 민족사의 혼이요 정신이라면, 민초들의 고단한 삶은 그 정신을 겨레의 터전에 우뚝 세운 우리 역사의 실태일 것이다. 사는 것이 죽는 것보다 더 고통스러웠을 일제 시절, 이름과 성을 가는 창씨개명의 수모까지 겪으면서도 아들딸 낳아 어렵사리 기르며 피땀 흘려 가르쳐온 어르신들이야말로 수난의 민족사를 지탱해온 버팀목이었다.

오늘도 민초들의 삶은 여전히 고달프다. 어린 나이에 많은 재산을 물려받고 때가 되면 병역면제 혜택까지 거머쥐는 속칭 '신의 아들'들이 떵떵거리는 세상에서, 힘없는 서민들의 가슴이 어찌 막막하지 않으랴. 그래도 희망은 이들에게서 나온다. 누군가의 귀한 자식들이 군복무를 건너뛰고 성공을 향해 질주하는 동안, 선량한 보통 사람의 아들들은 눈보라 치는 전선에서 묵묵히 나라를 지키고 있다. 외국 영주권을 포기하고 조국에 돌아와 자진 입대하는 청년도 적지 않다. 천안함의 46용사는 젊디젊은 나이에 영해의 수호신이 되었다. 이 시대의 역사를 만들어가는 무명無名의 실태들이다. 북한의 3차 핵실험으로 더욱 긴박해진 안보 상황에서 이처럼 반듯한 젊은이들의 모습은 여간 듬직하지 않다.

'죽느냐 사느냐'의 절박한 물음은 비단 저 불행한 덴마크 왕자 앞에만 놓였던 물음이 아니다. 오늘의 민초들인 우리 모두에게 주어진 물음이기도 하다. 자괴自愧를 무릅쓰고 그 물음을 이렇게 고쳐 묻는다. "나라를 위해 죽기 전에 나라를 위해 오늘을 살아가고 있는가. 기미년 그때의 민초들처럼, 전방의 듬직한 젊은이들처럼."

(2013. 03. 04.)

7 1월의 행진

폴란드의 겨울은 잿빛이다. 유대인 강제수용소의 해방 기념일인 1월 27일이 되면 독가스실로 끌려간 희생자들의 발걸음을 재현하는 '죽음의 행진'으로 아우슈비츠의 거리는 더욱 음울해진다. 행진에 참가한 사람들은 이런 기도를 드린다고 한다. "자비로운 신이여, 유대의 어린이들을 학살한 자들에게 자비를 베풀지 마소서. 이 수용소를 만든 자들과 이곳에서 학살을 자행한 자들을 결코 용서하지 마소서."

유신 시절에 10대 초반의 소녀였던 어느 대중작가가 대통령 당선인을 겨냥해 "나치 치하의 독일 지식인들은 어떻게 살았을까? 유신 치하의 지식인들은?"이라는 독설을 쏟아냈다. 수백만 명을 학살한 홀로코스트에 세계대전까지 일으킨 나치를 유신에 비교하는 것 자체가 뒤틀린 의식의 억지에 지나지 않지만, 말이 나온 김에 아우슈비츠 수용소에서 극적으로 살아난 엘리 위젤이 자전적 소설 『밤La Nuit』에 쓴 일화 하나를 인용해야겠다.

나치 수용소에서 어린 소년이 교수형으로 죽어가는 현장을 목격한 주인공은 '도대체 신은 어디에 있는가.'라는 분노에 이어 마음속에서 신비한 음성을 듣는다. '신은 지금 저 소년과 함께 교수대에 매달려 있다….' 신의 죽음 같은 절망 속에서 불멸不滅의 신성神性에 담긴 소망이 눈을 뜨는 순간이었다. 수용소의 문이 열리고 자유의 몸이 된 위젤은 분노의 보복 대신에 인간성 회복과 인종 간 화해를 위한 일에 헌신해 노벨 평화상을 받았다. 밤의 기억을 안고 그는 새벽빛의 여생을 살았다.

수용소에서 온 가족을 잃고 홀로 살아남은 시몬 비젠탈은 50년 동안 1,100여 명의 나치 전범을 추적해 잡아낸 '나치 사냥꾼'이다. 수용소에 갇혀 있던 어느 날 비젠탈은 중상으로 죽음에 임박한 나치 친위대원의 병상 앞으로 불려간다. 숨을 헐떡거리던 친위대원은 비젠탈의 손을 붙잡고 눈물로 참회의 고백을 한다. "유대인 학살에 가담한 저의 죄를 용서해 주십시오."

한참을 망설이던 비젠탈은 아무 대답도 하지 못한 채 그 자리를 떠나고 만다. 비록 죽어가는 사람이었지만 그의 흉악한 범죄를 쉽사리 용서할 수는 없었다. 참회와 용서 사이에서 방황했던 이 특이한 경험은 비젠탈의 영혼에 깊은 충격으로 남는다. 훗날

살인마 아이히만이 남미에서 체포됐을 때 즉각적인 처형을 요구하는 유대인들에게 비젠탈은 이렇게 호소했다. "용서하자. 그러나 잊지는 말자." 복수의 처형대가 아니라 법의 심판대에 세워야 한다는 뜻이었다.

스스로 나치 수용소에 걸어 들어가 동족과 함께 가스실에서 죽은 유대인 여성 에티 힐섬은 일기에 이런 글을 남겼다. "우리마저 증오심을 이 세상에 보탠다면 이미 살기 힘든 세상을 더욱 힘들게 만드는 것이다. 그것이 아무리 작은 증오심일지라도…."

나치의 만행을 온 몸으로 겪은 위젤과 비젠탈과 힐섬의 엄숙한 지성에 비하면 철없는 나이에 유신 시절을 보냈을 독설 작가의 지식이란 것이 어떤 차원의 것일지는 묻지 않아도 알 만하다. 어제의 날들에도 낮과 밤이 있었고 빛과 어두움이 있었건만 굳이 어두웠던 밤의 기억만 더듬는 것은 성실한 지성의 태도가 아니다. 어제의 아픔만을 헤집는 '입술의 진보'로 내일의 가치를 지향하는 진보의 지성을 대신할 수 없다.

찌들도록 가난했던 시절, 숙명처럼 단단히 달라붙은 궁핍의 세월을 처연悽然하게 살아낸 어른 세대도 4·19 혁명에 거리를 내달리고 유신 독재에 분노를 터뜨리던 저항의 젊음이 있었다. 그러나 누천년을 이어온 절대빈곤을 이 땅에서 몰아낸 열정과 지도력에는 겸허히 머리를 숙일 줄 안다. 이것이 어제의 낮과 밤을 고르게 품어 안은 균형의 역사의식이 아닐까. 1970년대 초반까지 남한보다 경제력이 앞섰던 '주체'의 북한은 식량원조로 근근이 연명하는 비非주체의 빈곤국으로 전락했다. '이밥에 소고기국'은 3대 세습체제의 60년 단골 구호다.

위젤이라면 1월의 행진에서 '자비로운 신'에게 '자비를 베풀지 말 것'을 기도하지는 않을 것이다. 비젠탈이나 힐섬이라면 아마도 '잊지 않되 용서할 수 있기를' 기원하지 않을까. 새해 첫 달을 '생명의 행진'이 아닌 '죽음의 행진'으로 시작할 수는 없는 일이기에.

우리의 1월도 희망찬 생명의 행진으로 시작되기를 바란다. 신임 대통령의 임기 5년 내내 연좌제를 떠올리는 유신의 논란으로 지샐 수야 없지 않겠는가. 증오는 평화의 밑거름이 되지 못한다. "눈에는 눈, 이에는 이라는 탈리오 법칙을 그대로 실천한다면 세상에는 장님과 이빨 빠진 사람들밖에 남지 않을 것이다." 마하트마 간디의 경고다.

(2013. 01. 14.)

8 기다림, 그 소망의 분투

유럽의 여름은 투르 드 프랑스의 계절이다. 수백의 은륜(銀輪)이 프랑스 국경을 넘나들며 알프스 산록의 푸르고 울창한 숲길, 피레네 산맥의 깎아지른 바윗길을 돌아 20여 일 동안 장장 4,000여 km를 질주하는 투르 드 프랑스는 100년의 역사를 자랑하는 세계 최고의 사이클 경기다.

역대 투르 드 프랑스의 가장 뛰어난 챔피언은 고환암의 역경을 이겨내고 7년을 내리 우승한 미국의 랜스 암스트롱이었다. 그러나 내 기억에 남아 있는 진정한 챔피언은 암스트롱이 아니라 독일의 얀 울리히 선수다. 그는 암스트롱이 처음 우승한 1999년부터 줄곧 2위에 머물러 온 암스트롱의 숙적이었다.

2003년, 울리히와 다섯 번째 대결을 벌이던 암스트롱은 어이

없게도 제15구간에서 구경꾼의 가방에 걸려 넘어지고 말았다. 암스트롱에게는 절망의 순간, 울리히에게는 절호의 기회였다. 그런데 뜻밖에도 울리히는 넘어진 암스트롱 곁에 사이클을 세우고는 그가 일어나기를 묵묵히 기다렸다. 잠시 뒤 암스트롱이 일어나 다시 달리기 시작하자 울리히는 그제야 페달을 밟고 그의 뒤를 따랐다.

그렇게 울리히는 또다시 암스트롱에게 우승컵을 내주고 말았다. 참 바보 같은 짓이었지만 누구도 그를 바보로 여기지 않았다. 승부 조작도 마다 않는 각박한 경기의 현장에서 불운하게 넘어진 라이벌이 다시 일어서기를 넉넉히 기다려 준 울리히의 배려를 스포츠팬들은 '위대한 멈춤'이라고 극찬했다.

암스트롱은 빠르게 달렸고 울리히는 바르게 달렸다. 그 차이는 몇 년 뒤 뜻밖의 결과로 나타났다. 2012년 국제사이클연맹UCI은 암스트롱이 지속적으로 금지 약물을 복용해 온 사실을 확인하고 그의 모든 수상 실적을 박탈했다. 2003년 우승 자격도 박탈됐으니 당시 2위였던 울리히가 그해의 진짜 챔피언인 셈이다. 울리히의 기다림은 소극적·수동적인 방관의 자세가 아니었다. 소망 가득한 분투奮鬪, 진정한 승리의 에너지였다.

달리는 것이 성장이라면 기다리는 것은 성숙이다. 성숙 없는 성장은 속절없이 나이만 먹은 미숙아나 다름없다. 봄에 뿌린 씨앗이 금방 수확의 결실로 이어지지는 않는다. 비바람과 뙤약볕, 가뭄과 태풍의 시련을 견뎌내는 오랜 기다림 끝에야 가을의 들녘은 비로소 풍성해진다. 기다림은 자연 앞에 겸손한 성찰의 눈길이며, 하늘의 섭리를 신뢰하는 소망의 몸짓이다.

오늘의 한국은 아마도 세계에서 가장 바쁜 사회일 것이다. '빨리 빨리'는 한국인의 별명이 됐다. 일이나 사업은 물론 골프나 휴가도 경쟁하듯 조급히 치러내야만 직성이 풀리는 부박浮薄한 시절이다. 그 조급함 덕분에 이만큼 먹고살게 됐는지는 몰라도, 진득한 기다림의 여유를 만나기는 여간 어렵지 않다.

요즘엔 온갖 김치가 시장의 상품으로 나오지만, 한 세대 전만 해도 집집마다 손수 김장을 담갔다. 기나긴 겨울밤, 어머니가 마당의 김장독에서 퍼온 차디찬 동치미 국물에 무김치 잘게 썰어 말아주시던 밤참 국수 맛이 아직도 잊히지 않는다. 냉장 기술이 발달한 지금은 한여름의 밥상에도 김장김치가 오르고 한겨울의 장바구니에도 딸기가 담긴다. 이러다가는 제철 과일의 맛도 잃어버리지 않을까 걱정이다. 잘 묵힌 된장의 곰삭은 맛을 떠올리며 한 해를 지긋이 기다리던 설렘도 사라졌다. 기다림이 없는 인스턴트 먹거리가 넘쳐날수록 우리의 식탁은 자연의 이치를 멀리 거스르고 있다.

기다림이라는 말이 이제는 마치 외국어의 낯선 단어처럼 서먹

해졌지만, 우리 어버이들의 삶은 오랜 기다림의 일생이었다. 뼛속까지 스며든 가난 속에서도 이를 악물고 논밭을 일구시던 할아버지·할머니들…, 왜적에 나라를 빼앗기고 전쟁에 가족을 잃고서도 좋은 날 오기를 기다리는 소망 하나로 그 서러운 세월을 피땀 흘리며 건너온 우리네 아버지·어머니들…. 그 기다림이야말로 빈주먹, 맨손으로 나라를 세우고 경제를 일으키며 자유민주의 시대를 활짝 연 대한민국 역사의 밑거름이었다.

광복과 건국의 달 8월이다. 광복은 주어진 것이었지만, 자유대한의 건국은 안팎의 도전을 물리치고 스스로 쟁취한 승리였다. 울리히가 투르 드 프랑스의 진정한 챔피언이었던 것처럼, 우리 선인先人들은 소망 가득한 기다림으로 혼돈과 격동의 시대를 바르게 그리고 꿋꿋하게 달려온 역사의 챔피언이었다.

저 위대한 건국의 씨 뿌림에서 전쟁과 혁명, 산업화와 민주화의 힘겨운 경작을 거쳐 마침내 오늘의 결실을 우리에게 물려준 어버이 세대의 발자취에 새삼 머리를 숙인다. 그리고 우리의 몫으로 남겨진 역사의 소명을 다시금 되새긴다. 통일을 향한 기다림, 그 소망의 분투를.

(2013. 08. 19.)

9 말, 인격, 국격

"한글의 우수성을 널리 알려야 할 것 같습니다." 한글날 무렵에 흔히 듣는 말이다. 한글의 우수성은 널리 알리는 것이 마땅한 일이지 '알려야 할 것 같은' 일이 아니다. "일본 같은 경우는 독도가 자기네 영토라고 주장하지만 역사적 근거가 없는 억지 주장이 분명한 것 같습니다." 텔레비전 뉴스 진행자의 발언이다. 한·일 관계에서 '일본 같은 경우'는 없다. 한국의 경우, 일본의 경우가 있을 뿐이다. 억지 주장이 분명하다면 '…같습니다.'라고 말해서는 안 된다. "억지 주장입니다."로 끊어야 옳은 표현이다.

좋은 것 같아요(좋아요), 맛있는 것 같아요(맛있어요)…. '같다'라는 말이 걷잡을 수 없이 넘쳐나는 반면에 그 상대어인 '다르다'는 정작 써야 할 때도 제대로 쓰이지 않는다. "사람은 모두 틀려." 그야말로 틀린 말이다. "사람은 모두 달라."라고 해야 한다. 다른 것은 틀린 것이 아니다. '같다·다르다'는 인식의 기본 범주의 하나인 동일성의 판단에 쓰는 용어다. 이것이 잘못되면 인식체계에 혼란이 올 수 있다.

높임말·낮춤말도 뒤죽박죽이다. 방송에 나와 '저희 나라(우리나라)', '제 부인(제 아내)' 운운하는 지식인이 적지 않다. 대통령을 '당신'이라고 부른 정치인은 그것이 존칭이라고 우겼다. 당신은 3인칭일 때는 높임말이지만 2인칭일 때는 예사말이다. 부부나 동료 사이에서 스스럼없이 쓸 수 있는 호칭이다. 면전에 없더라도 청자聽者인 2인칭으로 쓰면 존칭이 아니다. 우긴다고 어법語法이 달라지지는 않는다.

믿음을 품고 당신을 2인칭 높임말로 쓰는 경우도 있다. 하나님을 당신이라 부르며 기도하는 기독교 신자들이다. 기도의 대상은 2인칭이다. 아버지·어머니를 당신이라는 2인칭으로 부르지 못하지만 '하늘에 계신 아버지'는 워낙 인자하셔서 그런지 예사로이 당신이라 부른다. 신앙이 어법마저 바꿀 수 있는지는 몰라도 교회에 다니는 아이들이 당신을 2인칭 높임말로 잘못 배우지 않을까 하는 걱정은 여전히 남는다.

존칭보조어간도 엉뚱한 데 붙기 일쑤다. 선생님이 빨리 오시래, 시간이 계시면, 옷이 예쁘시네요, 값은 2만 원이세요…. 옷과 돈이 존칭으로 불리다니, 물질만능 풍조 탓인가. 아무에게나

쓰는 피붙이 호칭도 유별나다. 남편은 오빠, 처음 보는 손님도 아버님·어머님이다. 어르신은 모두 할아버지·할머니, 중년이면 죄다 아저씨·아주머니다. 세상 모든 사람이 3촌 이내 핏줄인 친족 사회가 어찌 이리도 삭막한가.

되게 아름다워, 되게 부드러워, 되게 훌륭해…. 젊은이들이 즐겨 쓰는 '되게'라는 말은 '아주·몹시'라는 뜻의 부사인데, 원래는 어떤 일이 힘에 벅차거나 반죽에 물기가 적어 뻑뻑하다는 뜻이다. 어감語感이 그리 밝지 않다. 아름답다·부드럽다·훌륭하다는 말에 어울리는 수식어는 아니다. '우연찮게'는 보통 '뜻하지 않게'라는 의미로 통하는데, 그 반대말인 '우연하게'도 '뜻하지 않게'라는 의미를 지니고 있으니 적잖이 당혹스럽다.

쎄게(세게), 따른(다른), 이상하케(이상하게), 쏘주(소주), 교꽈서(교과서), 쬐끔(조금) 등의 경음硬音이 범람하고 있다. 된소리, 거친 발음을 낸다고 말뜻이 더 강조되는 것은 아니다. 말이 거칠면 정서도 삭막해진다. 입시전쟁, 세금폭탄, 선거전, 표심공략, 결사항쟁…, 온 나라가 싸움판이다. 심지어 생일 축하 모임에서도 주먹 불끈 쥐고 '파이팅'을 외친다. 무슨 싸움을 하려는 것일까.

인터넷에서 오가는 막말은 우려의 수준을 크게 넘어섰다. 그래도 정치권에서 쏟아내는 폭언과 비속어, 홍어X·귀태·대마왕 따위의 기상천외한 요설饒舌보다는 그나마 나을지 모른다. 헌법의 면책특권은 욕설·비방·거짓말의 불법 면허처럼 누추해졌다. 점잖다던 판사들도 막말 행진에 몸을 실었다. 공개 법정에서 연로한 피해자에게 "늙으면 죽어야지."라고 내뱉은 재판장, 대통령을 '가카새끼 짬뽕'으로 비아냥거린 부장판사도 있다.

'대恨민국', '가화만사性', '死법부'처럼 뜻을 비틀어 쓴 시사만평도 배우며 자라나는 세대에게 그릇된 인식을 심어줄 수 있다. 청소년의 언어 습관은 나라의 미래와 직결된다. 말이 바르지 못하고 거칠다는 것은 언어공동체의 품격과 정서가 그렇다는 뜻이나 다름없다.

비트겐슈타인은 '언어는 세계를 비추는 거울'이라고 정의했다. 언어의 혼란은 정신세계의 파탄을 의미한다. 말은 곧 인격이요, 국격國格이다. 10월은 한글날이 있는 달이다. 세상에서 가장 아름다운 우리글을 못된 말, 사나운 말, 바르지 못한 말을 기록하는 데 쓸 수는 없다. 우리 말글에는 우리의 얼이 담겨 있지 않은가.

(2013. 10. 21.)

10 "나의 살던 고향은"

수백 년에 걸쳐 프랑스와 독일의 지배를 번갈아 받아온 알자스 로렌 지방 사람들은 프랑스어와 독일어를 자유자재로 구사한다. 그 때문에 자기 정체성에 혼란을 느끼는 일이 많았다. 알자스 출신인 알베르트 슈바이처 박사도 예외가 아니었다. 그러나 박사는 어느 날 자신이 독일어로 꿈을 꾼다는 사실을 깨닫자, 자기 조국이 독일이요 모국어가 독일어라는 사실을 확신하게 되었다고 한다. 의식과 무의식의 그윽한 경계에 놓인 꿈은 언어의 뿌리이자 정신의 태胎이기도 하다.

"말과 글을 잃으면 민족도 멸망한다." 주시경 선생의 경고다. 말을 잃으면 민족의 뿌리도 겨레의 꿈도 사라지고 만다. 밀로라드 파비치의 경이로운 소설 『카자르 사전』은 숙명처럼 얽힌 민족과 언어의 관계를 두렵도록 슬픈 이야기로 그려내고 있다.

리본과 댕기, 슬리퍼와 끌신, 노크와 손기척, 오뎅과 생선묵, 와사비와 고추냉이, 곤색こん色과 군청색…. 어느 것이 우리말인가? 외래어에 깊숙이 오염된 우리 말글의 부끄러운 모습이다. 북한은 비교적 순수한 우리말을 적잖이 간직하고 있지만, 어떤 단어들은 이념의 색채로 덧씌워져 본래의 뜻을 잃어버렸다. '동무'는 친근한 벗에서 프롤레타리아 혁명동지로 둔갑했고, 사물을 스스로 주장한다는 뜻을 가진 '주체'는 세계로부터 고립된 세습독재의 정치구호로 변질되고 말았다.

혀를 살짝 굴리는 영어의 R 발음이 부러워 제 아이의 혀 밑 근육을 잘라내는 수술도 마다하지 않는 젊은 엄마들이 있다니, 이런 엽기獵奇가 없다. 서울은 물론 웬만한 도시의 변화가는 뜻도 알 수 없는 서양 알파벳 간판들로 온통 뒤덮여 있다.

말이 나온 김에 꼭 짚어두고 싶은 '말'이 또 하나 있다. 민족의 애환哀歡이 진득이 서려 있는 노래 「고향의 봄」에 쓰인 노랫말이다. "나의 살던 고향은 꽃피는 산골…." 일제시대, 열여섯 나이의 이원수 시인이 쓴 동시에 홍난파 선생이 곡을 붙인 '고향의 봄'은 일제강점기에 온 겨레가 숨죽이며 불렀던 애끓는 민족애民族愛의 절규였고, 광복 후에는 분단의 비극 속에서 혈육을 고향에 두고 온 이산가족들이 밤이면 밤마다 잠자리를 뒤척이며 신음처럼 토해낸 절절한 그리움이기도 했다.

그러나 이 소중한 겨레의 노래 첫 소절에서는 어떤 이질감異質感이 묻어 나온다. '나의 살던 고향'이라니, 이런 우리말이 있던가? 관형어(매김말) 다음에는 주어가 오는 것이 우리말의 자연스러운 어순語順인데, '나의 살던 고향'은 관형어(나의) 다음에 또 다른 관형어(살던)가 오고 그 뒤에 주어(고향)가 붙어 있어 말의 흐름이 어색하다. 어법語法에 맞는 우리말은 '내가 살던 고향'이다. '나의 살던 고향'은 소유격조사 의の를 주격조사처럼 쓰는 일본어식 표현 그대로다私の住んでいだ故鄕. 조선 중기에도 '의'를 주격조사로 썼다는 반론이 있지만, 조선 후기와 근세를 거쳐 현대에까지 이어져 온 우리의 고유한 언어습관은 아니다.

'조선이 독립국이며 조선인이 자주민임을' 밝힌 독립선언문마저도 '조선의 독립국임과 조선인의 자주민임을'이라고 쓰던 시절이니, 일제치하에서 일본 말글을 배우며 자라난 열여섯 살 어린 시인을 탓할 일은 아니다. 게다가 시어詩語는 굳이 어법에 얽매이는 것도 아니다. '나의 살던 고향'은 우리가 길이 간직해야 할 민족수난의 아픔, 그 슬픈 흔적일 터이니, 이제 와서 새삼스레 시비를 벌일 이유는 없겠다. 그러나 이원수 시인 자신은 아무래도 찜찜한 느낌을 떨치기 어려웠던지, 일찌감치 바로잡지 못한 것을 생전에 늘 아쉬워했다고 전해진다.

'민족적'이라는 말은 기실 민족적이지 않다. 일본식 한자인 적的은 영어의 형용사어미 tic을 음역音譯한 것으로 중국어의 관형어

인 적的·저底와도 다른 것인데, 우리가 분별없이 남용하고 있다. 그뿐이 아니다. '범죄와의との 전쟁, 통일에의への 염원, 아래로부터의からの 혁명'처럼 일본어에서 그대로 옮겨온 겹토씨複合助詞를 정부와 언론과 지식인들이 앞장서서 쓰고 있으니, 정말 일본식 겹토씨와 전쟁이라도 벌여야 할 판이다. 속 좁은 민족감정 때문이 아니다. 광복 65주년에도 우리 말글의 광복은 아직 멀게만 느껴지기 때문이다.

민족의 슬픔과 겨레의 꿈을 간직한 노래 '고향의 봄'을 이렇게 고쳐 불러본다. "내가 살던 고향은 꽃피는 산골, 복숭아꽃 살구꽃 아기 진달래…."

(2010. 08. 16.)

11 돈벌이 인문학

인문人文의 바람이 드세다. 대학마다 최고경영자들을 대상으로 단기·속성의 인문학 강좌를 개설하고, 기업들은 경영과 인문학을 접목시키는 궁리에 힘쓴다. 산업화의 물신物神과 이념의 도그마에 지친 한국 사회가 인문학에서 위로와 희망을 찾으려는 것은 매우 신선하고 고무적인 현상이다.

산업화와 민주화는 선진사회를 위한 필수적 전제일 뿐 그 자체가 목적은 아니다. 진정한 선진문화는 인문정신에서 솟아난다. 삶에 대한 성찰, 균형 잡힌 역사의식, 법고창신法古創新의 문화적 갈증, 관용과 상생의 열린 정신…, 그 은은한 인문의 향기가 나라의 품격을 드높인다.

공동생활의 물질적 기반을 이루는 시장이나 기업 또는 과학기

술에 인문의 지혜가 녹아들어 사회의 경제적 체질을 개선하는 것은 크게 환영할 일이다. 예컨대 인문에 감화된 경영철학으로 상품이나 용역에 따뜻한 인간미를 불어넣을 수 있고, 노사관계를 보다 인간적인 틀로 바꿔갈 수도 있을 것이다.

그러나 인문학은 본질적으로 기능이 아니라 가치다. 인문은 '인간다움'을 뜻하는 라틴어 후마니타스humanitas에서 온 말이다. 한마디로 '사람됨의 깨달음'이라고 할 수 있겠다. 인문학은 사회의 경제적 인프라를 구성하는 일개 부속품이 아니며, 시장권력의 도덕적 자기 합리화를 위한 수단도 아니다. 스티브 잡스는 "기술과 인문학의 교차점에서 애플의 창의적 제품을 만들었다."라고 호언했지만, 그의 현란한 마케팅 뒤에서 애플 협력업체의 근로자들은 혹독한 노동조건과 인권침해에 시달렸다. 거대한 산업자본에 실용적 아이디어를 제공하는 것만으로 인간다움을 획득할 수는 없다.

인문의 가치는 개인과 사회를 자기 성찰의 자리로 이끌어 역사적 안목과 문화적 감수성, 책임 있는 공동체의식을 고양시키는 데 있다. 이 점에서 오늘의 인문학 열풍에는 우려되는 면이 없지 않다. 인문학이 인간다움을 위한 고뇌를 내팽개치고 부富의 창출이나 취업의 도구쯤으로 전락된 듯한 느낌이다. '노장사상과 주식투자 기법', '예수의 마케팅 전략', '인문학으로 스펙 쌓기' 등의 생뚱맞은 조어造語들이 인문학의 대중화를 내세우며 유행처럼 떠

돈다. '인문을 배반한 인문학'이라는 탄식이 나오는 이유다.

여유 있는 사람들이 일류 호텔의 와인과 스테이크를 곁들인 교양강좌에서 만나 말재간 넘치는 인기 강사의 '간추린 인문학' 강의를 들은 뒤 우르르 해외 골프 여행에 나서는 모습을 흔히 본다. 골프를 탓하는 것이 아니다. 인문학이 부자들의 사교 클럽에 '교양의 외투'를 걸쳐주는 도우미처럼 비쳐 씁쓸할 따름이다. 흥미로운 역사적 일화逸話 시리즈나 문학·철학의 말랑말랑한 토막 이야기 몇몇 개에 인문학의 깊고 너른 바다를 간추려 담을 수는 없는 일이기에.

질식할 듯한 중세사회에 인문의 숨결을 불어넣은 것은 문예부흥과 종교개혁이었다. 르네상스의 선구자들은 역사를 되짚어 그리스·로마의 신화와 고전에서 자유롭고 진실한 인간상을 발견했다. 그들은 옛것 속에서 새로운 것을 찾아냈다. 종교개혁자들은 근원根源으로 돌아갔다Ad Fontes. 그들은 제도종교의 경직된 교의敎義를 버리고 성서의 살아 있는 이야기에 귀를 기울였다. "루터는 알았다. 성서에는 교황이 고귀한 사람이라는 따위의 이야기는 쓰여 있지 않다는 것을." 사사키 아타루가 『잘라라, 기도하는 그 손을』이라는 책에 쓴 말이다.

인문학은 논리체계가 아니다. 논리를 뛰어넘어 직관直觀으로 나아간다. 인문의 영역을 문학·역사·철학으로 압축하는 것은 온

당치 않다. 가장 뛰어난 직관인 종교와 예술이 '사람됨'의 길에 빠져서야 될 말인가. 그동안 인문학의 쇠퇴, 가난한 인문학을 걱정하는 목소리가 높았지만, 인문학은 본디 가난한 법이다. 종교와 예술은 더욱 그럴 것이다. 신앙이나 문화의 이름으로 호의호식하는 어떤 사람들이야 생각이 다를 테지만.

인문학은 무슨 요령을 가르쳐 주거나 쓸모 있는 정보를 제공해 주는 지식 보따리가 아니다. 오래도록 묵히고 삭힌 지혜의 바탕자리, 그 '오래된 새로움'이다. 인문학은 어떤 해답이 아니다. 삶과 실존에 대한 엄숙한 질문이자 궁극窮極의 자리를 향하는 관조觀照의 눈길이다.

개발경제 시대에 정신문화를 제2경제라고 부른 적이 있었다. 오늘의 인문학 열풍이 혹시라도 경제성장의 종속변수 구실이나 찾으려는 것이 아닌지 의심스럽다. '인문을 배반한 인문학'이 돈벌이로 쓰이는 사회는 반인문적이다. 인문학의 위기 운운하던 때가 바로 얼마 전이었는데, 인문학이 잘 팔린다는 이즈음이야말로 진짜 인문학의 위기가 아닐까.

(2013. 06. 17.)

12 메밀꽃 필 무렵

　9월은 메밀꽃 필 무렵. 해마다 이맘때면 강원도 평창의 봉평골은 겨울 눈꽃처럼 눈부시게 피어난 메밀꽃으로 온통 은백銀白의 세상이 된다. 아득히 펼쳐진 메밀꽃밭 사이로 들어서면 시리도록 흰 꽃잎들의 향연饗宴이 온몸을 이채로운 정감情感으로 휘감는다.

　평창의 가을 들녘엔 이 고을 태생의 작가 이효석이 쓴 단편소설『메밀꽃 필 무렵』의 정겨운 장면들이 고스란히 되살아난다. 금방이라도 길가 주막에서 충주댁이 버선발로 뛰쳐나올 것만 같고, 성서방네 물방앗간에는 풋풋한 처녀의 수줍음이 아직도 진득배어 있는 듯하다.

　일제日帝의 암흑 시절, 경성제국대학 법문학부를 졸업하고 28세에 숭실전문학교의 영문학 교수가 된 이효석은 빈민계층의 슬픈 현실과 사회적 계급의 부조리에 분노하며 동반작가同伴作家로 문학세계에 뛰어들었다. 그의 아버지는 교사를 거쳐 진부면장을 지낸 지식인이었는데, 천재 소리를 듣던 아들이 나라의 독립을 위해 몸을 던지거나 또는 고등문관시험으로 출세의 길을 달리는 대신, 문학을 한답시고 서양풍에 물들어 커피 향과 프랑스 영화를 즐기는 모습이 내심 못마땅했을지도 모른다.

이효석은 조선총독부 경무국 검열계에서 잠시 일한 적도 있었지만, 깊은 자책自責을 안고 곧바로 검열계를 떠난다. 그는 끝내 창씨개명을 하지 않고 글을 썼다. 현실과 야합할 만큼 영악스럽지도, 그처럼 비양심적이지도 않았던 이효석은 암울한 민족 수난의 현실을 슬며시 벗어나 탐미적인 몽환夢幻 속으로 도피한다.

그 몽환은 시푸른 달빛을 머금은 메밀꽃이 강물처럼 출렁이는 산골 밤길의 서정抒情에서 황홀하게 펼쳐진다. "산허리는 온통 메밀밭이어서 피기 시작한 꽃이 소금을 뿌린 듯이 흐뭇한 달빛에 숨이 막힐 지경이다." 작가 김동리는 이효석에게 '소설을 배반한 소설가'라는 별명을 붙였다. 소설가라기보다는 시인에 가깝다는 뜻일 게다.

물방앗간 처녀를 품에 안았던 옛 추억과 왼손잡이까지 쏙 빼닮은 아들 동이를 만난 오늘의 뒤엉킴, 여러 장터를 떠돌아다니는 장돌뱅이의 스산한 현실과 동이 어미를 찾아갈 꿈에 부푼 설렘,

이런 엇갈림들이 지천으로 피어난 메밀꽃 속에 녹아 흐르면서 소설은 이렇게 끝을 맺는다. "걸음도 해깝고 방울소리가 밤 벌판에 한층 청청하게 울렸다. 달이 어지간히 기울어졌다." 달이 기울면 새벽이 가깝다. 발걸음이 가벼워진 허생원의 귀에 청청하게 들려오는 나귀의 방울소리는 어제의 애잔함과 오늘의 아픔을 뒤로하고 내일의 꿈을 재촉하는 새벽종의 울림인 듯하다.

고단한 나귀의 등에 허생원과 자신의 삶을 한데 엮어 얹은 작가가 못내 그리워한 것은 도회지가 아니라 전원田園의 삶이었다. 도시생활의 멋을 즐기며 힘에 겨운 호사豪奢를 부려보기도 했지만, 이효석의 가슴에는 언제나 고향의 흙냄새가 눅눅히 흐르고 있었다. 아내와 갓난 아들이 잇따라 병사하자 실의에 빠진 그는 2년여 동안 만주 등지를 헤매던 끝에 뇌막염으로 36년의 짧은 생애를 마감했다.

이효석은 출세도 부귀도 못 누린 채 보헤미안처럼 방황하다가 요절하고 말았지만, 그의 고향 평창의 9월은 '메밀꽃 필 무렵'의 가슴 저미는 이야기로 해마다 활기를 띠곤 한다. 그가 만약 고등문관시험에 합격해 일제의 관리가 됐더라면 결코 일어날 수 없었을 일 아닌가.

적잖은 예술인들이 영특한 상업적 수완으로 짭짤하게 돈맛을 즐기고 있는 이즈음, 불우했던 소설가 한 사람이 먼 훗날의 고향

산천에 어떤 충만充滿을 안겨주고 있는지를 되새겨보며 새삼 '문화의 힘'을 절감한다. 오늘날 평창 사람들의 기억 속에 남아 있는 것은 평생 고향을 떠나지 않고 고을 살림을 챙기던 면장 아버지가 아니라, 고향을 등지고 도회지를 방랑하던 소설가 아들이다.

여야의 대통령 후보들마다 경제를 살리고 민생을 책임지겠노라며 목소리를 높이지만, 국가경영을 이처럼 물질적 인프라의 면에서만 이해하는 태도가 과연 바람직한 것일까. 묵직한 인문정신, 두터운 문화의식이야말로 나라의 미래를 풍성하게 열어가는 가치와 품격의 리더십이 아닐까. 더욱이 제18대 대통령은 '문화올림픽'을 꿈꾸는 2018년 겨울올림픽의 개회를 선언해야 하는 터에. 그것도 이효석의 고향 평창에서.

9월이 오면, 이효석의 예술혼 깃든 자연의 정취와 그 속에 켜켜이 박힌 우리네 삶의 슬픈 진실, 그 서럽고도 아름다운 애환哀歡의 속삭임들이 메밀꽃 흐드러지게 핀 가을 벌판을 가슴 벅찬 감동으로 휘몰아간다. 그 감동을 상업문화와 문화장사꾼들이 어찌 흉내나마 낼 수 있으랴.

(2012. 09. 03.)

13 그리움을 위하여

"선생님 문학의 뿌리인 어머니 만나 뵙고 싶어 더욱 서두르셨으리라." 한 달 전, 고故 박완서 선생을 떠나보내는 조시弔詩에서 정호승 시인은 그분의 어머니를 '선생님 문학의 뿌리'라고 회고했다. 그러나 어찌 문학만일까? 우리 모두에게 어머니는 '삶의 뿌리'인 것을….

젊어서 남편을 잃고 홀로 어린 남매를 키워 대학까지 보낸 억척 어머니, 6·25전쟁 통에 금쪽같은 아들을 잃고 산송장처럼 되어버린 홀어머니, 그분의 고통스러운 삶은 그대로 박완서 문학의 탯줄이었다. 좌우의 이념 대립 속에서 방황하던 끝에 의용군으로 나갔다가 인민군의 총에 목숨을 잃은 엘리트 오빠의 죽음은 스무 살의 선생에게도 '영혼의 성장을 멈추게' 할 만큼 깊고 큰 상처를 남겼다.

"엄마는 거짓말은 절대 안 된다고 가르치셨지만, 좋은 초등학교에 날 입학시키려고 엉뚱한 주소지를 외게 했어요." 살아남기 위해 발버둥을 쳐야 했던 어머니의 일탈逸脫은 나중에 딸에게서도 발견된다. 서울대 국문과를 중퇴한 선생은 미군부대 인사담당자에게 '영문과 학생'이라고 속여 일자리를 얻는다. 공직에 나섰더라면 인사청문회장의 서슬 퍼런 도덕군자들로부터 위장전입과 허위 학력의 인격파탄자로 내몰렸을 일이지만, 선생은 부끄러운 흔적을 굳이 감추려 하지 않았다.

전쟁의 혼란 속에 피란 갈 기회마저 잃은 모녀는 서울에 남아 '낮에는 민주주의가 되고 밤에는 사회주의가 되는 세상'을 경험해야 했다. 선생이 평생 이념의 굴레에 얽매이지 않고 균형 잡힌 시각으로 현실을 투시할 수 있었던 것은 역설적으로 자신이 몸소 겪은 이념 갈등의 비극 때문이었는지도 모른다. 그 비극을 경험하지 못한 철부지들이 이데올로기의 날것에 취해 사나운 목소리를 내는 것과 대조적이다. 이념의 도그마에 갇힌 외눈박이들은 선생을 수구守舊로 몰아붙이기도 했다.

격동의 시절에도 선생은 거리와 광장에서 촛불을 켜든 적이 없었다. 오직 문학으로 시대의 모순을 아파했다. 『나목』, 『그해 겨울은 따뜻했네』에서는 전쟁으로 파괴된 가정과 인격들의 내적 갈등을 통해 민족의 고뇌를 풀어냈고, 『휘청거리는 오후』, 『지렁이 울음소리』에서는 산업화의 신화와 표피적表皮的 감각문화에 점령

당한 시대상時代相을, 일그러진 사랑의 조건을, 그리고 물신物神의 강림을 꿈꾸는 도시민들의 누추한 욕망을 적나라하게 파헤치며 우리들 삶의 속살을 성찰하도록 이끌었다.

88올림픽으로 온 나라가 들떠 있을 때, 어머니가 그랬던 것처럼 남편과 아들을 앞세운 선생은 절망 속에서 십자가를 내던지며 신과 처절한 싸움을 벌이기도 했지만 "세상은 연륜으로도, 머리로도, 사랑으로도, 상식으로도 이해 못할 것 천지"임을 속으로 삭이면서(『못 가본 길이 더 아름답다』), 『여덟 개의 모자로 남은 당신』과 『나의 가장 나종 지니인 것』으로 남편과 아들에 대한 그리움을 촉촉이 담아냈다.

숨 막힐 듯한 가부장제家父長制 하의 시집살이와 일제의 암흑기, 광복 직후의 혼란기를 다 겪어내며 동족상잔의 비극으로 혈육까지 잃은 선생 모녀의 삶은 우리의 어머니 세대가 살아온 신산辛酸의 역사, 바로 그것이었다. 천안함과 연평도에서 순국한 장병의 어머니들은 지금도 그 쓰라린 역사를 살아내고 있는 중이다.

선생의 연작 『엄마의 말뚝』은 6·25 때 맏아들과 맏딸을 잃고 고향을 떠나온 내 어머니의 삶 그대로다. 두 돌배기 막내인 나를 등에 업고 한반도 북단에서 남단까지 수천 리를 걷고 또 걸어 피란을 내려오신 어머니, 한겨울에도 차디찬 우물물을 길어 손빨래를 하며 온 가족의 옷을 손수 지어 입히시던 그분의 입에서 '힘들다, 귀찮다'는 따위의 말이 새어 나오는 것을 나는 단 한 번도 들어본 적이 없다. 어머니! 내 생애 '최초의 2인칭'인 이 애틋한 부름말呼稱을 나는 피멍 든 가슴처럼 아파오는 그리움 없이는 차마 혀끝에 올리지 못한다.

어머니를 문학의 뿌리로 삼았던 고故 박완서 선생은 그 자신이 한국 현대문학의 어머니가 되어 절절한 그리움을 남긴 채 우리 곁을 떠났다. 고단한 삶에 지친 이 땅의 아들딸들에게 인간 본연의 순수성과 삶의 경이로운 가치를 일깨워준 자애로운 모성母性…. 그는 언젠가 "그립다는 느낌은 축복"이라고 읊었다(『그리움을 위하여』). 그리움을 축복으로 남긴 선생께 머리 숙여 감사한다.

(2011. 02. 21.)

VI

통일의 하모니를 울리다

1. 통일의지, 권력의지
2. 통일의 말은 발굽을 멈출 수 없다
3. 아우슈비츠의 그림자
4. 첫 구절, 끝 구절
5. 끔찍한 피붙이 사랑
6. 알 수 없는 일들(此吾之未解也)
7. 진실의 한마디가 전 세계보다 무겁다
8. 한반도 대위법
9. 차마고도, 그 오래된 미래를 걸으며
10. 바이칼의 얼굴

1 통일의지, 권력의지

　수·당隋·唐의 대군을 번번이 격파한 고구려는 신라보다 군사력이 강했다. 드넓은 농토를 가진 백제는 신라보다 경제력이 앞섰다. 군사력·경제력에서 고구려와 백제에 뒤진 신라가 무슨 힘으로 3국을 통일했는가. 흔히 지적되는 것이 나당羅唐 연합작전을 성공시킨 외교력이다. 김유신·관창 등 젊은 화랑들을 유능한 무사로 키워낸 교육도 큰 몫을 했다. 원효·의상 등 고승高僧들은 불심佛心으로 국민통합을 이루는 데 기여했다. 무엇이 이런 외교와 교육과 국민통합을 가능하게 했는가.

　경주 황룡사 터에 9층 목탑지木塔址가 남아 있다. 선덕여왕 때 건립된 9층탑은 신라 주변의 아홉 나라, 왜·당·오월吳越·탐라·백제·말갈·거란·여진·고구려를 가리킨다. 『삼국유사』 제3권의 탑상塔像 편에 따르면 장차 이들 나라가 신라에 조공을 바치게 된다는 뜻이라고 한다. 9층탑은 신라인의 통일의지를 쌓아 올린 것이다.

패망 전의 남부 베트남은 극도의 혼란 상태였다. 정부는 무능했고 관료들은 부패했다. 미군 철수와 민주화를 요구하는 시위대가 거리를 휩쓸었고, 승려들은 분신자살 행렬을 이어갔다. 미군이 아침에 지원한 무기가 저녁이면 베트콩의 손에 넘어갔다. 통일의지는 어디에서도 찾아볼 수 없었다. 북베트남은 달랐다. 국부 호찌민胡志明은 공산화 통일을 유훈遺訓으로 남겼다. 북베트남군은 휴전협정으로 미군이 철수한 지 2년여 만에 사이공을 함락시켰다. 북베트남의 통일의지는 확고했다.

누가 독일의 통일이 갑자기 찾아왔다고 말하는가. 서독은 일찌감치 기본법 제23조에 동독을 독일연방에 가입시키는 흡수통일의 근거를 마련하고, 1961년부터 동독의 반인도적 범죄행위를 조사하는 잘츠기터Salzgitter 법무기록보존소를 운영했다. 경제 지원과 인권 문제를 연계시킨 헬싱키 협약을 충실히 지키면서 동독에 대한 경제 지원의 대가로 동독의 정치범과 그 가족 28만여 명을 서독으로 데려왔다. 78년에는 청소년들을 통일시대로 이끌어 가기 위한 '통일교육 기본지침'을 제정했다. 강력한 통일의지의 표현이었다.

독일의 통일은 90년 10월 3일에 공식 선포됐지만 실은 89년

봄부터 지속된 동독 주민의 반정부시위와 그해 11월의 베를린장벽 붕괴에서 이미 시작됐다. 장벽을 넘은 동독 주민들은 동서독의 차이가 단지 경제 분야에만 국한된 것이 아님을 깨달았다. 자유! 인간다운 삶의 원천인 자유는 공산체제하에서는 결코 누릴 수 없는 것임을 그들은 절감했다. 동독 주민들은 마침내 호네커 공산정권을 무너뜨렸고, 그 결과는 이듬해의 통일조약 체결, 통일연방의회 총선거, 전승戰勝 4개국의 통일 승인으로 이어졌다. 독일 통일의 힘은 동서독 주민의 통일의지에서 나왔다.

남북 예멘은 양측의 합의로 통일정부를 수립했지만 권력 배분을 둘러싼 갈등이 내전으로 번져 통일협정은 휴지 조각이 돼 버렸다. 결국 북예멘 군대가 남예멘을 점령해 흡수통일로 귀결됐는데, 남부 예멘에서는 다시 분리·독립 움직임이 일어나고 있다. 통일의지보다 권력의지가 앞선 탓이다.

우리 헌법은 평화적 통일을 지향한다(헌법 제4조). 그러나 3대 세습이라는 희대의 권력의지를 품은 핵무장 세력과 함께 평화통일의 길을 열어 간다는 것은 헛된 꿈에 지나지 않는다. 남북을 가른 휴전선은 남북한 주민의 가슴에 불길처럼 타오르는 통일의지로만 뚫을 수 있다. 국내외 8,000만 한민족이 통일의 열정을 뿜어내는 한, 중국이든 어떤 강대국이든 한반도의 운명을 멋대로 좌우하지 못한다. 우리의 안보와 외교 역량은 더욱 강화돼야 하지만 그보다 더 절실한 것은 우리 국민과 북한 주민의 통일의지다.

자유보다 생존이 우선이라던 경제성장론자들이 북녘 동포의 굶주림보다 빼앗긴 자유에 더 분노하고, 빵보다 인권이 더 소중하다고 외치던 민주투사들이 북한 주민의 짓밟힌 인권에는 눈감은 채 경제 지원만 요구하는 모순에 빠져 있다. 통일의지가 확고하다면 있을 수 없는 위선이요, 속임수다. 우리는 인권과 생존권, 그 두 개의 가치로 북한 동포의 통일의지를 이끌어 내야 한다.

유엔의 북한인권조사위원회는 북한 정권의 조직적이고 광범위한 반인도적 범죄를 고발하면서 책임자 처벌을 요구했다. 그러나 대한민국 국회의 북한인권법안은 어느 구석에 박혀 있는지 행방조차 묘연하다. 젊은 세대의 통일교육은 꿈도 꾸지 못한다. 정권 투쟁과 이념 갈등 때문이다. 남북통일은커녕 남남 통일도 아득하기만 하다. 원대한 통일의지는 찾을 수 없고 눈앞의 권력의지만 드셀 따름이다. 통일의 가장 큰 장애물은 북핵도 아니고 외세도 아니다. 오직 통일의지의 결핍이다.

(2014. 03. 17.)

2 통일의 말은 발굽을 멈출 수 없다

『삼국지연의』를 가슴에 품고 지내던 어린 시절, 관운장의 적토마는 동물이 아니라 하나의 매력 있는 인격체였다. 운장과 함께 수많은 전장을 누빈 적토마는 운장이 전사한 뒤 오나라의 마충에게 넘겨졌지만, 먹이를 마다하고 끝내 굶어 죽어 운장에 대한 충절을 지켰다. 말의 충성을 얻지 못한 마충馬忠의 이름이 민망하다.

그리스신화에서도 말은 영특한 존재로 등장한다. 영웅 벨레로폰의 애마 페가수스는 하늘을 날아다니는 천마天馬였고, 트로이전쟁을 승리로 이끈 것도 오디세우스의 목마였다. 말은 사회성이 뛰어나 협동과 질서가 생명인 군집생활에 익숙하다. 2014년은 갑오년 말띠 해다. 올해는 갈등과 분열의 늪에 빠진 이 나라에 소통과 화합의 길이 활짝 열리기를 기대한다.

말의 두 눈은 정면이 아니라 양 측면을 바라보기 때문에 머리를 돌리지 않고도 좌우를 두루 살필 수 있다. 우리 사회의 고질병인 좌우의 이념 대립을 말처럼 폭넓은 시야로 품어 안고 치유하는 대통합의 해가 되기를 바란다. 가장 큰 걸림돌은 다름 아닌 정치권이다. 갈등을 조정해야 할 자리에서 도리어 갈등을 부추기며 분노와 증오의 편 가르기로 당파적 이익을 낚아채는 기만의 정치를 끝장내지 않는 한 국민통합은 위선의 구호를 넘어서지 못한다.

말을 지배하는 민족이 세계를 지배했다. 게르만족은 훈족의 기마군단에 쫓겨 민족대이동에 나서야 했다. 훈족이 얼마나 무서웠던지 단테는 『신곡』에서 훈의 영웅 아틸라를 지옥에 떨어뜨려 버렸다. 칭기즈칸은 조랑말 떼를 휘몰아 재빠르게 공격하는 속도전으로 유라시아 대륙을 휩쓸었다. 풀만 먹는 말이 어떻게 세계를 정복할 수 있었을까? 지근遲筋이 튼튼하기 때문이다. 속근速筋은 순발력이, 지근은 지구력이 뛰어나다. 산업화와 민주화의 길을 숨 가쁘게 달려와 선진국 언저리에서 머뭇거리고 있는 우리는 인문의 향기 드높은 문화국가, 이념의 우상을 깨뜨린 통일국가를 향해 다시금 끈질기게 달려야 한다.

우리 근세사의 갑오년은 역동적인 기억을 품고 있다. 6·25전쟁 직후인 1954년, 독도의 등대가 처음 불을 밝혔고 통일호 열차가 경부선을 달리기 시작했다. 전쟁의 폐허 위에 솟아난 극일克日과 통일의 염원이었다. 조정의 분열과 일제의 강압 속에서 추진된 1894년의 갑오경장은 미완未完의 근대화로 끝나고 말았지만, 실학과 동학의 개화사상에 뿌리박은 그 진취적 역사의식마저 미완의 열정으로 남겨둘 수는 없다.

경장更張은 느슨해진 줄을 팽팽하게 조인다는 뜻이다. 세기를 넘어 되살아나는 주변 열강의 제국주의적 패권 다툼 속에 21세기의 첫 갑오년을 맞은 우리는 새로운 경장의 각오를 다지지 않으면 안 된다. 또다시 내부 분열이나 외세의 간섭 따위로 나라의 미래를 그르친다면 북녘 땅에 오성홍기五星紅旗가 나부끼는 끔찍한 일이 벌어질지도 모른다.

120년 전의 경장이 근대화의 열정이었다면, 오늘의 경장은 북한에 자유민주의 숨결을 불어넣는 통일의 열정이어야 한다. 통일은 인구 7,500만 명의 경제 강국으로 도약하는 '남는 장사'가 아니다. 국론 분열과 사회 갈등의 가장 깊은 뿌리인 분단의 현대사를 극복하는 '치유와 회복'이다. 통일은 비용과 수익을 저울질하는 '가격'의 셈법이 아니다. 온 민족의 인간다운 삶을 위한 '가치'의 실현이다. 광기狂氣의 인권 말살, 그 처절한 신음이 들리지 않는가. 북한인권법 제정을 한사코 거부하는 어떤 국회의원들의 귀에야 들릴 턱이 없겠지만.

혹자는 말한다. 같은 혈통끼리 국경을 맞댄 미국과 캐나다, 독일과 오스트리아처럼 남북한도 통일 없이 평화로운 이웃이 될 수 있다고. 과연 그런가. 저들 나라는 분단국도 아니고 적대국도 아니다. 캐나다가 미국에 '워싱턴 불바다'를 으르렁거린 적이 없다. 독일이 오스트리아에 무장공비를 내려 보낸 적도 없다. 외세의 강압에 의해 분단된 한반도와는 그 태생부터 다르다. 핵무기를 거머쥔 최고 존엄, 동족을 무참히 살상하는 '가짜 우리 민족끼리'가 북에 버티고 있는 한 남남갈등은 결코 끊이지 않을 것이다. 통일은 그 갈등의 밑뿌리를 뽑아내는 일이다.

12간지의 갑甲은 푸른 하늘을, 오午는 정오의 정남방을 가리킨다. 갑오년은 태양이 중천中天에서 빛나는 상서로운 때를 상징한다. 2014년은 더욱 드세질 것으로 예상되는 강대국들의 패권 야욕을 말굽 아래 떨쳐버리고 자유통일의 험난한 길을 꿋꿋하게 질주하는 영웅적인 말의 해가 되기를 기원한다. 마부정제馬不停蹄, 달리는 말은 발굽을 멈추지 않는다. 통일의 말도 발굽을 멈출 수 없다.

(2014. 01. 13.)

3 아우슈비츠의 그림자

거기에 지옥이 있었다. 인류 역사상 가장 사악한 홀로코스트의 현장, 폴란드의 아우슈비츠 수용소는 생생한 지옥의 기억으로 가득했다. 그 지옥으로 들어가는 정문 앞에 이르자 "노동이 자유롭게 한다Arbeit macht frei."라는 글귀가 나타났다. "진리가 너희를 자유롭게 할 것이다."라는 예수의 말씀을 패러디한 나치의 거짓말이다.

수용소에 끌려온 유대인들 가운데 노동력이 부족한 여성과 어린이·노약자·장애인은 대부분 일주일 안에 학살당했다. 나치는 그들의 손에 비누까지 쥐어 주면서 목욕실에 간다고 속여 지하 가스실로 끌고 갔다. 가스실에는 희생자들이 숨 막히는 고통 속에 손톱으로 벽면을 긁어대며 울부짖던 흔적이 선명하게 남아 있다. 가스실 위를 뒤덮은 새파란 풀밭도 그 끔찍한 기억까지 덮을 수는 없었다.

가스실에서 100m쯤 떨어진 곳에 악명 높은 수용소장 루돌프 헤스의 관사가 있다. 유대인들이 독가스에 죽어가는 동안 헤스는 바로 곁의 관사에서 가족과 단란한 식사를 즐겼을 것이다. 종전 후 그는 가스실 옆 공터에 세워진 교수대에서 처형당했다. 고압 전류가 흐르던 철조망, 희생자들의 시신을 불태운 소각장, 그들이 남긴 가방·신발·안경·의족…, 어느 것 하나 그때의 아픔을 간직하지 않은 것이 없다.

'죽음의 천사'로 불렸던 수용소의 독일인 의사 요제프 멩겔레는 쌍둥이 유대인의 팔다리를 잘라 서로 바꿔 붙인 뒤 그 생태 반응을 살피는 기괴한 실험까지 자행했다고 한다. 희생자들의 시신 중 일부는 재활용품이 됐다. 머리털은 베개와 카펫으로, 금니는 금괴로, 뼛가루는 비료로 둔갑했다. 수용소의 유대인들은 앞서 죽은 동족의 머리털로 만든 베개를 베고 쪽잠을 자야 했다.

"불 속에서 잃어버린 것은 잿더미 속에서 구하지 않으면 안 된다." 투철한 역사의식을 드러내는 폴란드의 격언이다. 잃어버린 것을 잊어버리지 않고, 잿더미 속에서 새로운 희망을 찾는다는 뜻이다. 어제의 아픔에서 오늘의 삶을 읽고 내일의 길을 찾는 지혜다. 1979년 유네스코는 아우슈비츠 수용소를 세계문화유산으로 지정했다. 차마 문화라는 이름을 붙일 수 없는, 그 포악한 반문화의 기억을 위해.

 폴란드도 우리처럼 끊임없는 외세의 침략에 시달렸다. 13세기 이래 수백 년 동안 몽골·스웨덴·프로이센·러시아·오스트리아로부터 잇따라 침략을 당했고, 20세기에는 소련과 독일의 군화에 짓밟혔다. 수도 바르샤바는 다섯 번 불길에 휩싸였다. 그러나 폴란드인들은 그때마다 격렬히 저항했고, 자기네의 격언처럼 잿더미 속에서 바르샤바를 다섯 번 재건했다.

 폴란드는 유난히 피아노와 관련이 깊은 나라다. 폴란드의 국보적 존재인 '피아노의 시인' 쇼팽은 1831년 러시아군이 폴란드 혁명을 무력으로 진압하자 「혁명 에튀드」를 작곡해 쓰라린 마음을 달랬다. 저명한 피아니스트로 폴란드공화국 초대 총리를 지낸 파데레프스키는 조국이 나치 군에 점령당하자 런던으로 건너가 폴란드 망명 의회를 이끌었다. 20세기 최고의 피아니스트로 추앙받는 유대계 폴란드인 아르투르 루빈스타인은 나치에 협력한 지휘자 카라얀과의 협연을 죽을 때까지 거부했다. 피아노의 선율에 깃든 폴란드의 저항정신이다.

 제2차 세계대전 당시 군국주의 일본도 지옥 같은 강제수용소를 여러 곳에 두고 있었다. 그중 하나가 현 일본 부총리 아소 다로의 증조부가 세운 아소 탄광이다. 아소 다로는 "(개헌을 위해) 나치 수법을 배우면 어떤가."라고 지껄인 장본인이다. 아소 탄광에 끌려간 한국인 노동자들은 하루 17시간 이상을 중노동에 시달렸고, 그들 중 약 200명이 구타와 굶주림·질병 등으로 사망했다. 한국인의 증언이 아니다. 양심적인 일본 사학자 다케우치 야스토의 저서에 기록된 사실이다. 그러나 일본 정부는 아직까지도 침략과 학살의 죄악을 참회하지 않고 있다. 홀로코스트의 그늘, 아우슈비츠의 그림자는 70년의 세월을 넘어 지금껏 길게 드리워 있다.

"역사를 망각하는 자는 그 역사를 다시 살게 될 것이다." 아우슈비츠 수용소 제4동 입구에서 폴란드어와 영어로 쓰인 조지 산타야나의 경구警句를 만나는 순간, 이 명언을 일본어로도 기록해 두었으면 하는 생각이 퍼뜩 떠올랐다. 나치를 닮고 싶어 하는 일본 극우파의 일그러진 역사의식을 아우슈비츠의 지옥과 함께 영구히 남길 수 있도록.

아, 그러나 지금도 수십만 명이 갇혀 있는 북한의 정치범수용소와 교화소들은 어찌할 것인가. 남도 아닌 동족에게 고문, 강제 낙태, 공개 처형을 일상적으로 저지른다는 오늘의 생지옥, 우리 곁 가까이 드리운 저 야만의 그림자는.

(2013. 09. 03.)

4 첫 구절, 끝 구절

"하나의 유령이 유럽을 떠돌고 있다. 공산주의라는 유령이." 말 그대로 유령처럼 음산하게 첫 운을 뗀 공산당선언은 "프롤레타리아가 잃을 것은 사슬밖에 없고, 얻을 것은 세계다. 만국의 노동자들이여, 단결하라!"는 격정적인 호소로 끝을 맺는다.

1848년 유럽의 한 모퉁이에서 29세의 마르크스와 27세의 엥겔스가 40쪽이 채 안 되는 문건 하나를 내놓았을 때, 그것이 20세기를 혁명과 전쟁의 피바다로 몰아넣게 될 줄은 아무도 짐작하지 못했다. 160여 년의 세월이 흐른 오늘, 공산당선언의 붉은 이념은 스탈린과 마오쩌둥의 핏빛 반달리즘vandalism을 역사의 유물로 남긴 채 '유령처럼' 자취를 감추고 말았다. 잃은 것은 자유요, 얻은 것은 독재와 빈곤의 사슬뿐이었기 때문이다. 그럼에도 불구하고 그 늙고 병든 유령은 유독 21세기의 한반도를 아직껏 떠돌고 있다. 저 북녘 얼어붙은 땅에서, 그리고 이 남녘 어딘가에서도.

"우리는 조선이 독립국이며 조선인이 자주적 민족임을 선언한다." 첫 구절에서 나라와 민족의 정체성을 밝힌 3·1독립선언문은 끝 구절에서 겨레의 미래를 향한 오늘의 다짐을 천명한다. "다만 앞길의 광명을 향하여 힘차게 곧장 나아갈 뿐이다."
 자주적 주체성과 독선적 폐쇄성을 분간하지 못하는 극단의 민족주의자들은 모름지기 기미년의 장중한 첫 울림을 깊이 음미해 볼 일이다. 거기에는 강대국의 눈치만 흘낏거리는 사대적事大的 굴종의 모습도 없거니와, '우리 방식대로'나 '우리 민족끼리'의 옹졸한 국수주의國粹主義도 찾아볼 수 없다.

 아울러 오늘의 소임과 내일의 비전을 제쳐둔 채 오로지 어두웠던 과거사를 파헤치는 데 골몰하는 정의의 투사들도 독립선언문의 끝 구절에 성찰의 눈길을 돌릴 필요가 있겠다. 패망한 조국, 무능한 지도층, 친일 매국노들에 대한 분노를 억누르고 "다만 앞길의 광명을 향하여 힘차게 곧장 나아간" 옛 어른들의 지혜에.

 "선제先帝께서는 나라와 역적이 함께 설 수 없고 왕업王業은 천하의 한 모퉁이에 주저앉을 수 없다 여기시어, 신에게 역적을 치라 명하셨습니다." 제갈공명의 만고명문 후출사표後出師表, 그 첫 구절이다. 분열된 제국의 통일을 이루기 위해 '침상에 누워도 편치 않고 음식을 먹어도 입에 달지 않을 만큼寢不安席 食不甘味' 노심초사하던 공명은 첫 구절에서 통일의 역사적 대의명분을 분명히 한 뒤, 마지막 구절에서 전쟁터로 향하는 각오를 이렇게 밝힌다. "신은 몸을 굽혀 온 힘을 다할 뿐, 오직 죽어서만 그칠 따름입니다." 탁월한 지략가인 제갈량도 나라의 안보와 통일을 위해서는 목숨을 걸어야 했다. 하물며 핵무기와 마주하고 있는 우리이겠는가?

6·25 동족상잔 60주년, 바로 그 6월이다. 우리는 선지자 이사야의 예언처럼 "칼을 녹여 쟁기를, 창을 쳐서 낫을 만드는" 평화의 날을 더없이 소망하지만, 동족의 젊은이들을 어뢰로 몰살시키는 선군先軍이 북에 버티고 있는 한 불행하게도 아직은 칼을 갈고 창날을 벼릴 수밖에 없는 상황이다. '우리 민족끼리'의 섬뜩한 실체다.

좋은 전쟁도 없고, 나쁜 평화도 없다.(벤저민 프랭클린) 그러나 나라를 수호하고 평화를 지키기 위한 싸움은 좋고 나쁘고의 차원이 아니다. 불가피한 역설逆說이다. 그 역설 때문에 국민들은 자식을 군대에 보내고, 힘겹게 국방비를 대는 것이다. 그 역설이 두렵다면 핵탄두 앞에 구걸하는 '비굴한 평화' 또는 빼앗기듯 퍼주는 '안보의 뒷거래'가 있을 뿐이다. 그것은 평화가 아니라 굴종이다. 묘지의 정적靜寂을 평화라 할 수 있는가? 거기에 자유와 진보가 있을 리 만무하건만, 그것을 좋은 평화라고 고집하는 사람들이 자유와 진보의 깃발을 내흔들며 시대를 속이고 있다.

독재와 빈곤의 아픔을 경험하지 못한 젊은 세대가 나라의 운명을 좌우하는 시절이다. 민족의 미래를 짊어진 젊은이들이 '전쟁이냐 평화냐'의 자극적 선동에 움츠러들어 '자유냐 굴종이냐'의 엄숙한 고민을 회피한다면, 그리고 '불바다·전면전·무자비한 타격' 따위의 심리전에 기죽어 '자유의 가치'를 포기하고 그저 당장에 편안한 '굴종의 현실'을 선택한다면, 국가의 백년대계인 교육은 실패한 것이다.

나라와 민족의 진로를 바꾼 역사적 선언들은 그 첫 구절부터 예사롭지 않고, 끝 구절 또한 의례적인 에필로그가 아니다. 삶을 뒤흔들고 의식을 일깨우는 영혼의 내출혈內出血이다. 공산당선언의 역사적 모순, 독립선언서의 진취적 주체성, 그리고 후출사표의 절절한 우국충정이 보훈의 달, 현충顯忠의 가슴에 새삼 숙연하다.

(2010. 06. 14.)

5 끔찍한 피붙이 사랑

 사위나 며느리라면 모를까, 젊은이들이 집안에서 제 부모를 아버님, 어머님으로 깍듯이 높여 부르는 일은 흔치 않을 듯하다. 웬만해선 듣기 힘든 그 귀한 존칭을 이즈음 집 밖에서 자주 듣게 된다. 시장이나 백화점의 매장에 들어서면, 생전 처음 보는 업주와 점원들이 다가와 아버님, 어머님을 되뇌며 알뜰살뜰 모신다.

 그뿐이 아니다. 중년이면 죄다 3촌뻘인 아저씨, 아주머니고, 어르신들은 모두 2촌인 할머니, 할아버지다. 젊은이들끼리는 스스럼없이 형, 동생, 누나로 통한다. 예전엔 남편을 아빠라고 불렀는데 요즘엔 오빠로 부른다. 누가 "오빠" 하고 부르면 남편과 친정오빠가 동시에 대답을 해야 한다. 촌수도 근친윤리近親倫理도 모두 뒤죽박죽이지만, 세상의 모든 사람이 다 3촌 이내의 핏줄인 셈이니 오죽 좋은 일인가.

외국의 젊은이들이 처음 보는 노인을 할아버지grandpa, 할머니grandma로 부른다는 말을 들어본 적이 없다. 남편을 오니상(お兄さん, 오빠)으로 부르는 일본 여성도 있을 성싶지 않다. 모든 인간관계를 몽땅 가족관계로 환원시키는 우리의 유별난 호칭 습관은 생면부지의 타인도 제 피붙이처럼 여기는 따뜻한 마음씨에서 비롯된 것일 터인즉, 이야말로 세계에 자랑할 문화유산이 아니겠는가.

그러나 호칭의 관습이 실제의 인간관계와 꼭 일치하는 것은 아니다. 점원이 '어머님'과 흥정을 하고 실랑이를 벌이는가 하면, '할머니'와 10대 소녀가 뒤엉켜 몸싸움을 벌이는 세상이다. 아내와 '오빠'가 남남으로 갈라서는 이혼율은 경제협력개발기구OECD 국가 중 1위다. 극단의 대립과 갈등 속에서 나누는 '피붙이 호칭'은 골 깊은 분열상을 감추려는 기만欺瞞의 언어, 위선의 수사학修辭學이 아닌지 모르겠다.

자식 둔 골짜기는 범도 돌아본다지만, 우리네 피붙이 사랑은 끔찍하리만치 각별하다. 높은 교육열로 국가발전의 토대를 이뤄낸 반면에, 가진 자들의 옹졸한 가족이기주의는 그렇잖아도 고단한 민초民草들의 삶에 짙은 그늘을 드리웠다. 빈부貧富가 고스란히 세습되는 사회풍토도 서러운 터에, 장관과 국회의원의 아들딸들이 선망羨望의 공직에 '특채'되어 서민들을 울리는가 하면, 심지어 부유한 대형 교회들의 강단마저도 세습의 목록에 올라 있을 정도다. 그들이 따른다는 예수님은 나중에 대사도大使徒가 된 동생 야고보를 미리 부르지 않고, 아무 혈연이 없는 베드로에게 천국의 열쇠를 맡겨 교회를 이끌게 했건만(마태 16).

공동체를 고통 속으로 몰아넣는 피붙이 사랑은 선善이 아니라 죄악이다. '조선민주주의인민공화국'의 긴 이름에서 하필이면 권력세습에 어울리는 단 하나의 단어인 '조선'왕조를 따랐는지, 선군先軍의 나라에서 군복무 경험도 없는 20대 손자가 하루아침에 대장의 반열에 올라 65년 절대 권력을 3대째 이어가는 중이다.

"위대한 수령 김일성 동지는 민족의 태양이시며, 사상리론과 령도예술의 천재이시고, 위대한 인간이시었다." 세상에 둘도 없을 북한 헌법, 그 서문의 일부다. 우주선으로 별들을 왕래하는 21세기 대명천지에 이토록 기가 막힌 판타지의 세계가 또 있을까. 전 독일 국민이 '히틀러 만세Heil Hitler'를 외쳐야 했던 나치시대에도 히틀러의 호칭은 단지 지도자Führer였을 뿐이다. 그 희대의 광인狂人도 차마 '게르만 민족의 태양'까지는 넘보지 못했다.

아무리 '민족의 태양'이 떠 있는 땅이라지만, 부자손父子孫이 대대로 권력을 세습하는 사회주의는 세상에 없다. 종주국에 세자책봉을 주청奏請하는 '주체'의 나라도 지구상에 없다. 사이비 사회주의, 정신나간 주체가 아니라면 말이다.

자유, 민주, 인권은 문명사회의 보편적 가치다. 그것을 외면하는 진보는 이념에 대한 모독일 따름이다. 반反문명적 봉건세습체제를 '북녘조국, 사상의 조국'으로 부르면서 엉뚱하게도 진보를 자처하는 이상한 사람들이 갑자기 입을 다물었지만, 그 수상쩍은 침묵이 도리어 많은 것을 말해준다.

 북의 신성가족神聖家族이 보여주는 저 '끔찍한 피붙이 사랑'이 행여 2,400만 북한 동포에게 끔찍한 불행을 안기지나 않을지 걱정스럽다. 핏줄을 앞세운 '우리 민족끼리'의 구호가 살갑게만 느껴지지 않듯이, 거리에서 오고 가는 아버님, 어머님의 피붙이 호칭도 그리 정겹게 다가오지 않는다.

(2010. 11. 08.)

6 알 수 없는 일들
(此吾之未解也)

"한고제漢高帝는 해와 달처럼 명철했고 신하들의 지략은 연못처럼 깊었으나 몸소 어려움을 겪고 위험을 무릅쓴 뒤에야 비로소 평안을 얻었습니다. 폐하께서는 고제에 미치지 못하시고 신하들도 장량·진평 같지 못하건만, 계획만 오래 세우며 앉아서 승리를 얻어 천하를 평정하려 하니, 이는 신이 알지 못할 첫 번째 일입니다."

제갈공명의 만고명문 후출사표後出師表는 '신이 알지 못하는 일此臣之未解也'이라는 여섯 개의 반어법으로 안일과 나태에 빠져 있는 군신君臣을 질타한다. 천하의 공명도 알 수 없는 나랏일이 여섯 가지나 되었거늘 우둔한 나로서야 알지 못할 일此吾之未解也이 어찌 여섯뿐이랴?

내가 알 수 없는 일 하나. 개정된 조선노동당 규약에서 '마르크스·레닌주의'를 삭제하고 '위대한 수령 김일성 동지의 당'을 선언한 권력세습의 사회주의 지상낙원, '우리 민족끼리'의 입에서 쏟아져 나오는 '서울 불바다'…. 이처럼 일그러진 사회주의, 이토록 뒤틀린 민족주의가 세상 어디에 또 있을까? 권력에서 소외된 신성가족神聖家族의 장손조차 3대 세습은 사회주의와 모순이라고 비판하지 않았던가?

둘. 집단공개총살·정치범수용소·연좌제·일상적인 감시와 통제…. 그 혹독한 억압의 사슬에 얽매인 북한 동포들이 자유의 빛을 찾을 수 있도록 온 힘을 쏟아야 할 이때, 북한인권법이 '북한 정권을 자극할 우려' 때문에 국회를 통과하지 못하고 있다니 기가 막힐 노릇 아닌가? 2,400만 동포의 처절한 삶을 외면한 채 오로지 '위대한 지도자' 한 사람의 눈치만을 힐끔거리는 사시斜視가 진정 민족과 평화를 사랑하는 마음에서 우러나온 것인지, 아니면 세습독재체제를 두둔해서라도 '화해세력'이라는 이미지를 굳히려는 정략적 속셈 때문인지?

셋. 우리 군의 정례적 방어훈련에도 "전쟁을 하잔 말이냐."라며 버럭 역정을 내는 평화주의자들이 시도 때도 없이 '한반도 핵 참화'를 들먹이는 테러집단에게는 어째서 "핵전쟁이라도 하잔 말이냐."라고 얼굴을 붉히지 않는지?

넷. 일본 원전原電의 방사능 유출을 계기로 우리 원전의 안전성에도 궁금증이 깊어지는 상황인데, 생명 같은 지하수 물줄기에 방사능을 노출시켰을지도 모를 두 차례 지하핵실험, 경수로 건설, 우라늄농축 프로그램 등 전혀 공개되지 않은 북한의 막무가내식 핵개발에는 웬일로 생태파괴에 대한 걱정의 목소리가 들리지 않는지? 북한의 핵 운용 능력이 신뢰할 만하다는 과학적 확신 때문인가, 아니면 이 역시 북한 정권을 자극할 우려 때문인가?

다섯. 도발과 대화의 두 손을 번갈아 내밀며 교묘히 남남갈등을 부추기는 북의 고단수 심리전 앞에서 기껏 풍선이나 확성기 문제에도 허둥대며 골머리를 앓는 것이 대북정책의 현주소이니, 더 나아가 무슨 원대한 통일의 경륜을 기대할 수 있으랴?

여섯. 재스민(튀니지)·수련(이집트)·석류(리비아)·아네모네(시리아)로 줄지어 피어난 민주시민혁명이 오랜 억압의 땅들을 찾아 봄꽃망울 터지듯 번져가면서 G2의 중국마저도 모란牡丹의 봉오리가 움틀까 전전긍긍하는 터인데, 66년째 떠있는 '민족의 태양' 아래서도 햇볕 한 점 없이 춥고 어둡기만 한 북녘에는 '목란木蘭혁명'의 싹이 돋아날 기색조차 희미하다고 하니, 이 또한 내가 알 수 없는 일 중의 하나다.

아무리 꽉 막힌 폐쇄사회라 해도 완벽한 통제는 불가능하다. 통제가 클수록 저항도 커지기 마련이다. 그러나 외국인 용병을 앞세워 탱크와 전투기로 제 나라 국민을 무차별 살육하는 카다피의 광기狂氣에서 보듯 인민들을 겨냥할지도 모를 선군先軍의 총부리가 두렵다.

독재와 빈곤 속에 신음하는 북한 동포의 민권회복을 위해 온갖 어려움을 무릅써야 할 이 나라 정치인들은 대체 어떤 비책秘策을 품고 있기에 강 건너 불 보듯 태평스럽기만 한가? 허구한 날 권력싸움에 골몰하는 저들의 모습이 나로서는 도무지 알지 못할 또 하나의 불가사의不可思議가 아닐 수 없다.

뛰어난 지략가인 제갈량도 다 알 수 없었던 것이 나랏일이다. 하물며 평범한 민초民草들이랴? 그러나 그 민초의 하나인 나도 분명하게 아는 것이 하나 있다. 21세기에 오직 하나뿐인 저 봉건세습왕조는 남쪽 어떤 사람들의 끔찍하리만치 두터운 비호庇護에도 불구하고 북녘 동포의 뼈저린 한恨과 불굴의 자유혼自由魂 앞에서 종내 끝장나고야 말리라는 것을.

(2011. 05. 16.)

7 진실의 한마디가 전 세계보다 무겁다

"러시아 민중은 반세기 동안 거칠고 형편없는 음식을 먹어온 탓에 생물학적으로 퇴화되고 있다. 이런 현상은 정치적 선동, 사상적 세뇌, 종교와 문화에 대한 억압으로 인해 더욱 심해졌다. 자유를 찾는 유일한 방법은 술에 취하는 것뿐이다." 이달 3일로 4주기週忌를 맞은 알렉산드르 솔제니친이 『치명적 위험』에 쓴 말이다.

소련은 전 국토가 그대로 거대한 감옥이자 강제수용소였다. 스탈린을 비판한 편지 한 통 때문에 반역자로 몰려 사형선고를 받은 솔제니친은 그 자신의 말처럼 '모든 것을 빼앗겨 자유로워진' 이단아였다. 철의 장막 속에 핀 한 떨기 양심의 불꽃은 외로운 진실의 빛을 밝히며 이념의 광풍 앞에 홀로 맞섰다. 역사는 그를 '러시아의 양심'으로 기억한다.

10여 년에 걸친 강제수용소에서의 혹독한 체험은 『이반 데니소비치의 하루』, 『암병동』, 『수용소군도』 등 걸출한 작품들의 바탕이 되었는데, 삶의 근원을 파고드는 도덕적 성찰로 현대 러시아 문학의 품위를 드높인 솔제니친의 소설들은 뛰어난 비극적 문학인 동시에 생생한 체험의 역사적 기록이기도 하다.

　　소련에서 강제 추방된 솔제니친은 하버드대의 졸업식 연사로 초청됐을 때 '자유주의의 부패, 개인주의의 타락'을 준열하게 꾸짖어 서구의 지성들을 부끄럽게 만들었다. 소련 붕괴 후 20년 만에 귀국한 그는 경제적 풍요를 갈구하는 러시아인들의 물신주의 풍조를 경계하면서 인간성의 존엄과 가치를 역설했다. 이념과 체제의 변화에도 불구하고 비인간적 야만성에 대한 그의 저항정신에는 아무 변화가 없었다. 솔제니친이 갈망한 것은 배부르고 무절제한 자유사회가 아니라 정의와 평화가 공존하는 박애의 공동체였다.

　　소련만의 아픈 역사가 아니다. 2,400만 인민이 3대에 걸쳐 위대한 수령을 결사 옹위하는 21세기의 이방지대, 수백여 곳의 정치범수용소·교화소·강제노동수용소 등지에 수십만 명이 갇혀 있는 현실의 디스토피아dystopia, '최고 존엄'만 있을 뿐 '인간의 존엄'은 찾을 길 없는 우상의 제국…, 지금 북한 주민들이 겪는 생물학적 퇴화현상은 러시아에 비할 바가 아니다. 얼마 전 북한군은 현역 복무 남성의 신장 기준을 남한의 초등학교 4학년생 평균 키에 가까운 1m 42㎝로 낮췄다고 한다. 이것이 광복 67년을 맞는 남과 북의 현실이다.

소련에는 거친 음식이나마 먹을거리가 있었지만, 북녘 땅에서는 그것조차 구하기 어렵다. 러시아인들은 술에 취해 자유를 얻으려 했지만, 북한 주민들은 마약에 취해 현실을 잊으려 한다. 어린 꽃제비들은 쓰레기통을 뒤지며 시장바닥을 헤맨다. 인도적 식량지원이 시급한 상황이다. 물론 분배의 투명성이 보장돼야 한다. 민주화보다 산업화가 우선이라고 외치던 경제성장론자들이 북한 주민의 인권을 걱정하면서 생존권을 외면하는 태도는 위선적이다.

반면에 빵보다 인권이 먼저라고 울부짖던 민주투사들이 북녘의 처절한 인권상황에는 눈을 감은 채 무조건의 식량지원만을 요구하는 것은 기만적欺瞞的이다. 그들이 아는 북한 동포의 인권이란 그저 '먹을 권리'뿐이다. 자유도 인간의 존엄도 없이…. 이토록 참담한 인격모독이 또 있을까.

자유와 인권을 짓밟는 이념적 도그마에는 어김없이 비참한 종말이 기다리고 있다. 북한 유일체제의 열렬한 지지자였던 루마니아의 독재자 차우셰스쿠도 아랍민족주의의 우상 카다피도 모두 끔찍한 최후를 맞았다. 카다피가 시민군의 총에 사살되자 북한은 중동에 체류하는 주재원들의 귀국을 막았다. 재스민혁명의 열기가 북한에 전파되는 것을 차단하려는 의도이겠지만, 인민의 눈과 귀를 막는 인민민주주의는 어불성설이다. 민족·주체·통일의 슬로건으로 그 허구를 덮지 못한다.

"진실의 한마디가 전 세계보다 무겁다outweigh!" 솔제니친이 노벨문학상 수상소감에서 밝힌 말이다. 북한 민주화를 위해 투쟁해 온 김영환 씨가 중국 공안에 체포돼 온갖 고문을 당했다는 소식을 접하면서 문득 솔제니친의 깊은 울림이 떠오른 이유가 무엇일까. '강철서신'의 주사파로서도 치열했지만, 북한의 '처단 대상'으로 지목될 만큼 반反주사파로서 더욱 치열한 그의 외침이야말로 이 시대에 절박한 진실의 목소리이기 때문이 아닐까. 정치권의 영입 제의에 눈길 한 번 주지 않은 그의 순수한 외침이.

통영의 딸들, 강제 북송된 탈북 동포들이 북녘 하늘 밑 어딘가에서 힘겨운 숨을 몰아쉬는 오늘, 우리는 솔제니친이 남긴 영혼의 목소리를 그의 육신과 함께 지하에 묻어두지 못한다. 이념의 동토凍土를 녹인 자유와 평화의 절규, 전 세계보다 무거운 진실의 한마디를.

(2012. 08. 13.)

8 한반도 대위법

금빛 관악기의 화려한 팡파르에 이어 무거운 저음의 현악기가 우울한 고뇌를 토해낸다. 이들 갈등하는 두 악기군群은 서로 다른 음악을 연주하는 것처럼 보이지만, 실은 하나의 총보總譜 속에서 하나의 피날레를 향해 함께 나아가는 중이다.

음악은 수많은 음들의 수직적 결합과 수평적 연결로 이뤄진다. 수직적 결합은 화성和聲을, 수평적 연결은 대위법적對位法的 선율을 가리킨다. 각기 다른 멜로디의 콘트라스트가 동시에 어우러지며 조화의 하모니를 창조해가는 대위법은 갈등 속에서 화합을 추구하는 모든 인간관계의 현실과 이상을 그대로 품고 있다.

오늘의 한반도는 총체적 콘트라스트의 전시장이다. 지구상에 남북한처럼 극명하게 대조되는 곳은 달리 없다. 북에서는 뱃가죽이 등에 달라붙을 만큼 굶주리는데, 남에서는 실컷 먹어 부풀어 오른 뱃살을 도로 빼내느라 엄청난 돈을 퍼붓는다. 이 슬픈 대조, 부끄러운 간극間隙을 언제까지 이어갈 것인가.

북한 청년들의 군복무 기간은 장장 7년인데, 남쪽에서는 1년 9개월도 너무 길다고 더 줄이겠단다. 현역병 입대의 신장 기준이 북한은 1m 42㎝, 남한은 1m 58㎝다. 이 16㎝의 차이 속에 한반도의 아픔이 고스란히 담겨 있다.

태양절이라는 오늘, 조선민주주의인민공화국의 주민들은 '민족의 태양' 동상 앞에 열을 맞춰 머리를 조아릴 것이다. 그러나 대한민국에는 초대 대통령의 동상이 어디에 있는지조차 아는 사람이 별로 없다. 남에서는 국민의 직접선거로 5년마다 정권이 바뀌고, 북에서는 인민의 결사옹위 속에 신성가족神聖家族 3대가 65년이 넘도록 절대 권력을 이어간다. 어느 한쪽은 민주주의의 이름을 버려야 하지 않겠는가.

북의 방송매체가 일제히 '서울 불바다'의 위협을 쏟아내도 남쪽의 텔레비전들은 걸쭉한 수다와 선정적 오락 프로그램으로 온종일 흥청거린다. 북에서는 연일 '최후 결전'을 부르짖는 군중대회가 열리는데, 남에서는 거리마다 유흥과 향락의 물결이 넘실거리고 태평성대의 봄꽃놀이가 한창이다. 안보 자신감인가, 안보 불감증인가.

핵무기를 거머쥔 북한이 "한라산에 인민공화국 깃발을 휘날리겠다."고 으름장을 놓는 판에, 남에서는 국고보조금을 받는 정당이 연례적 방어훈련을 '평양 점령 훈련'이라고 맹렬히 비난한다. 한라산보다 평양의 안전이 더 걱정된다는 뜻인지, 속내가 궁금하다.

북에서는 서너 사람만 은밀히 모여 웅성거려도 보안원의 눈에 불꽃이 튄다는데, 남에서는 서울 한복판 대한문 앞의 불법 농성 천막 하나에도 공권력이 쩔쩔매며 갈팡질팡한다. 북에는 병영兵營 같은 폐쇄사회가, 남에는 자유분방한 개방사회가 펼쳐지고 있다.

목선木船에 오른 29세의 '최고 존엄'을 조금이라도 더 가까이 환송하기 위해 수많은 군인과 주민들이 차가운 겨울 바다에 선뜻 뛰어들어 가슴에 물이 차오를 때까지 파도를 헤치며 나아간다. 판타지가 아니다. 눈물겨운 충성(?)의 현장이다. 인류학적으로 연구해볼 가치가 있지 않을까. 반만년을 같은 땅에서 같은 말, 같은 글을 쓰며 함께 살아온 남북의 한 핏줄이 어떻게 이처럼 다를 수 있는지를.

그렇지만 남과 북이 늘 다르기만 한 것은 아니다. 음습한 조화가 어른거리는 백년 시리즈도 있다. 북쪽의 '백년 숙적宿敵' 구호는 미국을 민족의 철천지원수로 몰아가고, 남쪽의 '백년 전쟁' 영상물은 건국 대통령을 미국의 꼭두각시이자 하와이언 갱스터로 몰아간다. 북의 막말 행진에 장단 맞추는 종북從北의 추임새가 남쪽 어디에선가 끊임없이 새나온다.

 단일 선율의 제창齊唱이 따르지 못하는 대위법의 오묘한 세계는 콘트라스트의 다양성과 하모니의 통일성으로 구성된다. 엇갈림과 어울림, 갈등과 화합은 대위법의 두 기둥이다. 그러나 한반도에는 극렬한 대결, 끝 모를 갈등만 있을 뿐 화합의 하모니는 도무지 찾을 길이 없다. 북녘에서 들려오는 소리는 온통 불협화不協和의 파열음뿐이다. '제2의 조선 전쟁'이라니, 6·25 남침까지 세습하려는가.

 절제된 불협화음은 음악에 긴장을 불어넣고 불안과 부조리의 감성을 효과적으로 표현해내는 역설의 화성법이지만, 불협화의 과잉은 전체적인 하모니를 깨뜨려 음악의 통일성을 망쳐버린다. 줄곧 파열음만 뱉어내는 연주자를 무대에서 퇴출해야 하는 이유다. 불량 연주자의 교체만이 한반도의 무대에서 통일의 하모니를 이루는 유일한 길이다.

 무대의 최종 책임은 지휘자에게 있다. 화성적 대위법에 충실한 지휘자라면 끝내 조화를 거부하는 사이코패스 연주자를 결코 용납하지 않을 것이다. 그 지휘대에 대한민국 대통령이 서 있다.

(2013. 04. 15.)

9 차마고도,
그 오래된
미래를 걸으며

"거의 수직으로 깎아지른 산허리는 아득히 먼 옛적 지각 변동으로 생겼을 것이 틀림없는 바위 틈 사이로 빠져들고 있었다. 멀리 희미한 녹색으로 뒤덮인 계곡의 밑바닥은 보는 이의 눈을 황홀하게 했다…. 만약 거기에 사람이 살고 있다면, 그곳은 평화로운 은총으로 가득 찬 땅이리라."

제임스 힐튼의 소설 『잃어버린 지평선』에서 샹그릴라Shangri-La를 묘사한 대목이다. 두 차례의 세계대전으로 이성과 과학의 성취에 회의를 품게 된 인류는 다시금 신과 자연의 세계를 동경하기 시작했다. 난개발과 환경 파괴, 무절제한 산업화와 인간관계의 단절에 절망한 세계인들은 앞다투어 유토피아를 찾아 나섰다. 티베트인들이 '마음속의 해와 달'로 여겼다는 샹그릴라를.

이상향의 대명사로 떠오른 샹그릴라가 정확히 어디인지는 분명하지 않다. 티베트·네팔·부탄·파키스탄의 산록 마을들이 저마다 샹그릴라를 자칭했다. 자치구라는 이름으로 소수민족의 삶터를 강점하고 있는 중국은 2001년 윈난雲南성에 있는 티베트족 자치주 더칭迪慶의 중뎬中甸을 샹그릴라香格里拉로 개명했다. 중뎬이 소설 속 샹그릴라의 풍광과 매우 비슷하다는 것이 그 이유다. 2003년 유네스코는 중국의 샹그릴라를 세계문화유산으로 지정한다. 다른 나라의 샹그릴라들은 헛물을 켠 셈이다.

샹그릴라는 수천 년 동안 티베트의 말과 윈난의 보이차普洱茶가 오고 간 차마고도茶馬古道의 주요 경유지다. 평균 4,000여 m의 해발고도로 장장 5,000여 km를 내달리는 차마고도는 실크로드보다 200년이나 앞서 열린 인류 최고最古의 육상 교역로다. 아득히 치솟은 만년설의 산봉우리들, 시리도록 투명한 강과 호수, 수정 구슬을 뿌린 듯 찬란한 밤하늘의 별빛, 사계절을 두루 품은 숲과 들판이 끝없이 이어진다.

차마고도의 길목에 라다크라는 고원지대가 있다. 19세기까지 독립 왕국이었던 히말라야의 '작은 티베트'다. 그곳에서 16년 동안 원주민들과 함께 생활한 스웨덴의 언어학자 헬레나 노르베리-호지는 생태환경의 바이블로 불리는 『오래된 미래』를 펴냈다. 외래 문명이 아닌 자신들의 고유한 문화와 관습으로 소박하게 이어져온 라다크의 자연친화적인 삶에서 호지는 인류가 나아갈 방향, 그 오래된 Ancient 미래 Future의 역설을 계시처럼 깨달았다. '옛것의 창조적 회복'에 담긴 희망을…. 풍광의 샹그릴라가 아니라 정신의 샹그릴라를 찾은 것이다.

그러나 20세기 후반부터 밀려들기 시작한 기술 문명과 개발 풍조로 인해 고유한 전통문화를 잃어가는 차마고도의 또 다른 모습은 크나큰 슬픔이 아닐 수 없다. 설상가상으로 지난달 샹그릴라에 큰 화재가 발생했다. 천년 고성古城의 문화재급 목조건물들이 불길에 사라졌다. 샹그릴라를 관광지로 개발하면서부터 예고됐던 비극이다. 돈벌이의 장삿속은 유토피아를 단숨에 디스토피아로 바꿔버렸다.

차마고도는 단순히 말과 차만 오고 간 교역로가 아니다. 역사가 만나고 문화가 교류되는 소통의 길, 화합의 길이었다. 차마고도를 따라 형성된 마을들 한복판에는 어김없이 사방가四方街라는 아담한 광장이 열려 있다. 다른 언어, 낯선 관습의 종족들이 사방에서 모여들어 서로 얽히고 융합하는 상생의 마당이다. 제갈량이 맹획을 칠종칠금七縱七擒했다는 웨이산巍山에는 후이족回族 마을이 자리 잡고 있다. 마을 중앙의 이슬람 사원에서는 오늘도 코란의 독경讀經이 이어진다. 차마고도, 그 오래된 미래의 옛길은 민족과 종교의 차이까지도 넉넉히 품어 안았다.

웅장한 옥룡설산玉龍雪山을 따라 길게 내뻗은 리장麗江의 차마고도를 느릿느릿 걷는 동안 우리의 비무장지대 DMZ가 머리에 떠올랐다. 숱한 쌀과 비료, 필수 의약품과 시멘트 더미가 그 분단의 길목을 거쳐 북으로 올라갔건만, 북에서 날아온 것은 포탄과 어뢰뿐이었다. 차마고도는 혈통과 신앙의 차이마저도 녹아내렸는데, 어찌 독재의 우상이나 허튼 이념 따위가 우리의 산하山河를 가로막는단 말인가.

70년 긴 세월은 뼈아픈 분단의 현장을 생태계의 보고寶庫로 탈바꿈시켰지만, 997㎢에 이르는 비무장지대는 무슨 관광명소나 생태공원쯤으로 남겨질 땅이 아니다. 옛 어른들의 숨결과 자라나는 새싹들의 꿈이 한데 어우러지는 오래된 미래의 길목, 우리 마음속의 해와 달이 뜨는 한반도의 샹그릴라, 민족공동체의 정체성을 창조적으로 회복하는 통일시대의 관문이다. 그 시푸른 땅에 소통과 화합의 마당이 펼쳐지는 날을 더없이 소망한다. 남과 북을 이어주는 숲길에서 문득 저 오래된 미래와 만나는 날을.

(2014. 02. 03.)

10 바이칼의 얼굴

　눈부신 햇살 아래 바이칼은 온몸을 반짝이며 몽골-시베리아 고원에 길게 누워있었다. 창세 이전의 정적靜寂이 이랬을까? 호수 건너편 바위산 자락이 만들어낸 자연의 조각상, 입을 가린 '바이칼의 얼굴'이 태초의 시선으로 이방인의 발걸음을 줄곧 지켜보고 있었다. 문명이라는 이름의 누더기를 걸치고 원융무애圓融無碍한 대자연 앞에 선 극동의 나그네를….

　마침 보름이었다. 바이칼 호수 위에 뜬 보름달은 이제껏 보아온 달이 아니었다. 숨 막힐 듯 투명한 고원의 밤하늘을 찬란한 금빛으로 물들인 바이칼의 만월滿月은 구름의 무리조차 얼씬거리지 못할 만큼 신성했다.

　시베리아 횡단열차와 현대자동차의 낡은 버스를 번갈아 타며

울란바토르에서 이르쿠츠크, 리스트비안카를 거쳐 바이칼로 달려가는 길은 온통 시푸른 초원, 끝없는 자작나무 숲이었다. 아마존의 밀림이 병들고 극지의 빙하마저 녹아내리는 이즈음, 수심 1,637m의 아득한 깊이에서 수정처럼 맑은 물을 솟구쳐내는 바이칼은 마지막 남은 지구 생태계의 보고寶庫가 아닐까?

세계에서 가장 깊고 가장 깨끗하며 저수량이 가장 많은 호수, 산꼭대기 민물에 바다물개와 오믈 등 수백여 종의 고유한 어족자원을 품고 있는 유일한 담수淡水 생태계…. 바이칼은 진화가 시작되기 전의 원형인 듯 경이롭기 그지없었다. 그래서 시인은 노래했을 것이다. "우리가 있기 전에 우리가 오고 / 우리가 있기 전에 우리가 그리워한 곳"이라고.(신대철「바이칼 키스」)

몽골리안의 본향인 바이칼 지역은 북아시아 샤머니즘 문화권의 모태이기도 하다. 낮익은 장승·솟대·서낭당들이 바이칼 인근 곳곳에 서 있었다. 몽골에 인접한 카자흐스탄 대평원의 이름인 텡기스Tengis는 '바다'라는 뜻으로 바이칼의 별칭이자 무속신앙의 신 텡그리Tengri와 칭기즈칸이라는 호칭의 어원語源으로 알려져 있는데, 우리말의 '당골' 또는 백두산 '천지'와도 뜻이나 발음이 매우 흡사하다. 바이칼 지역의 토착민인 부랴트인의 언어는 우리말과 같은 알타이어로 분류된다는 것이 일반적인 견해다.

바이칼 일대를 뒤덮은 자작나무는 한반도의 중북부에서도 자라는데, 부랴트인들은 자작나무를 신성한 나무로 여긴다. 자작나무 껍질을 태워 향을 사르며 기원을 올리는 부랴트인들의 모습은 신단수 아래에 신시神市를 연 단군설화의 수목신앙樹木信仰을 연상시킨다.

바이칼에 둘러싸인 알혼 섬의 부르한 바위는 한국의 무속인들이 하늘의 정기精氣를 내려 받으려고 자주 찾는 곳이다. 그네들은 백두산의 옛 이름 불함산不咸山이 부르한에서 왔다고 믿는다. 우리네 혈맥血脈의 뿌리가 바이칼의 정기에 닿아 있는 것은 아닐까? 한민족의 북방기원설을 일제 식민사관의 잔재로 보는 견해가 있지만, 바이칼의 얼굴과 마주 대하고 서면 아마도 생각이 달라질지 모르겠다.

유럽과 아시아의 길목에 위치한 바이칼 지역은 물과 초원, 삼림, 그리고 석탄·석유·구리·우라늄 등 천연자원이 풍부한 반면에 인구는 매우 적다. 천혜天惠의 자연에 개발의 삽 자락을 들이대는 것은 생각만 해도 끔찍한 일이지만, 생태환경을 최대한 보존하는 범위 내에서 최소한의 도로와 상·하수도 등 기본적 인프라만 갖춰도 이 지역의 발전 가능성은 이루 헤아릴 수 없을 만큼 클 것으로 보인다.

러시아 연방정부와 부랴트 자치정부도 바이칼 일대에 관광과 경제개발을 위한 자유지역 건설을 추진하고 있지만, 오랜 사회주의 체제의 타성과 한계 때문에 그 성과를 기대하기 어렵다. 한국의 과학기술과 바이칼의 자연이 만난다면 그 한계를 뛰어넘을 수 있을 것이다. 더욱이 러시아는 미국과 유럽의 자본은 물론이고 영토분쟁의 갈등을 안고 있는 중국이나 일본의 자본이 유입되는 것을 몹시 꺼린다. 한국인들이 이 지역에서 활동할 수 있는 여지가 많다는 뜻이다.

며칠 전 남북의 정상들이 같은 시기에 몽골-시베리아 지역을 방문했다. 우연한 일일까, 역사의 흐름일까? 북한의 절대 권력자가 바이칼 호수에 배를 띄웠다는데, 입을 가린 채 전율할 듯한 침묵으로 응시하는 바이칼의 얼굴 앞에서 어떤 성찰을, 아니 어떤 회오悔悟를 품었을지 궁금하다.

남과 북의 한민족이 언젠가 어깨를 나란히 하고 중앙아시아의 초원에 말을 휘몰아 내달리는 날을 꿈꿔본다. 바이칼의 얼굴이 드디어 입술을 열고 말을 걸어오는 그날을.

(2011. 08. 29.)

'사람 냄새'가 나는 세상을 꿈꾸며

– 권선복(도서출판 행복에너지 대표이사, 대통령직속 지역발전위원회 문화복지 전문위원)

흔히들 '사람 냄새' 난다고 이야기합니다. 끈끈한 정과 온기를 나누며 더불어 살아가는 사람들의 모습에서 느껴지는 기운을 그렇게 표현한 것입니다. 하지만 요즘 시대에 사람 냄새를 맡기란 쉽지 않습니다. 어쩌다 마음 한구석을 따뜻하게 하는 뉴스가 나오면 그렇게 반가울 수가 없습니다. 그만큼 우리 사회가 팍팍해지고 개개인의 삶은 갈수록 힘겨워져 갑니다. 끊이지 않는 분쟁, 사리사욕에 눈이 먼 사람들, 깜깜하기만 한 미래가 과연 현실이라면 우리는 우리 자신의 삶을 위해, 내 가족의, 이웃의 삶을 위해 무엇을 어떻게 해야 할까요.

책 『사랑은 왜 낮은 곳에 있는가』를 보며 조금이나마 그 답을 찾을 수 있었습니다. 책은 정치, 사회, 문화, 종교 등 다양한 분야에 대한 작은 생각들을 에세이 형식으로 풀어나갑니다. 저자인 법무법인 충정의 이우근 대표변호사는 평생 법조인으로 활동해오며 사회 전반에 대한 깊은 통찰과 날카로운 혜안을 쌓아왔으며 그 내공은 이 책에서 오롯이 빛을 발하고 있습니다. 결국 우리 사회가 지향해야 할 바는 멀고 높기만 한 이상향이 아닌, 나 자신과 우리 주변의 낮은 곳을 먼저 밝히고 따뜻한 손을 내밀어주는 것임을 저자는 강조합니다.

"우리네의 사랑도 그처럼 소외된 자리, 가난하고 그늘진 삶의 자리에서 문득 나타나곤 하지 않았던가. 고액 기부자들의 약 70%가 예순이 넘은 할머니들이라고 한다. 공부 길이 막힌 청소년, 일자리를 얻지 못한 장애우, 오갈 데 없이 외로운 노인들을 위해 가진 것을 아낌없이 내어놓는 삯바느질 할머니, 김밥장수 할머니, 구멍가게 할머니… 그 낮은 곳의 어르신들 말이다."라는 저자의 이야기는 지금 너 나 할 것 없이 삶이 힘겹다 이야기하는 우리 사회에 가장 필요한 것이 무엇인지를 깨닫게 하는 본질을 담고 있습니다. 대한민국이 한 단계 도약하기 위해 무엇을 어떻게 해야 할지 이 책을 통해 많이 독자들이 깨닫기를 바라오며, 온 국민의 삶에 행복과 긍정의 에너지가 팡팡팡 샘솟기를 기원드립니다.

Happy Energy books

좋은 **원고**나 **출판 기획**이 있으신 분은 언제든지 **행복에너지**의 문을 두드려 주시기 바랍니다.
ksbdata@hanmail.net   www.happybook.or.kr   단체구입문의 ☎ 010-8287-6277

하루 5분 나를 바꾸는 긍정훈련
행복에너지

권선복

도서출판 행복에너지 대표
지에스데이타(주) 대표이사
대통령직속 지역발전위원회
문화복지 전문위원
새마을문고 서울시 강서구 회장
전) 팔팔컴퓨터 전산학원장
전) 강서구의회(도시건설위원장)
아주대학교 공공정책대학원 졸업
충남 논산 출생

'긍정훈련' 당신의 삶을 행복으로 인도할
최고의, 최후의 '멘토'

'행복에너지 권선복 대표이사'가 전하는
행복과 긍정의 에너지, 그 삶의 이야기!

국민 한 사람, 한 사람이 모여 큰 뜻을 이루고 그 뜻에 걸맞은 지혜로운 대한민국이 되기 위한 긍정의 위력을 이 책에서 보았습니다. 이 책의 출간이 부디 사회 곳곳 '긍정하는 사람들'을 이끌고 나아가 국민 전체의 앞날에 길잡이가 되어주길 기원합니다.

　　　　　　　　　** 이원종 대통령직속 지역발전위원회 위원장

'하루 5분 나를 바꾸는 긍정훈련'이라는 부제에서 알 수 있듯 이 책은 귀감이 되는 사례를 전파하여 개인에게만 머무르지 않는, 사회 전체의 시각에 입각한 '새로운 생활에의 초대'입니다. 독자 여러분께서는 긍정으로 무장되어 가는 자신을 발견할 수 있을 것입니다.

　　　　　　　　　** 최 광 국민연금공단 이사장

권선복 지음 | 15,000원

"좋은 책을 만들어드립니다"
저자의 의도 최대한 반영!
전문 인력의 축적된 노하우를 통한 제작!
다양한 마케팅 및 광고 지원!

최초 기획부터 출간에 이르기까지, 보도자료 배포부터 판매 유통까지! 확실히 책임져 드리고 있습니다. 좋은 원고나 기획이 있으신 분, 블로그나 카페에 좋은 글이 있는 분들은 언제든지 도서출판 행복에너지의 문을 두드려 주십시오! 좋은 책을 만들어 드리겠습니다.

| 출간도서종류 |
시 · 수필 · 소설 · 자기계발 · 일반실용서
인문교양서 · 평전 · 칼럼 · 여행기 · 회고록 · 교본

행복한 에너지
www.happybook.or.kr
☎ 010-8287-6277
e-mail. ksbdata@daum.net